Inhaltsverzeichnis

Einführung   11

1 Kapitel 1: Der Mythos lebt…   51

2 Kapitel 2: Die Legenden leben weiter…   79

Inhaltsverzeichnis

3   Kapitel 3: Wo aus Geschichte Geschichten werden...   **125**

Legende

Den sechs Abschnitten der "Literarischen Route Südafrika" sind verschiedene Farben zugeordnet, an denen sich die sechs Kapitel dieses Buches orientieren – zu erkennen auch an dem farbigen Blatt im Logo auf den Seiten oben links. Eine detaillierte Legende und eine große Karte finden Sie auf der Innenseite des vorderen ausklappbaren Umschlags.

Mythen, Volksmärchen, Legenden und Geschichten   Touristische Informationen

Die "Literarische Route Südafrika"

Vorwort des Herausgebers und Autors

Dieses Begleitbuch zur "Literarischen Route Südafrika" führt Sie zu Landschaften, Orten und Sehenswürdigkeiten, die von den schönsten und bekanntesten südafrikanischen Mythen, Volksmärchen und Legenden erzählen. Und zu weiteren Orten, um die sich spannende und interessante Geschichten ranken, die Einblick in die Geschichte und Kultur Südafrikas geben sowie zu Schauplätzen der Weltliteratur.

Wissen Sie, welcher Europäer im Jahr 1488 zum ersten Mal südafrikanischen Boden betreten hat und wo das war? Oder wodurch sich berühmte Autoren wie die Literaturnobelpreisträgerin Nadine Gordimer und Bestsellerautor J.R.R. Tolkien zu ihren Büchern haben inspirieren lassen? Und wer weiß, welchen Weg Südafrika und auch Indien genommen hätten, wenn einem jungen friedliebenden Inder bei seiner Ankunft 1893 in Südafrika nicht ein zutiefst erschütterndes Ereignis widerfahren wäre?

Entlang von sechs Tourenvorschlägen bietet diese neue touristische Route in Südafrika eine Reise zu den zahlreichen Schauplätzen einzigartiger Geschichte und Geschichten sowie zu faszinierenden Orten, die von Touristen bislang oftmals noch unentdeckt geblieben sind.

Eine größere Ansicht der Karte finden Sie auf der vorderen ausklappbaren Umschlaginnenseite.

Auf dieser Route können Sie tief eintauchen in das südlichste Land Afrikas und einen Einblick in die südafrikanische Seele und die Kultur der Regenbogennation mit ihren so zahlreichen Volksgruppen gewinnen. Mit der Veröffentlichung dieses Buches ist die "Literarische Route Südafrika" offiziell eröffnet. Dieser "Literarische Reiseführer Südafrika" gibt Ihnen die Möglichkeit, dieser neuen touristischen Route zu folgen und Südafrika aus einem neuen Blickwinkel zu entdecken.

Wenn Sie Interesse an weiteren südafrikanischen Mythen, Volksmärchen und Geschichten haben, so finden Sie ausgewählte Literaturempfehlungen auf der Internetseite zur "Literarischen Route Südafrika". Dort werden in Zukunft auch weitere Geschichten veröffentlich und sie erhalten viele nützliche Informationen und Tipps, um dieser neuen touristischen Route in Südafrika zu folgen.

Und wenn Sie sich in den Newsletter eintragen, dann werden Ihnen die neuen Geschichten, Mythen und Volksmärchen sowie aktuelle, touristische Informationen in Zukunft automatisch nach Veröffentlichung zugestellt.

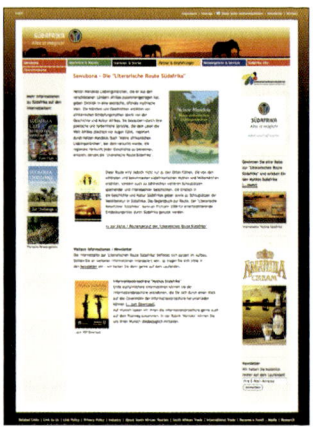

www.literarische-route-suedafrika.de

Bafana, Bafana - junge Fußballfans in Südafrika

Südafrika - Erleben Sie den Mythos!
Vorwort von South African Tourism

Ein einziges Land füllt die Spitze des afrikanischen Kontinents aus: meine Heimat Südafrika. Auch mich fasziniert sie immer wieder, mit den wilden Tieren, mit Halbwüsten, hohen Bergen, Lowveld und Busch, traumhaften Stränden, fruchtbaren Weinbergen und ihren lebendigen Metropolen.

Und so faszinierend sind auch unsere Menschen und ihre Geschichten, die sie erzählen: Märchen sind in unserer südafrikanischen Tradition fest verwurzelt und geben noch heute spannende Einblicke in eine mystische, sagenhafte Welt. Sie verströmen die unverfälschte Aura unseres Landes am Kap. Sie gewähren einen tiefen Einblick in das Denken und das Selbstverständnis unserer Kulturen.

Doch es muss nicht nur beim Lesen bleiben: So wie die gesammelten Märchen und Geschichten zum Träumen anregen, so lädt die neue "Literarische Route Südafrika" zum Reisen und Entdecken ein.

Südafrika lässt sich ohne Zeitverschiebung erreichen und ist ganz unkompliziert zu bereisen. Unsere Herzlichkeit und Lebensfreude wird jeden mitreißen und begeistern. Unsere bunten Kulturen und unsere warmherzige Gastfreundschaft bieten unvergleichliche Tage. Warum noch warten? Entdecken Sie das alles schon jetzt! Lassen auch Sie sich bezaubern, von Südafrika, dem faszinierendsten Land der Welt!

Doch was macht einen Urlaub eigentlich unvergesslich? Sind es die Farben, die Natur oder die Menschen eines Landes? Oder sind es auch die vielen Erlebnisse und Geschichten, die ein jeder von einer Reise wieder mit nach Hause bringt... In Südafrika wird Ihr Urlaub unvergesslich und wieder zu Hause, werden Sie viele Geschichten und Erlebnisse zu erzählen haben.

Entdecken Sie unser Land, sodass Sie mit vielen bleibenden Eindrücken und Erinnerungen wieder nach Hause zurückkehren. Ihr persönliches Südafrika-Erlebnis wartet und wir wollen Ihre eigenen Geschichten dazu kennen lernen: www.dein-suedafrika.de

Wir freuen uns schon jetzt auf Sie – Sawubona! Herzlich willkommen!

Ihre
Theresa Bay-Müller
Country Manager Germany
South African Tourism

Einführung

Mythos Südafrika

"Mythos Südafrika" – was ist das, der "Mythos Südafrika"? Das Wort Mythos kommt bekanntlich aus dem Griechischen und heißt übersetzt nichts anderes als "Erzählung". Im modernen Sprachgebrauch beschreibt das Wort Mythos das Resultat einer sich vollziehenden Verklärung von Personen, Gegenständen, Ereignissen oder Ideen. Diese "neuen Mythen" spiegeln vor allem die Suche nach dem Sinn und der Wirklichkeit in einer sich ständig verändernden Welt und geben den Menschen Identität und Integration im kulturellen und gesellschaftlichen Kontext.

In Nelson Mandelas Buch "Meine afrikanischen Lieblingsmärchen" – das mir die Inspiration zur Entwicklung der "Literarischen Route Südafrika" war – erzählt er ein beliebtes Märchen seines Volkes. Die Geschichte der Xhosa mit dem Titel "Die Schlange mit den sieben Köpfen" handelt vom Lösen eines Zauberbannes, um jemanden zu befreien oder damit derjenige seine eigene Gestalt wieder annehmen kann. Diese Geschichte (siehe Kapitel 4) greift uralte Glaubensbekenntnisse der in Südafrika lebenden Menschen auf, denn bei den Xhosa spielt die Zahl 7 eine wichtige Rolle, da ihr magische Kräfte zugesprochen werden.

Wenn Nelson Mandela den von ihm so geliebten Kindern das Volksmärchen von der Schlange mit den sieben Köpfen erzählt, dann tut er das nicht nur zur Unterhaltung. Das Erzählen von Geschichten und Volksmärchen dient in Südafrika bis heute auch der Bewahrung und der Weitergabe des gesamten Wissens

und der gesammelten Erfahrungen von den Alten an die Jungen. Und es diente schon seit ewigen Zeiten, vor allem als die Geschichten noch mündlich weitergetragen wurden, der Auseinandersetzung der Menschen mit der sie umgebenden Welt. Wenn die Menschen in Südafrika nach getaner Arbeit abends am Feuer zusammenkommen, um den Mythen und Märchen des Erzählers zu lauschen, ist das mehr als bloßer Zeitvertreib. Es ist uralte Menschheitskultur, denn der Erzähler berichtet von vergangenen

Epochen, von den Geistern und Ahnen und deren großen Heldentaten, aber auch von alltäglichen Dingen. Der Erzähler berichtet von der Jagd, von den Wanderungen der Hirtenvölker, von der Suche nach Wasserstellen, von dummen und klugen Tieren.

Wenn die Zuhörer Fragen haben über Dinge, die ihnen während des Tages widerfahren sind und die sie nicht verstanden haben, so antwortet der Erzähler nicht direkt. Er sucht nach einem Märchen, das auf die Frage eine Antwort bringt und in einer kurzen Spruchweisheit gipfelt. So ist der Erzähler ein weiser Berater, der auf viele Probleme des afrikanischen Lebens eine Antwort weiß. Viele von ihnen beherrschen daher zwei- bis dreihundert Mythen und Märchen, die sie wortgetreu von ihren Vorfahren übernommen haben.

"Die siebenköpfige Schlange" aus "Meine afrikanischen Lieblingsmärchen"

Die Regenbogennation Südafrika ist die Heimat von elf offiziellen Volks- bzw. Sprachgruppen. Und da jedes Volk seine eigene Weltanschauung hat, sind die Geschichten so zahlreich und geben einen ganz individuellen Einblick in die verschiedenen Kulturen Südafrikas. In komischen, phantastisch übersteigerten oder ernsthaft erhabenen Erzählungen formulieren sie ihre ganz eigene Vorstellung von der Entstehung der Erde, der Sonne und des Mondes sowie der Tiere und Menschen, sie manifestieren mit diesen Erzählungen ihre ethischen und moralischen Weltanschauungen und entführen uns Europäer in eine für uns exotische, oftmals mystische Welt.

Die Rolle des Erzählers übernehmen dabei gewöhnlich die Alten, bei den Zulu, Xhosa und Tsonga häufig auch Frauen. Im Grunde aber ist das Erzählen eine Angelegenheit, an der die gesamte Gemeinschaft auf höchst unmittelbare Weise teilnimmt und ihr Leben bereichert. Und daher beginnt auch Nelson Mandelas mystische Reise in die Welt seiner afrikanischen Lieblingsmärchen mit den Worten:

„Möge die Stimme des Geschichtenerzählers in Afrika nie verstummen; mögen alle Kinder Afrikas das Wunder der Bücher erleben und nie ihre Fähigkeiten verlieren, ihr Leben auf dieser Erde durch die Magie der Märchen zu bereichern."

Landschaft in der Nähe von Fouriesburg

Frühgeschichte

Südafrika – im Besonderen die Region nördlich von Johannesburg mit den Sehenswürdigkeiten Maropeng und den Sterkfontein Caves – gilt als die "Wiege der Menschheit". Und wie das erst 1932 entdeckte Königreich von Mapungubwe zeigt, war auch das südliche Afrika bereits früh von hoch entwickelten Zivilisationen geprägt.

2,5 Mio. v. Chr.	Aus dieser Zeit stammen die ältesten Funde von Hominiden (Echten Menschen), darunter Mrs. Ples, die 1947 in den Sterkfontein Caves (Cradle of Humankind) gefunden wurde.
100.000 v. Chr.	Älteste Funde des modernen Menschen (Homo sapiens)
ca. 25.000 v. Chr.	Geschätztes Alter der ältesten Felsmalereien in Südafrika
ca. 300 n. Chr.	Die ersten Bantu sprechenden Stämme besiedeln den Norden Südafrikas
ca. 950 bis 1300	Königreich von Mapungubwe

Entdeckung und Kolonialisierung

Auf der Suche nach dem Seeweg nach Indien kam mit Bartholomeu Diaz der erste Europäer nach Südafrika. Nach der ersten Besiedelung durch europäische Einwanderer am Kap folgten in den darauf folgenden Jahrhunderten erbitterte Kämpfe um die Vorherrschaft im südlichen Afrika zwischen den Einheimischen und den Europäern – im Besonderen mit den Nachfahren der holländischen, norddeutschen und hugenottischen Einwanderer, den "Buren", die auf der Suche nach fruchtbarem Land immer tiefer ins Landesinnere in Richtung Norden und Osten vordrangen. Mit Gewehren bewaffnet und ideologisch mit einer sehr engen, calvinistischen Auslegung der Bibel gewappnet, bahnten die Buren sich ihren Weg. Und da sie sich als die "Herrenmenschen" betrachteten, sahen sie es als ihr Recht und ihre Pflicht, die "schwarzen Heiden" zu knechten und regelrecht als Sklaven zu behandeln.

1488	Der Portugiese Bartholomeu Diaz erreicht als erster Europäer die Mossel Bay

1652	Gründung der holländischen Kolonie am Kap durch die Holländisch-Ostindische Kompanie
	Erste Besiedlung der Tafelbucht durch Europäer
1679	Stellenbosch wird die zweite Siedlung am Kap
18. Jahrhundert	Ausbreitung der "Treckburen" ins Landesinnere
1780	Erster Eroberungsversuch der Briten am Kap während des vierten englisch-niederländischen Seekrieges, der scheiterte
1779	Beginn der "Kaffernkriege" Kaffer = Bezeichnung der Xhosa durch die Buren
1795	Erste Landung der Briten am Kap und Übernahme der Regierung der Kapkolonie durch die Briten
1802	Frieden von Amiens, Rückgabe der Kapkolonie an Holland
1806	Erneute Annektierung der Kapkolonie durch die Briten
1835	Erster Burentreck nach Nord-Osten als Folge holländischen Widerstandes gegen die englische Kapregierung
1838	Ermordung des Voortrekkerführers Piet Retief durch den Zulu-Häuptling Dingane Schlacht am Blood River, die mit dem Sieg der Buren über die Zulu endet
1853	Erste begrenzt repräsentative Selbstregierung der Kapkolonie durch eine von London abgesegnete Verfassung

Burenrepubliken und britische Eroberung Südafrikas

Das 19. Jahrhundert auf dem heutigen südafrikanischen Staatsgebiet war geprägt von der Gründung mehrerer Burenrepubliken und – befördert durch die ersten Diamanten- und Goldfunde – durch den Herrschaftsanspruch der Briten, die Ende des 18. Jahrhunderts erfolgreich am Kap gelandet waren. Gut für die mehrheitlich schwarze Bevölkerung, da die Briten die Sklaverei verboten, entzog dies den Buren jedoch die Existenzgrundlage, worauf sich tausende Buren – die sogenannten Voortrekker – auf den Weg ins Hinterland machten. Doch lange währte ihr Selbstverwaltungsanspruch nicht, denn die Briten dehnten ihren Gebietsanspruch aus, was zu zwei großen kriegerischen Auseinandersetzungen führte: den sogenannten Burenkriegen. Letztlich gingen die Briten als siegreiche Macht hervor.

1839	Gründung der Burenrepublik Natal
1852	Gründung der Burenrepublik Transvaal
1853	Erste begrenzt repräsentative Selbstregierung der Kapkolonie durch eine von London abgesegnete Verfassung
1854	Gründung der Burenrepublik Oranje-Freistaat
1856	Natal wird britische Kronkolonie

1860	Zusammenschluss mehrerer Burenrepubliken zur Zuid-Afrikaanschen Republik (Südafrikanische Republik)
1866	Erste Diamantenfunde im Norden der Kapprovinz
1869	Entdeckung der Diamantenvorkommen in Kimberley
1872	Großbritannien gewährt der Kapkolonie innere Autonomie. Dies war der erste Schritt zum eigenständigen Staat Südafrika.
1879	Beginn des Anglo-Zulu Krieges
1880 – 1881	Erster Burenkrieg. Endet mit dem Sieg der Buren über die Briten
1886	Entdeckung der ersten Goldvorkommen am Witwatersrand bei Johannesburg
1893	Ankunft von Gandhi in Südafrika (1914 Rückkehr nach Indien)
1899 – 1902	Zweiter Burenkrieg. Endet mit dem Sieg der Briten über die Buren. Alle Burenrepubliken werden britische Kolonien
1909	Erste Nationale Eingeborenen-Konferenz

Südafrikanische Union, Apartheid und Widerstand

Mit der Gründung der Südafrikanischen Union 1910, in der sich die Briten und die Buren gemeinschaftlich die Macht teilten, und spätestens durch den Wahlsieg der "Nationalen Partei" im Jahre 1948 wurde die Apartheid zum prägenden Element des Lebens in Südafrika.

1910	Gründung der zum Britischen Empire gehörenden Südafrikanischen Union durch Briten und Buren
1911 ff	Erste Rassentrennungsgesetze
1912	Gründung des ANC (African National Congress)
1925	Afrikaans wird neben Englisch zweite Landessprache
1926	Krugerpark wird erster offizieller Nationalpark Südafrikas
1939-1945	Zweiter Weltkrieg Beteiligung der Südafrikanische Union an der Seite Großbritanniens
1948	Wahlsieg der „Nationalen Partei", Apartheid wird offizielle Regierungspolitik
1960	Verbot des ANC nach Massenunruhen (Massaker von Sharpeville)

Republik Südafrika,
Massenunruhen und erste Reformen

Die Zeit der "Republik Südafrika" war geprägt durch den zunehmenden Widerstand der schwarzen Bevölkerung Südafrikas. Und da gewaltfreier Widerstand keinerlei Veränderungen bewirkt hatte, entschlossen sich die schwarzen Führer zur Anwendung von Gewalt. Nelson Mandela wurde nach seiner Verhaftung 1962 im Laufe der Zeit seiner 30-jährigen Haft zur Symbolfigur für den Widerstand der schwarzen Bevölkerung gegen die weiße Minderheitsregierung.

1961	Unabhängigkeit der Republik Südafrika
1964	Nelson Mandela wird zu lebenslanger Haft verurteilt
1970 ff	Einrichtung der Homelands
1976	(Schüler-) Aufstand in Soweto
1977 ff	Zunehmende internationale Ächtung Südafrikas
1984	Friedensnobelpreis für Bischof Desmond Tutu
1985	Abschaffung des Verbotes gemischtrassiger Beziehungen
1986	Abschaffung der Passgesetze

Neuzeit

Nelson Mandela wird zum Glücksfall für Südafrika – und so ist man heute froh, dass man ihn im Rahmen seines Gerichtsverfahrens nicht zum Tode verurteilt hatte. Mit seiner charismatischen Persönlichkeit und seinem unbändigen Willen gelingt es ihm, die Regenbogennation zu formen. „Die Weißen sollen sich in Südafrika weiterhin zu Hause fühlen, jetzt freilich nicht mehr als Herren, sondern als gleichberechtigte Bürger in einer Regenbogen-Nation", predigt Mandela und verweist auf einen Grundsatz in der ANC-Freiheitscharta: „Südafrika gehört allen, die darin leben, Schwarzen und Weißen." Er wird 1994 erster schwarzer Präsident des Landes und prägt, wenn auch nicht mehr an vorderster Front, so doch mit seiner Existenz bis heute das moderne Südafrika, dass seinen Platz als führende Nation und Wirtschaftsmacht Afrikas in der Weltgemeinschaft gefunden hat. So wurde Südafrika in den vergangenen Jahrzehnten zum beliebtesten Reiseziel im südlichen Afrika – vor allem bei Europäern und im Besonderen bei Engländern und ca. 250.000 Deutschen pro Jahr. Und freut sich, 2010 Gastgeber der ersten FIFA Fussball-Weltmeisterschaft™ auf afrikanischen Boden zu sein.

1990	Aufhebung des ANC-Verbotes und Freilassung Nelson Mandelas
1991	"Convention for a Democratic South Afrika" – Beratung der neuen Verfassung

1993	Verabschiedung einer Übergangsverfassung
	Friedensnobelpreis für Nelson Mandela und
	Frederik Willem de Klerk
1994	Erste demokratische Wahlen, Nelson Mandela wird
	Präsident, Gründung der "Wahrheits- und
	Versöhnungskommission" (bis 1999)
1996	Verabschiedung der neuen Verfassung Südafrikas
1999	Zweite freie Wahlen
	Thabo Mbeki wird Nachfolger Mandelas
2008	Kgalema Petrus Motlanthe wird neuer Präsident Südafrikas
2010	FIFA Fussball-Weltmeisterschaft™ in Südafrika

Südafrikanische Golfspieler

Die Regenbogennation

Eine Einführung zu den Kulturen Südafrikas

Südafrika erlebt seit dem Ende der Apartheid eine "African Renaissance", die sich auf das vielfältige und faszinierende kulturelle Erbe des Landes stützt und zurückbesinnt. Der Geist der Versöhnung und des gegenseitigen Respekts, der nach der Überwindung der Apartheid in Südafrika heute herrscht, unterstützt den Stolz des Landes und seiner Menschen auf ihre multi-ethnischen Wurzeln. Reisenden nach Südafrika bietet sich daher heute die faszinierende Möglichkeit, das Land mit seinen vielfältigen Volksgruppen und Traditionen kennen zu lernen – und zu erfahren, warum Südafrika auch die "Regenbogen-Nation" genannt wird.

Eine Reise nach Südafrika ist auch eine Reise zu den Wurzeln der Menschheit. Denn hier befinden sich archäologische Ausgrabungsstätten, wie die Höhlen von Sterkfontein oder Makapansgat, die Beweise für ca. 2,5 Millionen Jahre alte menschliche Besiedlung hervorgebracht haben. Der Fund eines Kinderschädels in Taung, nahe Kimberley, im Jahr 1924 unterstützt die Annahme, dass die Evolution des Homo Sapiens von Südafrika ausging, und nicht wie ursprünglich angenommen von Asien.

Bis zum 3. Jahrhundert n. Chr. lebten vermutlich nur Khoikhoi und San im südlichen Afrika. Die Khoikhoi sind eine Volksgruppe, die vom Ackerbau lebte und zusätzlich Schafzucht betrieb und Ziegen hielt. Die San lebten als Jäger und Sammler, als Nomaden, und hatten keinen festen Wohnsitz. Die Muttersprachen der San und der Khoikhoi sind sogenannte "Schnalzsprachen". Diese Sprachen verwenden etliche Klick- oder Schnalzlaute in der Wortbildung. In der Schrift werden die Schnalze mit Ausrufezeichen und Querstrichen dargestellt (! // /).

Ab dem 3. Jahrhundert n. Chr. begannen Bantugruppen aus dem Norden des afrikanischen Kontinents in das südliche Afrika zu ziehen. Die heutige Republik Südafrika

Der Begriff "Bantu"

Der Begriff Bantu heißt übersetzt "Mensch". Heute bezeichnet Bantu aber auch eine Sprachfamilie. Die Sprachen der Bantugruppen sind in ihrer Grammatik und im Vokabular ähnlich. Bantugruppen sind also alle Sprecher einer Sprache aus der Sprachfamilie Bantu. Zu den Bantusprachen zählen ca. 400 Einzelsprachen.

erreichten sie zwischen dem 15. und dem 17. Jahrhundert. Ein Großteil der jetzigen Bevölkerung Südafrikas stammt von den eingewanderten Bantu ab. Heute lassen sich die Bantu in Südafrika in acht Volksgruppen unterteilen: Zulu, Xhosa, Sotho, Pedi, Tswana, Tsonga, Swati, Ndebele und Venda.

Die Sprachen dieser Gruppen, die auch die größten Volksgruppen in Südafrika sind, sowie das Englische und das Afrikaans wurden nach dem Ende der Apartheid (1994) zu den offiziellen Sprachen der Republik erklärt. Durch diese Maßnahme zeigte die Regierung nach außen, dass von nun an alle Volksgruppen gleichwertig behandelt werden. Seit diesem Zeitpunkt hat die Republik Südafrika auch elf offizielle Namen:

- Republiek van Zuid-Afrika (Afrikaans)
- Republic of South Africa (Englisch)
- Riphabliki yeSewula Afrika (isiNdebele)
- IRiphabliki yaseMzantsi Afrika (isiXhosa)
- IRiphabliki yaseNingizimu Afrika (isiZulu)
- Rephaboliki ya Afrika-Borwa (Nord-Sotho)
- Rephaboliki ya Afrika Borwa (Süd-Sotho)
- Rephaboliki ya Aforika Borwa (Setswana)
- IRiphabhulikhi yeNingizimu Afrika (Siswati)
- Riphabuiki ya Afurika Tshipembe (Tshivenda)
- Riphabliki ra Afrika Dzonga (Xitsonga)

14 weitere Sprachen, zu denen auch Deutsch zählt, werden von der Regierung darüber hinaus gefördert.

Sonnenuntergang in Limpopo

Die San

Nur wenige der Ureinwohner Südafrikas, der San, leben heute noch. Ihre Geschichte wird jedoch lebendig in den unzähligen Felsmalereien, die über das ganze Land verstreut sind. Sie lebten in kleinen Gruppen und Familienverbänden auch auf dem heutigen Gebiet der Republik Südafrika. Eigentum und vor allem Landbesitz gab es in ihren Gesellschaften nicht. Einige San gehen noch heute ihren traditionellen Lebensweisen in abgeschiedenen Gegenden Südafrikas wie der Kalahari nach. Touristen können zum Beispiel in Kagga-Kamma (Place of the San), 260 km nördlich von Kapstadt in den Cedarberg Mountains einigen San-Nachfahren begegnen. Kagga-Kamma ist ein geschütztes Gebiet für die Kalahari-San, die jagen und Geld mit handgemachten Souvenirs verdienen. Die privaten Wohnsiedlungen der San bleiben den Besuchern verschlossen. Im !Xulu & Khwe Bushman Cultural Project in Kimberley, Northern Cape, können Besucher sich ebenfalls mit San-Nachfahren unterhalten und ihr traditionelles Kunsthandwerk kaufen. Beeindruckende Exemplare der San-Felsmalereien sind in den Höhlen des uKhahlamba-Drakensberg Nature Reserve in den Drakensbergen in KwaZulu-Natal zu sehen. Das South African Museum in Kapstadt dokumentiert die Geschichte der Jäger und Sammler.

Die Khoikhoi

Die Khoikhoi waren früher Rinder- und Schafhirten, die sich in polygamen Gemeinschaften mit einem Chief an der Spitze organisierten. Sie lebten in runden Hütten aus Holz und Matten, die auf der Suche nach neuen Weideplätzen leicht auf- und abgebaut werden konnten. Die Khoikhoi waren die ersten Menschen, denen die holländischen Pioniere in der Table Bay begegneten. Die Ankömmlinge aus Übersee nannten die Khoikhoi "Hottentotten", wahrscheinlich wegen der Klicklaute in deren Sprache, die sie als Stottern missverstanden. Die holländischen Siedler nahmen ihnen ihr Land und ihre Rinder und schließlich wurde die Khoikhoi-Bevölkerung durch eine Serie von Pockenepidemien deutlich dezimiert. Durch die Mischung mit den frühen europäischen Siedlern wurden sie zu einem Bestandteil der sogenannten "Coloured"-Bevölkerung am Kap. Die einzige Gruppe von Khoikhoi, die bis heute überleben konnte, sind die Nama, die heute im Namaqualand und im angrenzenden Namibia wohnen. Das Khoi Village Museum befindet sich in The Point, Mossel Bay, im Western Cape.

Khoi-Famile im Northern Cape

Die Mehrheitsbevölkerung in Südafrika

Die überragende Mehrheit der südafrikanischen Bevölkerung besteht aus schwarzen Afrikanern, die stolz auf ihre ethnische Herkunft sind. Diese Afrikaner, die viele Jahrhunderte zuvor aus dem Gebiet der großen Seen in Zentralafrika in das südliche Afrika zogen, unterteilen sich in diverse ethnische Gruppen. In den Städten führen die meisten Afrikaner einen westlichen Lebensstil und wohnen bunt durcheinander gemischt. In den ländlichen Regionen halten viele an ihren alten Traditionen fest. Das Lesedi Cultural Village in Lanseria, Gauteng, ist ein multikulturelles, afrikanisches Dorf – weniger als eine Stunde von Johannesburg entfernt. Es besteht aus Hütten-Siedlungen

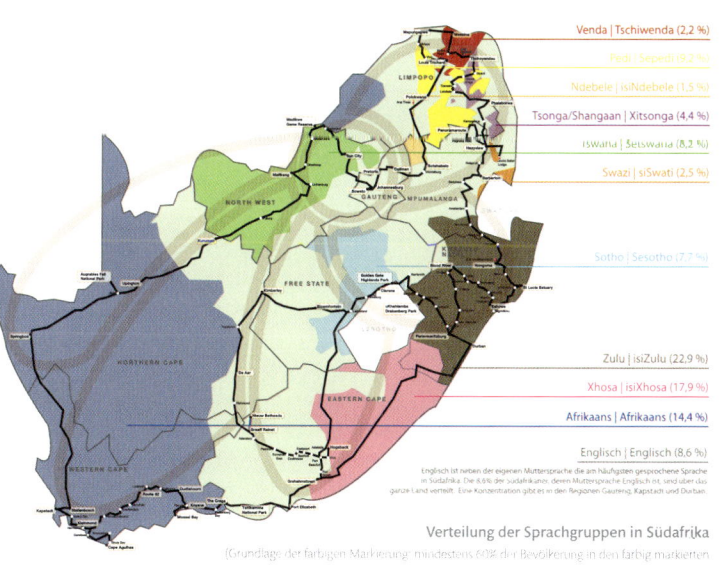

Venda | Tschiwenda (2,2 %)

Pedi | Sepedi (9,2 %)

Ndebele | isiNdebele (1,5 %)

Tsonga/Shangaan | Xitsonga (4,4 %)

Tswana | Setswana (8,2 %)

Swazi | siSwati (2,5 %)

Sotho | Sesotho (7,7 %)

Zulu | isiZulu (22,9 %)

Xhosa | isiXhosa (17,9 %)

Afrikaans | Afrikaans (14,4 %)

Englisch | Englisch (8,6 %)

Englisch ist neben der eigenen Muttersprache die am häufigsten gesprochene Sprache in Südafrika. Die 8,6% der südafrikaner, deren Muttersprache Englisch ist, sind über das ganze Land verteilt. Eine Konzentration gibt es in den Regionen Gauteng, Kapstadt und Durban.

Verteilung der Sprachgruppen in Südafrika
(Grundlage der farbigen Markierung: mindestens 60% der Bevölkerung in den farbig markierten Gebieten sprechen die jeweilige Sprache als Muttersprache)

der Xhosa, Zulu, Pedi und Sotho. Jeder Besucher wird hier Gast einer traditionellen, afrikanischen Familie und erhält dadurch Einblicke in ihre Kultur und das alltägliche Leben. Die Abende werden am Lagerfeuer mit traditionellen Tänzen, Geschichten und Liedern zelebriert.

Die Zulu

Bekannt für ihre großen Kriegserfolge unter König Shaka (1788 – 1828), Afrikas Napoleon, machen die Zulu heute mit fast 8 Millionen Menschen die größte Volksgruppe in Südafrika aus. Die Zulu lebten früher in patriarchalischen Familienverbänden in Ansiedlungen, die sie als "Umuzi" bezeichneten. Die charakteristischen bienenstockförmigen Hütten bildeten in diesen Ansiedlungen einen Kreis um das zentrale Gehege, in welchem nachts die Rinder eingeschlossen wurden.

Die Anordnung der Hütten spiegelte die Hierarchie innerhalb der Gruppe wieder. Die Mutter des Häuptlings wohnte in der größten Hütte, die

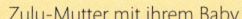

Zulu-Mutter mit ihrem Baby

gegenüber dem Eingang lag. Neben ihrer Hütte befand sich die des Häuptlings. Rechts und links der beiden Hütten folgten die Hütten der Frauen des Häuptlings. Am linken Ende des Kreises standen die Hütten der unverheirateten Frauen, am rechten Ende die der unverheirateten Männer.

Bei den Zulu ist Polygamie erlaubt. Ein Mann kann so viele Frauen heiraten, wie er ernähren kann. Heutzutage tragen die meisten Südafrikaner, darunter auch die Zulu, westliche Kleidung. Früher erkannte man verheiratete Zulufrauen an ihren Kopfbedeckungen. Der breitkrempige, tellerförmige Perlenkopfschmuck diente dazu, ihren Status zu unterstreichen (siehe auch Kapitel 2 "Perlen der Leidenschaft").

Zulu-Männer tragen Lederschurze sowie Arm- und Knöchelbänder aus Pelz. Bei althergebrachten Zeremonien tanzen sie mit Speer und Schild. Männer tanzen mit Kriegs- und Jagdbewegungen, Frauen in der Regel ruhiger. Typisch für die Tänze der Zulu war das kräftige Aufstampfen mit dem Fuß. Zu traditionellen Anlässen, Feiern oder Zeremonien, oder in Freilichtmuseen tragen viele Zulu noch heute die althergebrachten Kleidungsstücke und tanzen die typischen Tänze.

Bei Touristen sind die Zulu für ihre wunderschönen Perlenstickereien bekannt. Gürtel, Röcke, Halsketten, Kopfschmuck, Armbänder und vieles andere mehr werden mit Perlen verziert. Viele der Perlenstickereien übermitteln kleine Nachrichten. So bedeutet zum Beispiel ein rotes Viereck mit schwarzen Perlen in der Mitte, dass das überbringende Mädchen den Mann nicht liebt. Jede Farbe hat ihre Bedeutung. So steht gelb für Reichtum, weiß für Reinheit, rosa für Armut und rot für Liebe und Leidenschaft. Blau ist die Treue, Schwarz die Farbe der Trauer und der Einsamkeit und Grün stellt die Eifersucht dar.

Die Xhosa

Von allen Bantugruppen, die aus dem Norden kamen, leben die Xhosa heute am Weitesten südlich. Sie stellen die zweitgrößte Volksgruppe in Südafrika. Wie die Sprache der San oder der Khoikhoi verwendet auch das isiXhosa einige Schnalzlaute. Vor allem in moderner Popmusik klingen diese für westliche Ohren gewöhnungsbedürftig.

Die Xhosa sagen, dass ihr Name, Xhosa, auf einen legendären Führer mit diesem Namen zurückzuführen ist. Ein anderer, weltweit bekannter Xhosa ist Nelson Mandela.

Früher wohnten die Xhosa in runden Hütten mit Lehmwänden und einem spitz zugehenden, gedeckten Dach. Die Touristenunterkünfte in den Game Lodges, die Rondavels, sind diesem Stil oft nachempfunden. Xhosa-Frauen sind bekannt dafür, dass sie ihre Gesichter mit Ocker färben und dass sie lange Pfeifen rauchen. Traditionelle Frauen tragen noch heute zu einem Turban geformte, dicke Wollschals. Armbänder gelten bei den Xhosa als Statussymbole und werden oft aus Draht gefertigt.

Einige Traditionen praktizieren die Xhosa noch heute. So ist es nicht selten, dass man bei einer Reise durch das Eastern Cape einzelne junge Männer zu sehen bekommt, die ihr Gesicht mit weißem Lehm eingerieben haben und Wollcapes tragen. Diese jungen Männer durchlaufen gerade die Initiation vom Jungen zum Erwachsenen. Nach ihrer Beschneidung leben sie für einige Woche isoliert in den Amatola-Bergen. Wenn sie danach zu ihren Familien zurückkehren, gelten sie als Männer.

Die Tswana

Die Tswana lebten wie auch die Ndebele in runden Hütten. Anders als diese bemalten sie ihre Hauswände jedoch nicht, sondern sie ritzten Muster in den Lehm bevor dieser trocken war. Früher wurde jede Gruppe der Tswana von einem königlichen Führer, dem "Kgosi", regiert. Der "Kgosi" war sowohl der weltliche als auch der spirituelle Führer, da er der Vermittler zum "Modimo", ihrem höchsten Gott, war. Traditionell lebten die Tswana in so genannten "Riesen", Dörfern mit einer Einwohnerzahl von bis zu 40.000 Menschen.

Ein Tswana gehört immer zu der Familie seines Vaters. Jeder Familie ist ein charakteristisches Symbol zugeordnet, das manchmal sogar als Familienname verwendet wird. Ein besonderes Statussymbol für die Tswana sind die Rinder, durch deren Besitz und die Anzahl die soziale Stellung bestimmt wird. Heute arbeitet ein Großteil der Männer der Tswana in der Minenwirtschaft oder als Saisonarbeiter in den großen städtischen Ballungsgebieten.

Junge Xhosa während ihrer Initiation in die Gruppe der Männer

Frauen der Süd-Sotho aus dem Grenzgebiet zu Lesotho

Die Sotho

Die Sotho können in zwei Gruppen aufgeteilt werden:
die Nord-Sotho und die Süd-Sotho

Die Nord-Sotho werden auch Pedi genannt. Heute leben fast 2,8 Millionen Pedi nördlich von Tzaneen in Limpopo. Früher lebten sie in runden Hütten, Rondavels, die aus Lehm, gemischt mit Kuhdung "boloko" erbaut und mit Gras "loala" gedeckt wurden. Den Häuptling erkannte man an seiner Kleidung aus Leoparden- oder Löwenfell. Ansonsten wurden Kleidungsstücke aus Kuh-, Ziegen- oder Schaffellen getragen. Heute tragen die Pedi, wie alle anderen Südafrikaner, überwiegend westliche Kleidung.

Die Pedi sind bekannt für ihre Geschichtenerzähler. Vor allem die Legende der Regenkönigin "Modjadji" ist weit verbreitet. In Henry Rider Haggards Buch "She" wurde sie unsterblich gemacht.

Die Süd-Sotho, etwa 300.000 Menschen, leben hauptsächlich im Free State, an der Grenze zu Lesotho, einem unabhängigen Staat inmitten Südafrikas. Traditionellerweise tragen die Sotho gewebte, konische Hüte und farbenfrohe Decken. Diese Decken sind ein ganz besonderes Charakteristikum der Sotho. Es gibt eine Vielzahl von Decken, die zu unterschiedlichen Anlässen getragen werden. So erhalten Jungen vor ihrer Initiation eine "Fruchtbarkeitsdecke". Nach der Zeremonie stehen ihnen andere Decken zu, die symbolisieren, dass sie nun die Reife von Männern erreicht haben. Wieder eine andere Decke wird bei der Hochzeit getragen. Sogar für öffentliche Feiertage, wie z. B. den Unabhängigkeitstag, gibt es spezielle Decken.

Diese Traditionen sind im alltäglichen Leben nicht mehr sehr präsent. Die Süd-Sotho erhalten ihre Traditionen aber in Cultural Villages, wo sie auch Touristen zugänglich sind. Die Sotho, die ihre Behausungen oftmals aus Stein erbauen, dekorieren ihre Hütten mit Steinmosaiken und intensiven Farbklecksen.

Die Shangaan/Tsonga

Diese Volksgruppe lebt im südlichen Mozambique, wo sie Tsonga genannt wird, und im nördlichen Südafrika, wo sie als Shangaan bekannt ist. Etwa 750.000 Shangaan leben heute an der Grenze zum Kruger Nationalpark, in Limpopo.

Die Shangaan wurden wie auch die Ndebele von einem Zuluführer, Soshangane zusammengeführt. Soshangane wurde von Shaka in den Norden gesandt, um die kleine Gruppe der Tsonga zu unterwerfen. Doch statt zurückzukehren, entschied sich Soshangane im fruchtbaren Norden zu bleiben und ein eigenes Herrschaftsgebiet aufzubauen.

Früher lebte jede Familie der Shangaan für sich in einem eigenen Dorf. Die Ansiedlungen waren kreisförmig und von einem Zaun umgeben. Große, konische Dächer zierten ihre Hütten. Ihre Kleidung bestand oft aus langem, buntem Stoff, der an einer der Schultern fest geknöpft war. Weite Perlenketten und schwere Metallarmbänder waren ebenfalls beliebt. Früher fügten die Shangaan ihren Gesichtern Narben zu, um die arabischen Sklavenhändler abzuhalten, sie zu fangen und zu verkaufen. Heute gelten die Narbenmuster als ein Zeichen von Schönheit.

Traditionelle Shangaan-Frau im Tsonga Kraal Open Air Museum

Swazi-Frauen am Eingang zum Swazi Cultural Village in Secunda

Die Shangaan lieben die Musik. Sie haben eine Reihe von Musikinstrumenten entworfen. Die "fayi" zum Bespiel, ist eine kleine Holzflöte, die einen rauhen, atemlosen und gruseligen Klang hervorbringt. Sie wird oft von kleinen Hütejungen gespielt.

Die "xitende" ist ein langer, dünner Bogen, an welchem ein Lederband befestigt ist, das durch eine Kalebasse geführt wurde. Dieses Instrument wurde auf langen Reisen mitgeführt, um die Langeweile zu vertreiben.

Die Swazi

Die Swazi schlossen sich im 19. Jahrhundert aus vereinzelt lebenden Gruppen zu einer Gemeinschaft zusammen, um dem Druck der einwandernden Europäer besser standhalten zu können. Ende 1840 entstand aus diesem Zusammenschluss sogar das Königreich der Swazi. In einem Vertrag mit den Buren legten die Swazi die Grenzen ihres Königreichs, des heutigen Swazilands, zu Transvaal fest.

Früher trugen Swazi-Männer bunt bedruckte Schals, die über eine der Schultern hingen sowie Leder- oder Baumwollröcke. Jeder Mann besaß eine "Knobkierries" (lange Keule), die er immer mit sich trug. Zur Begrüßung wurde diese angehoben.

Swazi-Frauen trugen ebenfalls Schals, die aber beide Schultern bedeckten sowie Schaffellschürzen. Typisch ist die bienenstockförmige Haarfrisur mit einer weißen Kordel am Haaransatz.

Die Venda

Das Volk der Venda, etwa 600.000 Menschen, lebt im Norden von Limpopo und ist verwandt mit den Shona in Zimbabwe. Die Geschichte der Venda ist bis in das sagenumwobene Königreich Mapungubwe zurückzuverfolgen.

Der erste Kontakt zwischen den Venda und weißen Siedlern erfolgte als Louis Trichardt, ein Anführer der Voortrekker, der im Jahr 1836 in das Gebiet des heutigen Limpopo kam. Die Voortrekker gründeten 1848 die Siedlung Schoemansdal, welche der damalige Führer der Venda, Makhado, so sehr drangsalierte, dass sie schon 30 Jahre später wieder aufgegeben wurde.

Die Venda haben ein sehr lebhaftes mythisches Glaubenssystem. Es finden sich in ihrem Siedlungsgebiet in Limpopo viele Orte, an welchen die Venda ihre Vorfahren beschwören. Vor allem das Wasser spielt in ihrem Glauben eine große Rolle. Die Venda glauben an Wassergeister, die am Fuße von Wasserfällen leben. Diese Wesen sind nur zur Hälfte in dieser Welt sichtbar, haben daher nur ein Auge, einen Arm und ein Bein. Die andere Hälfte ist nur in der anderen Welt zu sehen. Einer der heiligsten Orte der Venda ist der Lake Fundudzi. Durch den See fließt der Mutale-Fluss, doch sein Wasser vermischt sich nicht mit dem Wasser des Sees (siehe auch Kapitel 2 "Land of Legends").

Venda-Frau mit traditionellen Souvenirs

Ndebele-Frau

Die Venda sind bekannt als geschickte Eisen- und Kupferschmiede und praktizieren auch heute noch viele ihrer alten Traditionen und Initiationsriten. Venda-Frauen tragen traditionellerweise gestreifte Kleidung mit aufgenähten Kordeln. Charakteristisch für die Venda sind ihre mit Kreide gesteiften, weißen Pompons. Im Ditike Craft Centre westlich von Thohoyandou wird ihr traditionelles Kunsthandwerk ausgestellt und verkauft.

Die Ndebele

Die Ndebele gehörten bis in das 19. Jh. zu den Zulu. Im Jahr 1823 floh Mzilikazi, ein Heerführer unter Zulukönig Shaka, vor diesem über die Drakensberge in den Norden der Republik Südafrika. Mzilikazi überquerte mit seinen Anhängern den Limpopo-Fluss und gründete dort Matabeleland, wo noch heute ein Großteil der Ndebele lebt.

Die Ndebele sind vor allem für ihre Häuser bekannt, die mit geometrischen Mustern bunt verziert sind. Die Zeichnungen wurden unter der Herrschaft der Buren zu einem Symbol ihrer Kultur, des Widerstandes und der Kontinuität. Die weißen Farmer, die sich den Ndebele überlegen fühlten, sahen die Dekorationen als harmlos an und erlaubten daher den Fortbestand der Verzierungen. Die Ornamente werden in der Regel von Frauen gemalt. Jede von ihnen verfügt über eine einmalige Formsprache. Die geometrischen Muster werden auch immer wieder durch äußere Einflüsse ergänzt. So finden sich in den Mustern Autos, Flugzeuge, Coladosen und vieles mehr. Heute werden die Formen zusätzlich auf Kunstgegenstände wie Matten oder Hals-, Arm- und Beinreifen übertragen.

So farbenfroh wie ihre Häuser ist auch die Kleidung der Ndebele-Frauen. Die Frauen der Ndebele tragen Schmuck, der ihren sozialen Status widerspiegelt. Vor allem verheiratete Frauen tragen wundervoll verzierte Schmuckstücke. Früher schmückten sich Ehefrauen mit Kupfer- und Messingreifen an

Hals, Armen und Beinen. Diese Ringe symbolisierten das Vertrauen in den Ehemann und wurden erst nach seinem Tod abgenommen. Je reicher ein Mann war, desto mehr Ringe schmückten seine Frau.

Ehefrauen trugen aus Respekt vor ihrem Mann stets eine Kopfbedeckung. Diese reichte von einem einfachen Perlenband bis hin zu einem kunstvoll ausgearbeiteten Kopfschmuck. Frauen trugen darüber hinaus eine Decke, die mit zusätzlichen Ornamenten verziert wird, je nach Lebensabschnitt oder Ereignis. Die bekannten, bunt mit Perlen verzierten Reifen, die die Frauen der Ndebele um den Hals, die Arme und Beine trugen, werden heute überwiegend zu Zeremonien getragen (siehe auch Kapitel 2 "Perlen der Leidenschaft").

Die Männer der Ndebele bedecken sich in der Regel mit einem Schurz aus Ziegenfell. Für zeremonielle Anlässe schmücken sie sich noch heute mit Perlenarbeiten, die ihre Frauen für sie angefertigt haben.

Weitere Farben für den Regenbogen

Die ersten Europäer, die nach Südafrika kamen, waren Portugiesen. Im Jahr 1488 segelte der Entdecker Bartholomeu Diaz um das Kap der Guten Hoffnung und landete in Mossel Bay. Zehn Jahre später legte sein Landsmann Vasco da Gama hier ebenfalls Anker. Im 16. Jahrhundert umschifften regelmäßig holländische, englische und französische Schiffe das Kap auf ihrem Weg nach Asien. Die erste permanente europäische Siedlung am Kap wurde 1652 errichtet, als Jan van Riebeeck – zusammen mit 90 Männern, Frauen und Kindern – einen Versorgungsstützpunkt für die Dutch East India Company aufbaute, um die Schiffe auf ihrem Handelsweg zwischen Holland und Java (Indonesien) mit frischen Nahrungsmitteln zu versorgen. Zu dieser Zeit zog es Holländer, Franzosen, Deutsche und Engländer ans Kap. Von den 40 Millionen Menschen im heutigen Südafrika haben etwa 6 Millionen europäische Wurzeln. Sklaven aus Madagaskar und Java wurden ebenfalls ans Kap gebracht, während auf den Zuckerrohrplantagen in KwaZulu-Natal Tagelöhner aus Indien arbeiteten.

Die "Cape Coloureds" und "Cape Muslims"

Die ersten Sklaven wurden im Jahr 1655 ans Kap gebracht. Anfangs kamen sie aus den holländischen Kolonien wie Madagaskar und Java. Später kamen weitere Sklaven aus Angola, Guinea, Indien und Malaysia hinzu. Im Laufe der Jahrzehnte vermischten sich die Sklaven mit den Europäern und ihre

Spielende Kinder der Regenbogennation

Nachkommen wurden als "Coloureds" bekannt. Die Mehrheit dieser farbigen Bevölkerung ist christlich und spricht Afrikaans. Ihr jährliches Kulturfestival, der Minstrel Carnival, wird über Silvester gefeiert. Dann ziehen sie mit ihren bunten Kostümen und mit lauter Musik durch die Straßen Kapstadts. Während des Jahres unterhalten Bands mit farbigen Musikern an verschiedenen Orten die Besucher der Stadt, vor allem an der Victoria and Alfred Waterfront.

Viele der asiatischen Einwanderer haben an ihrem Glauben fest gehalten und sind Muslime. Sie werden daher auch "Cape Muslims" oder "Cape Malays" genannt. Diese leben hauptsächlich in den Gegenden Kapstadts, in denen es auffallend viele Moscheen gibt. Das Bo-Kaap Museum im Malay Quarter von Kapstadt ist einen Besuch wert, wenn man sich genauer über diese Gruppe informieren möchte.

Die Holländer

Der Einfluss der ersten holländischen Siedler kommt im Castle of Good Hope, einem Fort, das sie 1679 in Kapstadt erbauten, zum Ausdruck. Die Siedler brachten ihren eigenen architektonischen Stil hervor, bekannt als Kapholländischer Stil, mit seinen weißen Wänden, hohen Giebeln, Reetdächern und langen Verandas. Dieser Baustil kommt besonders schön in den Weingütern der Weinregion zum Ausdruck. So ist auch in Stellenbosch, der zweitältesten Siedlung am Kap, der holländische Einfluss unübersehbar; und auch in Swellendam, im Klippe Rivier Homestead und im Drostdy Museum in Graaff-Reinet, wo über 300 denkmalgeschützte Gebäude diesen ältesten Ort der östlichen Karoo schmücken.

Die Franzosen

Im Jahr 1688 flohen 153 protestantische Hugenotten vor der religiösen Verfolgung in Frankreich und siedelten in Franschhoek (Französische Ecke). Sie hatten einen wertvollen Einfluss auf die südafrikanische Weinproduktion – zu sehen im Huguenot Monument and Museum in Franschhoek sowie in den Weinkellern Weinkeller in Boschendal, l'Ormarins, Clos Cabriere und Bellingham.

Die Engländer

Die Engländer übernahmen Anfang des 19. Jahrhunderts die Macht am Kap, um zu verhindern, dass die Kolonie in französische Hände falle. Gebäude im englischen Kolonialstil gibt es in Südafrika in rauen Mengen, darunter die Houses of Parliament und das Rathaus in Kapstadt. Dieser Stil kommt auch in

Eine afrikaanse Frau

Eine indische Tänzerin

der City Hall und im Jubilee Pavillon von Pietermaritzburg in KwaZulu-Natal zum Ausdruck. Ebenso im Playhouse, der City Hall und im Bahnhofskomplex von Durban, dem Postgebäude von Johannesburg und in den Union Buildings von Tshwane. Grahamstown sieht aus wie ein englischer Ort auf dem Land. Alljährlich im Juli findet hier das größte Kulturfestival Südafrikas statt.

Die Inder

Von 1860 bis 1911 kam eine große Anzahl von Indern nach KwaZulu-Natal, um auf den Zuckerrohrplantagen zu arbeiten. Sie waren abhängige Tagelöhner, von denen die meisten beschlossen zu bleiben, trotz Freitickets für die Heimreise. Heute leben in Südafrika eine Million Inder: 70 % von diesen sind Hindus, 20 % Moslems und der Rest praktiziert andere Religionen. Obwohl die meisten Inder mit Besuchern Englisch sprechen, unterhalten sie sich zu Hause in ihren unterschiedlichen indischen Dialekten. Ihren bunten Lebensstil kann man vor allem in Durban erleben: in den Moscheen und Tempeln sowie in der Grey Street mit ihren Sari-Läden, Juwelieren, Gewürz-, Früchte- und Gemüseständen. Die Great Mosque, Riverside Mosque und der Kramat Narainsamy Temple sind ebenfalls sehenswerte Orte.

35

Die jüdische Bevölkerung

Trotz ihrer relativ kleinen Größe, spielt die jüdische Gemeinschaft eine wichtige Rolle in vielen Bereichen des südafrikanischen Lebens. Ihre Traditionen
kommen in der Great Synagogue in Kapstadt, der Old Synagogue and Sammy
Marks Museum in Tshwane sowie im Harry and Friedel Abt Jewish Museum
in Johannesburg zum Ausdruck.

Andere Gruppen

Portugiesen, Chinesen und Griechen tragen ebenfalls einen wertvollen Teil zur
Vielfalt der südafrikanischen Gesellschaft bei. Ihre Traditionen lassen sich im
Besonderen in den kulinarischen Spezialitäten des Landes herausschmecken.

Kinder Südafrikas

Wissenswertes

Von Anfang an dabei – Deutsche in Südafrika

Der Einfluss der Deutschen bei der Besiedlung Südafrikas wird oft unterschätzt. Das liegt vor allem daran, dass Deutsche, wenn sie für die Holländer arbeiten wollten, deren Sprache sprechen mussten. Am Kap angekommen, waren sie damit "Holländer". Deutsche waren bereits auf dem ersten Schiff, mit dem Jan van Riebeeck 1652 in der Tafelbucht einlief.

Historische Mannschaftslisten zeigen, dass 40 % der ersten Weißen am Kap Deutsche waren, die erst Holländisch, später die neue Kap-Sprache Afrikaans sprachen. Beides Sprachen, die zumindest für Einwanderer aus norddeutschen Landen, die des Plattdeutschen mächtig waren, sogar nah an ihrer eigentlichen Muttersprache waren. Eine Verfügung der VOC (Vereinigte Ostindische Handelsgesellschaft) von 1657 ordnete an, dass am Kap keine Ausländer, sondern nur Holländer und Deutsche beschäftigt werden durften.

Holländische Beamte, die die Neuankömmlinge registrierten, sorgten oft gleich für neue Namen. Der "typisch" südafrikanische Nachname van Aswegen kam zum Beispiel so zustande: Auf die Frage seiner Herkunft, die aber wohl die Frage nach dem Namen implizierte, antwortete ein deutscher Neuankömmling "Aus Wegen". Der Schreiber verstand Aswegen und notierte "van Aswegen".

Von den ersten neun freien Bürgern, die 1657 ihre Entlassungsurkunden aus VOC-Diensten erhielten, waren fünf Deutsche. Die Zuweisung von Land durch die Niederländisch-Ostindische Handelsgesellschaft unterlag strengen Regeln. Nur verheiratete Leute "von gutem Charakter" und "von niederländischer oder deutscher Herkunft" erhielten Grundstücke. Fast jedes Schiff aus Holland brachte in der Folgezeit Deutsche ans Kap. Im 17. und 18. Jahrhundert landeten etwa 4000 deutsche Familien in Südafrika. Sie wurden damit zu Stammvätern vieler Südafrikaner. Da es kaum deutsche Frauen gab, heirateten sie aus Holland geholte Waisen, Französinnen (die Töchter geflohener Hugenotten) und farbige Sklavinnen aus Asien und Afrika.

Entgegen mancher geschichtlicher Quellen und auch entgegen der Darstellung in James Micheners ansonsten interessantem Roman "Verheißene Erde" (1056 Seiten, Droemer Knaur Verlag, ISBN 978-3426011775) waren die Deutschen, die oft als Söldner ins Land geholt wurden, nicht allesamt ungebildete Banausen. Die Heuerlisten der Handelsgesellschaft nennen Pfarrer- und Beamtensöhne, Adlige und Kaufleute sowie Akademiker – darunter.

Mathematiker, Landvermesser, Geografen und Botaniker – , die sämtlich dem Elend in Deutschland nach dem verheerenden Dreißigjährigen Krieg entfliehen wollten. Die meisten Söldner waren des Lesens und Schreibens mächtig, was in der damaligen Zeit in Deutschland keineswegs eine Selbstverständlichkeit war.

Die ersten südafrikanischen Forschungsberichte, egal aus welchem Wissenschaftsgebiet, stammen vorwiegend von Deutschen, die immer wieder Exkursionen ins unbekannte Landesinnere unternahmen. Das erste Wörterbuch der Khoi-Sprache verfasste Anfang der 1660er Jahre der aus dem Hannoverschen stammende Sprachforscher Georg Friedrich Wrede.

Auch bei den Anfängen des Weinbaus am Kap waren Deutsche nicht unmaßgeblich beteiligt. Einer von vielen war Henning Hüsing, der seine Kap-Karriere als armer VOC-Soldat begann, später als Knecht und Viehhüter arbeitete. Er wurde schließlich freier Bürger und war einer von fünf Bauern, die Vieh im Khoi-Land zu züchten begannen. Schon wenige Jahre später war er durch seine Fleischlieferungen an die VOC zu einem der reichsten Männer Südafrikas geworden. Von 1683 an legte er im großen Stil Getreidefelder an und wurde Gemeinderat in Stellenbusch, der zweiten Stadt Südafrikas. Er baute Landgüter und Häuser, von denen "Meerlust", bis heute zu den schönsten zählt. Über 100.000 Rebstöcke soll er dort angepflanzt haben. Ein anderer Weinbauer war der Heidelberger Carl Georg Wieset, der seine Karriere ebenfalls als Soldat begann, 1731 eine Kapstädterin heiratete und dann das berühmte von Simon

van der Stiel erbaute Weingut Constantia erwarb.

Viele der erfolgreichen Weinbauern ließen ihre Häuser von einem Deutschen bauen bzw. ausbauen: Von Anton Anreith, 1777 aus Freiburg im Breisgau eingewandert, stammen die schönsten Giebel und Bildhauereien am Kap. Berühmt sind vor allem sein Giebel mit Relief am Kellereigebäude von Constantia und die Kanzel-Löwen in der lutherischen Kirche Kapstadts.

Doch auch das Gesundheitswesen am Kap war eine Domäne der deutschen Einwanderer. Zu holländischen Zeiten gab es etwa 50 deutsche Ärzte.

Deutschstämmige Südafrikaner waren von Anfang an politisch aktiv. Bereits der Nachfolger Jan van Riebeecks im Amt des Kapkommandanten war der aus Dresden stammende Zacharias Wagenaar (Wagner). Bei Protesten gegen die VOC standen Deutsche immer in der ersten Reihe.

Selbst am Großen Trek, der unter englischer Herrschaft ausgelöst wurde, waren zahlreiche Deutsche beteiligt – als einfache Trekburen, aber auch als Führer. Zur ersten Gruppe, die auf den Trek ging, gehörten so bekannte Namen wie die deutschstämmigen Familien Botha, Pretorius und Albrecht. Die zweite Gruppe wurde von dem aus dem schleswig-holsteinischen Rendsburg stammenden Johannes van Rensburg geleitet. Der dritte Buren-Führer Andries Hendrik Potgieter wiederum war von Osnabrück nach Südafrika ausgewandert. Unter den Trekburen befand sich nicht zuletzt der spätere Burenpräsident Paulus Kruger (Krüger), dessen Vorfahre Jacob(us) Kruger (Cruger/Krüger), 1690 in der Priegnitz (Brandenburg) geboren, 1713 als VOC-Soldat in Kapstadt landete.

Zwischen 1848 und 1858 kam es zu größeren Einwanderungsschüben aus Deutschland. In der Gegend um East London, wo immer wieder kriegerische Auseinandersetzungen mit Xhosa-Kriegern stattfanden, schafften die Engländer eine Pufferzone mit 4.000 - 5.000 deutschen Siedlern. Diese waren, angelockt durch freie Überfahrt und finanzielle Unterstützung, nach Südafrika gekommen und hatten sich in dieser Region niedergelassen.

Der deutsche Einfluss konnte sich bis in die Gegenwart erhalten. Die Bundesrepublik ist einer der wichtigsten Handelspartner Südafrikas. Mercedes, BMW und VW, die alle in Südafrika produziert werden, gehören zu den beliebtesten Autos im Land, und bis heute sorgen Metzger, Bäcker und Bierbrauer deutscher Herkunft für ordentliches Brot, delikate Wurst- und

Fleischspezialitäten und nach dem deutschen Reinheitsgebot gebrautes Bier (wie z. B. in Wartburg in der Nähe von Pietermaritzburg), was nicht zuletzt unter Entzugserscheinungen leidende Touristen ganz besonders zu schätzen wissen.
© MairDumont Ostfildern, DuMont Reiseführer "Richtig Reisen Südafrika"

Das literarische Südafrika

Eine Einführung

Die südafrikanische Literatur entstand mit der Besiedlung des Kaps 1652, zunächst jedoch allein durch die Tagebuchaufzeichnungen niederländischer Kolonialisten. Erst Anfang des 19. Jahrhunderts, mit der britischen Kolonialisierung Südafrikas entwickelten sich Prosa und Dichtung von südafrikanischem Ausdruck. Der jedoch nur darin bestand, dass die Gedichte und Geschichten von den "Eingeborenen am Kap" berichteten; jene "schwarzhäutigen Wilden" hingegen erhielten ihre, größtenteils uralten Geschichten durch mündliche Überlieferung in lebendig.

1833 jedoch erregte ein Buch mit dem Titel "The Story of an African Farm" (Geschichte einer afrikanischen Farm, 464 Seiten, Diogenes Verlag, ISBN: 978-3-257-20885-6) Aufsehen, sogar in Großbritannien. Die Autorin Olive Schreiner schilderte in ihren Erzählungen das harte Leben in der Karoo Halbwüste, und selbst in religiösen und politischen Belangen nahm die junge Frau, die sich selbst als eine der ersten Südafrikanerinnen bezeichnete, kein beschönigendes Blatt vor den Mund. Das Mutterland England hatte seinen ersten Skandal mit der neuen Kolonie. Olive Schreiner wurde in ihren Werken nie handzahm, ihre Bücher zählen noch heute zur Gundausstattung einer jeden Bibliothek (siehe auch Kapitel 4 "Geschichte einer afrikanischen Farm").

Während nun die Zeit der Abenteuerromane eines H. Rider Haggard anbrach – "King Salomon´s Mines" wurde selbst zum Filmklassiker, und auch "Allan Quatermain" prägte das Afrikabild der damaligen Zeit im Ausland entscheidend – begannen christliche Missionare mit der Niederschrift der Erzählungen der Xhosa, San und Khoikhoi, der Zulu, Tswana und Sotho. Gleichzeitig unterrichteten sie die schwarzen Einheimischen in Schreiben und Lesen, womit der Grundstock für die eigene Kreativität mit Worten geschaffen war.

Doch dauerte es bis zum Anfang des 20. Jahrhunderts, bis diese Fähigkeiten Ausdruck in bemerkenswerten Werken fand: Thomas Mofolos Klassiker "Chaka Zulu" oder "God´s Stepchildren" von Sarah Gertrude Mellin. Wie diese weiße Schriftstellerin, widmete sich auch Alan Paton dem Genre, das man mit "Leben zwischen schwarz und weiß" beschreiben kann. Sein Roman "Cry, the Beloved Country" (Denn sie sollen getröstet werden, 269 Seiten, Brunnen-Verlag, ISBN 978-3765519192) ist das meistgelesene Werk Südafrikas. Neben "Jock of the Bushveld", dieser großartigen Hundegeschichte Sir Percy FitzPatricks, das zu jeder Schullektüre südafrikanischer Kinder gehört.

Es war wie selbstverständlich, dass die Sanktionen der Apartheidsbefürworter auch die farbige Literaturszene zum Verstummen brachte oder, bestenfalls, wie es im Fall der Bessie Head geschah, ins Exil trieb. Von dort, genauer: aus Botswana, schrieb die couragierte Dame sich zu internationaler Achtung: "The Collector of Treasures" (Die Schatzsammlerin, ISBN 978-3922166375) und "Tales of Tenderness and Power" sind nur einige ihrer rückhaltlos offenen Beschreibungen des schwarzen Alltages in Südafrika.

1953 erschien das erste Buch Nadine Gordimers. "Entzauberung" (503 Seiten, Fischer Verlag, ISBN 978-3596222315) ist der deutsche Titel, ihm folgten zahlreiche weitere Romane, alle im Kontext kritischer Auseinandersetzungen der weißen Autorin mit dem Leben ihrer Gesellschaft in jenem Land von schwarz und weiß. 1991 erhielt die große Dame der südafrikanischen Literatur den Nobelpreis für Literatur, und wenn immer ihre Kritiker ihr vorgehalten hatten, dem verhassten Regime der Apartheid die Ehre ihres ständigen Aufenthaltes und des guten Lebens in Südafrika nicht dem Protest

Gut ausgerüstet: Literatur, Taschenlampe und Vogelbestimmungsblatt

im Exil vorgezogen zu haben, antwortete sie, dass ihre Bücher nur durch die direkte Nähe zu eben jenem Unrechtsstaat die Intensität erhielten, die sie auszeichnen. Ihre Kollegen Breyten Breytenbach und André P. Brink zogen das Exil vor, veröffentlichten aus Paris oder London ihre Werke, die allesamt jedoch nicht weniger kritisch sind, als die Romane von Nadine Gordimer.

Noch immer ist die südafrikanische Literaturszene, und das ist angesichts der schmerzlichen Vergangenheit nur natürlich, von der Auseinandersetzung mit der eigenen Identität und der Aufarbeitung der Historie beschäftigt. Anführend in diesem Prozess sind die Werke Nelson Mandelas, seine Autobiografie "Der lange Weg zur Freiheit" (siehe auch Kapitel 1 "Der lange Weg zur Freiheit") und die zahlreichen Biografien des berühmten Freiheitskämpfers und ersten schwarzen Präsidenten Südafrikas. Rian Malan erschütterte mit seinem Roman "Mein Verräterherz" (464 Seiten, Rowohlt Verlag, ISBN 978-3498043322) die südafrikanische Welt im Umbruch der Apartheid, Jenny Hobbs beschreibt in "Tief im Süden" (568 Seiten, ADMOS Media Verlag, ISBN 978-3612272669) die Unmöglichkeit einer Liebesbeziehung zwischen ihren schwarz- und weißhäutigen Protagonisten und die deutschen, in Südafrika akkreditierten Journalisten Hans Brandt und Bartholomäus Grill betrachten in Ihrem Buch "Der letzte Treck" (187 Seiten, ISBN 978-3801230623 bei Amazon) die Zeit des politischen Umbruchs kritisch und mit Sachverstand.

Nicht zu vergessen die zahlreichen Reise-, Wein- und Naturführer und natürlich nicht den Mythos aller Fantasien: J.R.R. Tolkien, 1892 in Bloemfontein geboren sagte, immer wenn er auf sein Hauptwerk angesprochen wurde, dass er die Imaginationen von Mittelerde und seinen Bewohnern bei seinen zahllosen Wanderungen durch den Tsitsikamma Forest erfahren hätte. Er musste es ja wissen, schließlich war er der Schöpfer und Autor von "Herr der Ringe" (1295 Seiten, Klett-Cotta Verlag, ISBN 978-3608938302).

Auf www.literarische-route-suedafrika.de finden Sie weitere interessante Literaturempfehlungen, mit denen Sie noch tiefer in den "Mythos Südafrika" eindringen können und die sich – wie auch die hier genannten Bücher – hervorragend als Reiseliteratur für Ihre nächste Südafrikareise eignen.

Sir Percy Fitzpatricks "Jock of the Bushveld"

Wissenswertes

Deon Meyer
Krimis made in South Africa

Wenn sich in Europa der Winter ankündigt, dann wandern viele Motorräder in die Garage – und der begeisterte Motorradfahrer wartet sehnsüchtig auf den Frühling. Oder er kehrt dem kalten Winterwetter den Rücken zu, verlängert die Saison und macht sich auf nach Südafrika. Dort hat er dann die Möglichkeit, sich ein Motorrad zu leihen und es dem Helden aus Deon Mayers Roman "Das Herz des Jägers" gleichzutun – alleine oder im Rahmen einer geführten Tour (Tipp: www.karoo-biking.de). Schönes Wetter, freundliche Menschen, eine gute Küche und Spaß beim Motorradfahren sind garantiert.

Deon Meyer, erfolgreichster Krimiautor Südafrikas, ist selber begeisterter Motorradfahrer – und so wundert es nicht, dass auch seine Helden bei ihren Abenteuern sich dieses Fortbewegungsmittels bedienen.

Aber auch all denjenigen, die kein Motorradfahren – im Besonderen den Krimi- und Südafrikafans – sei Deon Meyer ans Herz gelegt. Seine Bücher sind spannend geschrieben, und so belegte sein Buch "Das Herz des Jägers" 2006 den 2. Platz beim Deutschen Krimipreis. Der Leser erfährt zudem ganz nebenbei viel über Südafrika, über die Gegenwart, aber auch die Vergangenheit. Wer noch keines seiner Bücher kennt, der sollte sie chronologisch lesen, da einige Helden von einem zum anderen Buch "weiterleben".

Deon Meyer – Biographie

Deon Meyer wurde 1958 in Paarl, Südafrika, geboren. Er wuchs in der Goldminenstadt Klerksdorp in der Nordwest-Provinz auf. Nach seinem Militärdienst – mit Einsatz im angolanischen Buschkrieg – und Studium an der Potchefstroom-Universität, arbeitete er als Reporter beim "Volksblad", einer Afrikaans-sprachigen Tageszeitung in Bloemfontein. Danach war er Pressesprecher, Werbeslogan-Schreiber, Kreativ-Direktor, Web-Manager, Internet-Stratege und Markenberater. Sein erstes Buch schrieb er mit 14 Jahren. Als es fertig war, bestach und erpresste er seine beiden Brüder, es zu lesen. Sie waren überhaupt

nicht begeistert. Aufgrund dieser Erfahrung schrieb er nichts mehr. Erst mit Anfang 30 fing er an, Kurzgeschichten in südafrikanischen Magazinen zu veröffentlichen. „Ich glaube immer noch, dass das der beste Weg ist, um das Schreiber-Handwerk zu lernen. Kurzgeschichten lehren einen viel über die Struktur einer Story – und es gibt nur wenig Platz, um Charaktere und Handlung zu entwickeln", sagt Deon.

1994 veröffentlichte er seinen ersten Roman in Afrikaans, der allerdings nicht übersetzt wurde, „einfach deshalb, weil er nicht gut genug war, um im internationalen Markt zu bestehen. Trotzdem war es eine wundervolle Lernerfahrung." Die drei anderen Romane wurden in verschiedene Sprachen übersetzt, einschließlich Englisch, Deutsch, Holländisch, Französisch, Italienisch, Spanisch und Bulgarisch.

Deon lebt in Melkbosstrand, nördlich von Kapstadt, an Südafrikas Westküste, zusammen mit seiner Frau Anita und ihren vier Kindern Lida, Liam, Johan und Konstanz. Neben seiner Familie sind seine größten Leidenschaften Endurofahren, Musikhören (er ist Mozart-Fan, liebt aber auch Rock'n Roll), Lesen, Kochen und – wie es sich für einen richtigen Südafrikaner gehört – Rugby.

Mehr zu Deon Meyer unter: www.deonmeyer.com

Bisher auf Deutsch erschienene Bücher

Der traurige Polizist (veröffentlicht 1999)

Der Polizist Mat Joubert hat alles verloren. Seine Frau starb bei einem Polizeieinsatz. Seitdem ist er unfähig, seinen Dienst zu verrichten. Doch dann kommt ein neuer Chef in die Abteilung, um mit modernen Methoden erfolgreich zu sein. Gleichzeitig versetzt eine mysteriöse Mordserie ganz Kapstadt in Aufregung. Mit einer deutschen Waffe aus dem 19. Jahrhundert werden gezielt Anschläge verübt. (428 Seiten, ISBN 978-3-352-00746-0, Aufbau Taschenbuch)

Tod vor Morgengrauen (veröffentlicht 2000)

In Kapstadt wird der Antiquitätenhändler Jan Smits mit einem Schuss in den Hinterkopf geradezu hingerichtet. Sein Safe ist ausgeraubt worden, das Testament fehlt, und die Kugel stammt aus einer ungewöhnlichen Waffe. Privatdetektiv Zed van Heerden, ein ehemaliger Cop, hat nur sieben Tage Zeit, Licht in die Sache zu bringen, sonst geht die Witwe leer aus und das gesamte Erbe fällt an den Staat. Merkwürdig nur, dass das Leben des Toten erst 1983 zu beginnen scheint ... (569 Seiten, ISBN 978-3-7466-2280-4)

Das Herz des Jägers (veröffentlicht 2003)

Thobela führt ein bürgerliches Leben in Kapstadt, Südafrika. Er ist in Miriam verliebt, kümmert sich um deren Sohn und arbeitet in einer Motorradwerkstatt. Niemand weiß, dass Thobela ein Killer war, der im Namen der Befreiungsbewegung tötete. Bis eines Tages die Tochter eines alten Freundes vor seiner Tür steht. Ihr Vater, ein ehemaliger Regierungsbeamter, ist gekidnappt worden, weil er eine Festplatte mit belastendem Material besitzt. Thobela eilt seinem Freund zu Hilfe, doch schon am Flughafen wird er vom südafrikanischen Geheimdienst abgefangen. Es gelingt ihm zu fliehen – und nach langer Zeit erwachen seine alten Instinkte wieder. Auf einem Motorrad jagt er quer durch das Land. (409 Seiten, ISBN 978-3- 74662328-3)

Der Atem des Jägers (veröffentlicht 2007)

Einst war Benny Griessel der beste Polizist Kapstadts, doch dann begann er zu trinken. Nun ist er am Ende. Einzig sein Chef glaubt noch an ihn und übergibt ihm den spektakulärsten Fall der letzten Jahre: Ein Killer läuft durch die Stadt und tötet in Selbstjustiz Kinderschänder. Griessel weiß, dass diese Ermittlung seine letzte Chance ist. Er versucht, die Prostituierte Christine und ihr Kind als Lockvogel einzusetzen. Doch bald ahnt er, dass er diesem Fall nicht gewachsen ist. Denn plötzlich gerät er selbst ins Fadenkreuz eines Drogenbarons. (428 Seiten gebunden, ISBN 978-3-352-00746-0, Aufbau / Rütten & Loening)

Weißer Schatten (veröffentlicht 2007)

Er nennt sich Lemmer, er ist weiß, und sein Job ist es, unsichtbar zu sein. Er ist der Bodyguard im Schatten. Als Emma le Roux, eine weiße Südafrikanerin, ihn anheuert, hofft Lemmer auf einen schnellen, harmlosen Job. Er soll Emma zum Kruger Nationalpark begleiten. Sie meint, ihren vor zwanzig Jahren verschwundenen Bruder in den Fernsehnachrichten gesehen zu haben. Angeblich hat er skrupellos vier Wilderer ermordet, die ein Reservat überfielen. Kaum sind sie im Kruger Nationalpark angekommen, muss Lemmer eine giftige Schlange töten, die jemand in Emmas Apartment geschmuggelt hat. Er begreift, dass er einer Sache auf der Spur ist, die etliche Nummern zu groß und zu gefährlich für ihn ist. Dann, nach ihrer ersten gemeinsamen Nacht, wird Emma schwer verletzt. Allein versucht Lemmer, ihren Angreifer zu finden. Der Showdown beginnt. (421 Seiten gebunden, ISBN 978-3-352-00759-0, Aufbau / Rütten & Loening)

Mein Reisetagebuch – Abschnitt 1

Stationen	Sehenswürdigkeiten (inkl gesammelter Geschichten)
1. Tag Johannesburg	Ankunft in Südafrika Abholung des Mietwagens Einchecken im Hotel / Relaxing Abends: Restaurant Lekgotla, Sandton Übernachtung: Southern Sun, Sandton
2. Tag Johannesburg	Stadtrundfahrt Abends: Besuch von UMOJA Übernachtung: Southern Sun, Sandton
3. Tag Maropeng	Cradle of Humankind Sterkfontein Caves Übernachtung: Southern Sun, Sandton
4. Tag Johannesburg	Origins Centre *Als die Sonne noch ein Mann war* Besuch des Einkaufszentrums in Sandton Nelson Mandela Square Abends: Restaurant Moyo, Zoo Lake Übernachtung: Southern Sun, Sandton
5. Tag Soweto	Rundfahrt durch Soweto Begegnung mit Winnie Mandela Besichtigung von Nelson Mandelas früherem Wohnhaus Hector Pieterson Memorial und Museum Apartheidmuseum *Der lange Weg zur Freiheit* Übernachtung: Southern Sun, Sandton
6. Tag Johannesburg Tshwane (Pretoria)	Gold Reef City Voortrekker Monument Übernachtung: Sheraton Hotel Pretoria
7. Tag Tshwane (Pretoria)	Stadtrundfahrt Paul Krugers Haus Union Buildings Übernachtung: Sheraton Hotel Pretoria

1

Der Mythos lebt ...

Abschnitt 1 – Gauteng

Der Mythos lebt ...

Reisebericht

Als ich nach einem zehnstündigen Nachtflug südafrikanischen Boden ohne Jetlag betrete, lassen mich die Sonne und die freundlichen Menschen das kalte, feuchte Winterwetter in Deutschland schnell vergessen. Sieben Wochen und über 10.000 km liegen vor mir, in denen ich all die vielen Geschichten und Sehenswürdigkeiten sammeln werde, von denen ich in diesem Buch erzähle. Ich bin freudig gespannt, was mich auf dieser Recherchereise erwartet.

Das Leben und die Geschichte Südafrikas: UMOJA – Das Musical

UMOJA, die angesagteste Tanz- und Gesangsshow Südafrikas erzählt vor farbenfroher Kulisse und zu mitreißender Musik über das Leben und die Geschichte Südafrikas. Wenn Sie bei Ihrer Südafrikareise die Möglichkeit haben, sollten Sie sich diese Show nicht entgehen lassen – mir hat sie gleich zu Beginn meiner Reise eine zutiefst beeindruckende und faszinierende Vorstellung von der Lebensfreude der Südafrikaner vermittelt – wie ich sie aber auch noch bei vielen weiteren Begegnungen mit den Menschen der verschiedenen Kulturen erleben konnte.

Der erste Ausflug führt mich ins Zentrum von Johannesburg, zum Market Theatre. In den alten Marktgebäuden befinden sich drei Bühnen, eine Kunstgalerie und der berühmte Jazzkeller Kippie's. Benannt wurde dieser Jazzkeller nach dem berühmten südafrikanischen Saxofonisten und Klarinettisten Kippie Moeketsi, der als einer der bedeutendsten Jazzmusiker seines Landes gilt. Aufgewachsen als Jüngster von vier musikalischen Brüdern im George-Goch-Township bei Johannesburg musste seine Mutter oft nach ihm suchen und rief dabei nach ihm wie nach einem Huhn „Kippie, Kippie", was zu seinem Spitznamen wurde. Bekannt wurde er Ende der 1950er mit der Band "Jazz Epistles", mit der er zwei Schallplatten aufnahm und die mit ihrer Verschmelzung von Jazz und

Kwela-Musik zum Inbegriff für African Jazz in Südafrika wurde. Wer mehr über sein tragisches Leben – denn trotz großen Ruhmes starb er völlig verarmt – erfahren möchte, kann dies in Peter Esterhuysens Buch "Kippie Moeketsi: Sad Man of Jazz" nachlesen.

Ein wenig weiter befindet sich das renommierte Museum Afrika, das mich in die Geschichte und Kunst des Landes einführt – so wie auch der für den Abend angesetzte Besuch von UMOJA, der angesagtesten Tanz- und Gesangsshow Südafrikas (siehe Infokasten). Nach diesem Abend bin ich endgültig von der Lebensfreude der Menschen angesteckt.

Am nächsten Tag führt mich mein Weg – wie auch die Geschichte Südafrikas – weit zurück in die Vergangenheit bis zu den Anfängen der Menschheit vor 2,5 Mio. Jahren. Nicht weit von Johannesburg entfernt, in Maropeng, liegen auf einem Gebiet von 25.000 Hektar eine Reihe von Ausgrabungsstätten hominider Fossilien, die wegen ihrer Bedeutung in das Weltkulturerbe der UNESCO aufgenommen worden sind: die "Cradle of Humankind" (Besucherzentrum und multimediales Entertainment Center). Die "Wiege der Menschheit" ist dabei auch eine Metapher für jene Region, in der sich die biologische Evolution und die frühe kulturelle Entwicklung des Menschen (Homo sapiens) vollzogen hat.

Nicht weit davon entfernt, in den Sterkfontein Caves, befinden sich weitere Fundstätten. Sterkfontein (Afrikaans für "Starke Quelle") ist die Bezeichnung für eine Reihe von Kalkstein-Höhlen. Die Höhlen sind von besonderem Interesse auf dem Gebiet der Paläoanthropologie, da hier eine Reihe von Fossilien früher Hominiden gefunden wurde. Die Ausgrabungen in den Höhlen begannen in den späten 1890er-Jahren durch kalksteinsuchende Geologen, die die Fossilien bemerkten und die Wissenschaftler darauf aufmerksam machten. Jedoch erst 1936 gaben die Höhlen einen ausgewachsenen Australopithecus frei. Das unterstützte die Interpretation, dass der bei Taung gefundene und als "Kind von Taung" bekannte Australopithecus africanus ein früher Vorfahre des Menschen war. 1947 fand man den fast vollständigen Schädel eines erwachsenen Australopithecus africanus, dem man den neuen Gattungsnamen Plesianthropus transvaalensis (Beinahe-Mensch von Transvaal) gab. Bekannt wurde dieser Schädel unter der heute noch gängigen Abkürzung "Mrs. Ples". Sie oder er wird auf ein Alter von 2,6 bis 2,8 Millionen Jahre geschätzt. Die Ausgrabungen wurden kontinuierlich fortgesetzt und ergaben bislang mehr als 500

Gauteng / Johannesburg: Gold Reef City

Goldgräberstimmung

Gold Reef City ist ein Freizeitpark in Johannesburg, der in den 1980er Jahren auf dem Gebiet der Crown Gold Mine, einst eine der größten sowie mit etwa 3.300 m auch tiefsten Goldminen der Welt, erbaut wurde. Hier förderte man zwischen 1894 und 1977 etwa 1,4 Millionen Kilogramm Gold im Wert von etwa 30 Milliarden Euro. Ende der 1970er Jahre wurde die Crown Mine wegen Unrentabilität geschlossen. Die Idee, sie zu einem Vergnügungspark umzugestalten, entstand ursprünglich aus Führungen in die Mine, die sehr beliebt waren. Mit der Zeit erwuchs ein Themenpark, der die Goldgräberstimmung am Witwatersrand um die letzte Jahrhundertwende darstellt. Die Mitarbeiter sind im Stil dieser Zeit gekleidet und die Gebäude sowie ein nostalgischer Jahrmarkt sorgen für das passende Ambiente. Neben Attraktionen wie Wildwasser- und Achterbahnen kann man eine Schmiede, eine Kneipe, eine Börse, eine Brauerei, ein Theater sowie viele weitere Einrichtungen aus der Goldgräberzeit besuchen. Darüber hinaus kann man in der ehemaligen Mine etwa 200 m unter Tage fahren und im Goldgräber-Museum das Gießen von Goldbarren beobachten. Unweit der Goldgießerei finden Sie das Digger Camp mit einem kleinen Bachlauf, in dem jeder Besucher unter Anleitung erfahrener Digger mit einer Goldpfanne selbst sein Glück versuchen kann.

Hominiden-Fundstücke, womit Sterkfontein die reichste lokal begrenzte Fundstätte der Welt für frühe Hominiden wurde und wesentlich zum Verständnis der Herkunft und frühen Evolutionsgeschichte des Menschen beigetragen hat.

Beeindruckend ist mein Besuch des neuen Origins Centre an der Universität Johannesburg, für den ich mir einen halben Tag Zeit lasse. Das mit modernster Technik ausgestattete Museum erklärt die Ursprünge der San, der ältesten Bewohner des südlichen Afrikas, ihre Lebensweisen und Mythen sowie die Bedeutung ihrer Felszeichnungen (siehe auch "Als die Sonne noch ein Mann war").

Abends führt mich mein Weg in den Stadtteil Sandton, ins dortige Einkaufszentrum, in dem eine fast 3 m hohe, goldene Nelson Mandela Statue steht. Im Restaurant Lekgotla lerne ich das erste Mal die südafrikanische Küche kennen und bin begeistert. Ebenso lohnt sich der Besuch des Moyo, eines der besten Restaurants Johannesburgs (Moyo Zoo Lake mit wunderschöner Außengastronomie – Infos unter www. moyo.co.za)

Der letzte Tag meines Aufenthaltes in Johannesburg führt mich im Rahmen einer geführten Tour nach Soweto, in das einstige South-Western-Township. Dort begegne ich Winnie Mandela, der heute umstrittenen, ersten Frau von Nelson Mandela, die gerade dabei ist, ihre

Gartenhecke zu beschneiden und tauche damit fast sinnbildlich ein in die jüngere Vergangenheit des Landes, als es noch von der Apartheid beherrscht war. Ich besuche Nelson Mandelas ehemaliges Wohnhaus, das in der gleichen Straße liegt wie das Haus von Desmond Tutu, dem bekannten, südafrikanischen Erzbischof. Wie auch Nelson Mandela hat er für seinen Beitrag zur Überwindung der Apartheid den Friedensnobelpreis erhalten. Diese ist damit die einzige Straße auf der Welt, in der gleich zwei Friedensnobelpreisträger gewohnt haben.

Nachmittags besuche ich das Hector Pieterson Museum, das zwei Blöcke entfernt vom gleichnamigen Memorial liegt. Hector Pieterson war ein

Blühende Jakaranda

südafrikanischer Schüler, der 1976 im Alter von 12 Jahren bei einer anfangs friedlichen Demonstration (bekannt als "Aufstand in Soweto") gegen die Einführung von Afrikaans als Unterrichtssprache an südafrikanischen Schulen von Polizisten erschossen wurde. Das Foto des sterbenden Hector sorgte weltweit für Aufsehen, und so wurde Hector zur Symbolfigur eines Aufstandes der schwarzen Bevölkerung gegen das Apartheidsregime. Ihm und den 565 weiteren Opfern des Jahres 1976 zu Gedenken ist Sinn und Inhalt des Museums und des Memorials.

Auch wenn die Erinnerungen und Bilder aus dieser Zeit bedrückend sind, so sollte der Besuch des Apartheidmuseums "Gegen das Vergessen" bei keinem Aufenthalt in Johannesburg fehlen. Denn es ist auch ein Ort der Hoff-

Tshwane (Pretoria): Voortrekker Monument
Die Geschichte der Voortrekker

Das 1949 eingeweihte Monument wurde zur Erinnerung an den Großen Trek der Buren und die Entscheidungsschlacht am Blood River errichtet. Der mächtige Kuppelbau ist umgeben von einer halbkreisförmigen Mauer, auf der sich ein Relief von 64 Ochsenwagen befindet. Dieser Kreis soll den Kraal, das Lager der Trekker, symbolisieren, der die Trekburen während der Nacht beschützte. In der Heldenhalle, im Inneren des Monuments, befindet sich an den Wänden ein beeindruckendes Relieffries mit einer bildlichen Erzählung der Geschichte der Voortrekker. Durch eine Deckenöffnung in der Halle fällt genau um 12:00 Uhr am 16. Dezember, dem Jahrestag der Schlacht am Blood River, ein Sonnenstrahl auf ein Relief mit der Inschrift "Ons vir jou, Suid Afrika" ("Wir für Dich, Südafrika"). Von der Heldenhalle aus gelangt man über eine schmale, lange Treppe auf das Dach, von dem aus man einen wunderbaren Panoramablick über Tshwane (Pretoria) hat. Zum Komplex gehören auch ein Museum mit historischen Karten über den Trek, ein beeindruckender Wandteppich mit historischen Szenen sowie Waffen und Kleidungsstücken der damaligen Zeit.

Johannesburg bei Nacht

nung zur Überwindung von Ungerechtigkeiten auf dieser Welt. Die Geschichte der Rassentrennung erlebt man gleich beim Betreten des Museums, denn es gibt zwei Eingänge, einen "nur für Weiße", und einen "nur für Schwarze". Mit den unterschiedlichsten Exponaten, Fotos und Schrifttafeln wird der systematische Ausschluss der schwarzen Bevölkerung vom öffentlichen Leben dokumentiert.

Am nächsten Tag verlasse ich Johannesburg nach einem Besuch von Gold Reef City (siehe Infokasten) und starte meine große Recherchereise zu all den Orten, die mir den "Mythos Südafrika" näher bringen werden. Bevor es zum Regierungssitz nach Tshwane (Pretoria) geht, mache ich noch einen Abstecher zum Voortrekker Monument (siehe Infokasten). In Tshwane verwandeln tausende zu der Zeit meiner Recherchereise (November/Dezember) blühende lila Jacaranda-Bäume rechts und links der Straßen die Stadt in ein Blütenmeer. Viel Zeit habe ich nicht und so bleibt mir nur die Besichtigung der Union Buildings sowie der Besuch von Paul Krugers Haus. Seine Vorfahren stammen übrigens aus Berlin: 1713 war der Berliner Jacobus Kruger als Söldner der holländischen Ostindien-Kompanie (VOC) nach Südafrika gekommen und hatte damit eine Dynastie begründet, mit deren Namen Südafrika bis heute verbunden ist (siehe auch Kapitel 3 "König Löwe" – Wissenswertes).

Touristische Informationen und Empfehlungen

Die Provinz "Gauteng"

 Der Name Gauteng geht auf ein Sotho-Wort zurück und bedeutet soviel wie "Ort des Goldes". Ein passender Name für die mit Goldvorkommen verwöhnte Provinz. Die beiden Metropolen Johannesburg und Tshwane (Pretoria) machen Gauteng zum kommerziellen, industriellen und Verwaltungszentrum Südafrikas – und zugleich zum Motor der Nation.

In Johannesburg und dem Stadtteil Sandton finden sich hervorragende Hotels, Restaurants und Shoppingzentren. Vor den Toren Johannesburgs liegt Soweto (South Western Township), eine große, lebendige Siedlung, in der Millionen von Menschen zu Hause sind. Einfache Blechhütten stehen hier neben prachtvollen Villen.

Wer dem Rummel der Großstadt für ein paar Tage entfliehen möchte, der findet Ruhe in der Natur von Gauteng. Wildparks, Stauseen, Flüsse, Wanderwege und Picknickplätze gibt es hier in großen Mengen. Besonders beliebt bei Wassersportlern und Anglern ist die Region Sedibeng/Vaal River.

Tshwane, nur 50 km nördlich von Johannesburg, ist die Hauptstadt Südafrikas und das Verwaltungszentrum des Landes. Die "ruhigere Schwester" Johannesburgs lädt zum Entspannen in ihre über 100 Parks ein.

Mehr Informationen zu Südafrika und der Provinz Gauteng in der Broschüre "Südafrika erleben" (siehe auch "Touristische Informationen").

Die Union Buildings in Pretoria

Origins Centre (Johannesburg)

Neues Museum, das mit modernster Multimediatechnik einen faszinierenden Einblick in das Leben der San und in die Menschheitsgeschichte in Südafrika bietet.
www.originscentre.co.za

Maropeng (Gauteng)

Cradle of Humankind (Wiege der Menschheit) – das offizielle Besucherzentrum der UNESCO Welterbestätte.
www.maropeng.co.za

Apartheidmuseum (Johannesburg)

Tief bewegendes Museum, das einen umfassenden Einblick in die Geschichte der Rassentrennung vermittelt.
www.apartheidmuseum.org

Hector Pieterson Memorial und Museum (Soweto)

Beeindruckendes Mahnmal und Museum, das an die Opfer der Schülerproteste in Soweto 1976 erinnert.

Gold Reef City (Johannesburg)

Freizeitpark auf dem ehemaligen Gelände einer der größten und tiefsten Goldminen der Welt. Besucher können in die Goldgräberstimmung am Witwatersrand Ende des 19. Jahrhunderts eintauchen.
www.goldreefcity.co.za

Voortrekker Monument (Tshwane / Pretoria)

Mächtiges Symbol für den Pioniergeist der Buren.
www.voortrekkermon.org.za

Union Buildings (Tshwane / Pretoria)

Seit 1994 sind die Union Buildings, die von vielen Südafrikanern als schönster Regierungssitz der Welt betrachtet werden, der offizielle Amtssitz des südafrikanischen Präsidenten und seiner Regierung.

Paul Kruger House (Tshwane / Pretoria)

In diesem prächtigen viktorianischen Haus lebte Paul Kruger von 1884 bis 1901. Das beeindruckende Mobiliar erinnert noch heute an den Helden der Buren.

Gauteng / Johannesburg: Origins Centre

Als die Sonne noch ein Mann war

Ein südafrikanischer Schöpfungsmythos (San)

Die Reise zu den Ursprüngen der südafrikanischen Geschichte und Kultur beginnt in Johannesburg, im Origins Centre an der Universität Witwatersrand. Als Südafrikas Präsident Thabo Mbeki 1999 die weltberühmten Felsmalereien in den Drakensbergen besichtigte, war er geschockt, wie wenig getan wurde, um dieses einzigartige Kulturgut der breiten Öffentlichkeit zugänglich zu machen. Das Ergebnis seiner Bemühungen war die Eröffnung des South African Museum of Rock Art im März 2006, dem ersten und größten Teil des Origins Centre. Die Kombination von modernster Multimediatechnik, den Visionen und der Kreativität südafrikanischer Künstler sowie der erzählenden Konzeption des Museums ermöglicht den Besuchern eine außergewöhnliche Entdeckungsreise. Sie beginnt bei den Ursprüngen der Menschheit in Afrika, geht über in die Entwicklung von Kunst und Technologien und macht deutlich, wie wir zu den Menschen wurden, die wir heute sind. Getreu dem Motto des Museums: "Wir sind die, die wir sind,

Gottesanbeterin

wegen denen, von denen wir abstammen." Einzigartig ist dabei die Möglichkeit, die Entwicklungsgeschichte der Menschheit und die Verbindungen der Völker anhand ihrer DNA-Strukturen nachzuvollziehen. Und beeindruckend ist die Vermittlung eines der ältesten noch heute praktizierten Rituale: der Tanz der San im Trancezustand. Dabei vermittelt das Museum auch die Geschichte und Kultur der ersten Bewohner des südlichen Afrikas, dem San-Volk.

Wie jedes Volk auf dieser Erde, so haben auch die San ihre ganz eigene Vorstellung von der Entstehung der Welt. Dabei prägt dieser, von jedem Volk ganz unterschiedlich begründete, fest verankerte Glaube an die Art und Weise, wie die Schöpfung vonstatten ging, die Lebensweise und Kultur der Menschen sowie ihre Weltanschauung. Um die Menschen anderer Kulturen besser verstehen zu können und um ihnen mit Respekt gegenüber treten zu können, bedarf es der Kenntnis der ganz eigenen Sichtweise anderer Kulturen auf die Schöpfung der Welt. Daher erzählt dieser "Literarische Reiseführer Südafrika" auch Schöpfungsmythen der Kulturen Südafrikas und soll damit dazu beitragen, ein besseres Verständnis für die unterschiedlichen Kulturen der Regenbogennation Südafrika zu bekommen.

Vor langer, langer Zeit, als noch nicht so viele Menschen im südlichen Afrika lebten wie heute, sprachen die San von einer Zeit, als die Sonne ein Mann war, der unter ihnen lebte. Wenn der Sonnen-Mann seine Arme in die Höhe streckte, verströmte er auf der ganzen Welt ein helles Licht, das aus seinen Achseln schien. Die Menschen erfreuten sich an diesem Licht und wärmten sich an dieser Sonne, die ein Mann war. Wenn der Mann aber seine Arme wieder senkte, wurde es dunkel und kalt.

Eines Tages sprach eine alte San-Frau zu einer San-Mutter, als sie in der Sonne saßen und fröhliche Kinder um sie herum spielten: „Ich habe den Sonnen-Mann beobachtet und es scheint, als wenn er alt wird. Er schläft die meiste Zeit. Sag deinen Kindern, sie mögen seine Arme behutsam anheben, wenn er eingeschlafen ist, so dass das Licht aus seinen Achseln scheinen kann." „Ja", bestätigte die San-Mutter, „ohne sein Licht und seine Wärme ist es bitterkalt." Und die alte San-Frau forderte sie auf „Sag deinen Kindern, dass sie den Sonnen-Mann über ihre Schultern heben und von dort in den Himmel werfen sollen."

Und so krochen die Kinder etwas später durch den weichen Sand und hinterließen dabei Fußspuren, wie sie auch von wilden

Tieren hätten stammen können. Sie versteckten sich hinter einem großen Dornenbusch und warteten darauf, dass sich der Sonnen-Mann zum Schlafen niederlegen würde. Nach einer Weile sahen sie, wie er niederkniete, sich hinlegte und seinen Körper auf dem weichen Sand ausstreckte. Er hob seine Arme und Sonnenstrahlen fielen auf Grasbüschel und Pflanzen, die sich um ihn herum ausgebreitet hatten. Für eine Weile war es hell und warm.

„Seid leise", sagte das Älteste von den Kindern, „er darf uns nicht sehen." Als der Mann seine Arme senkte, fingen die Kinder an zu frösteln. Schon nach kurzer Zeit hörten sie seinen schweren Atem, der durch eine leichte Brise zu ihnen herüber getragen wurde. „Er ist eingeschlafen", flüsterte das Älteste. Wie Jäger sich an ihre Beute heranschleichen, fingen sie an vorwärts zu kriechen und näherten sich dem Sonnen-Mann. Vorsichtig prüften sie, dass er auch ja tief eingeschlafen war. Sie hoben seine Arme und wurden in ein helles warmes Licht getaucht. Alle mussten sie mit anfassen, um die schwere Last des Sonnen-Manns über ihre Schultern zu laden. Da sein Körper immer noch sehr heiß war, mussten sie sehr vorsichtig sein, denn schon bei der leichtesten Berührung wurde es den Kindern sehr warm. „Erinnert euch, was die alte Frau zu uns gesagt hat", sagte das Jüngste der San-Kinder. „Wenn uns der Sonnen-Mann zu heiß wird, um ihn zu halten, dann sollen wir ihn in den Himmel werfen und rufen: Sonnen-Mann, werde zur vollkommenen Sonne. Bleibe am Himmel, sodass du das ganze Land erhellst und die Dunkelheit von uns nimmst." So geschah es und der Sonnen-Mann stieg mit seinen ausgestreckten Armen in den Himmel hinauf und tauchte das Land in ein grelles Licht. Am Himmel angekommen, nahm er die Gestalt der Sonne an – und war nicht länger mehr ein Mann. Von nun an strahlte die Sonne vom Himmel und warf ein helles Licht auf die Erde, sodass ein jeder den anderen gut sehen und sie ihre Arbeit im Licht des Tages vollbringen konnten.

Wenn es Nacht wurde und die Sonne verschwand, erschien der Mond, um die Dunkelheit zu erhellen. Aber die Sonne verjagte den Mond wieder und man erzählte den San-Kindern, dass die Sonne den Mond mit einem Messer gestochen habe, sodass er immer kleiner und kleiner würde.

Der Mond aber protestierte bei der Sonne. „Die Kinder brauchen doch etwas Licht, auch in der Nacht." Und die Sonne ließ sich erweichen und erlaubte dem Rückgrat vom Mond zu bleiben. Aber als der Mond immer mehr und mehr zusammenschrumpfte, bis er nur noch eine dünne Sichel war, bekümmerte ihn das so sehr, dass er nach Hause ging. Dort ließ er es sich dann erst einmal wieder richtig gut gehen, und sein Bauch wurde größer und größer, bis er wieder in voller Pracht am Himmel erschien.

In einer anderen Geschichte erzählten die San ihren Kindern von den Gottesanbeterinnen, die die Dunkelheit so sehr hassten, dass sie ihre Schuhe

San-Familie im Northern Cape

in den Himmel warfen, die sich dort in den Mond verwandelten. Viele Monde sind seitdem vergangen, seit die San ihren Kinder diese Geschichten das erste Mal erzählt haben. Und dabei erzählten sie ihnen auch von der Zeit, als auch der Mond noch ein Mann war und zu ihnen sprach.

Eine Botschaft wollte er zu den Menschen schicken und nahm daher die Schildkröte zur Seite, die er mit dieser wichtigen Aufgabe betrauen wollte. „Überbringe den Menschen die folgende Botschaft: So wie ich sterbe und wieder lebendig werde, so sollt auch ihr sterben und wieder leben."

Weil sie wusste, dass es lange dauern würde, bis sie den weiten Weg zu den Menschen hinter sich gebracht haben würde, ging sie früh am Morgen los. „So wie ich sterbe, lebendig werde...", wiederholte die Schildkröte leise die Botschaft wieder und wieder, als sie über den weichen Wüstensand kroch. „So wie ich lebe...".

Aber je häufiger sie die Botschaft wiederholte, umso verwirrter wurde die Schildkröte und es dauerte lange, bis sie sich selbst eingestand, dass sie die Botschaft komplett vergessen hatte. Da gab es nur eins, was sie tun konnte. Sie drehte um und kehrte auf dem gleichen Weg zum Mond zurück, den sie gekommen war. „Ich bin sehr enttäuscht und muss mir wohl einen anderen Plan ausdenken", sprach der Mond zur Schildkröte, als die ihm ihr Missgeschick beichtete. Dann schob er die Schildkröte bei Seite und rief den Hasen. „Weil du ein schneller Renner bist, überbringe du die Botschaft den Menschen: So wie ich sterbe und wieder lebendig werde, so sollt auch ihr sterben und wieder leben." Der Sand spritzte nur so in die Höhe, als der Hase – so schnell er konnte – davonjagte. Aber schon bald wurde er von einem verlockenden Angebot zarter grüner Pflänzchen aufgehalten. Er legte eine Verschnaufpause ein und begann hungrig an dem jungen Grün zu knabbern. Aber als er zu Ende gefressen hatte, geriet er in Panik. „So wie ich lebe und sterbe..., so wie ich sterbe und lebe...". Auch er hatte die Botschaft vergessen. Aber er war zu feige, um zum Mond zurückkehren und herauszufinden, wie sie richtig war. So rannte er weiter, spielte mit den Worten in seinen Gedanken, arrangierte hin und her, bis er überzeugt war, dass er sich an die richtige Botschaft erinnerte. Ganz leise sprach er, als er bei den Menschen angekommen war. „Der Mond will euch sagen: So wie ich sterbe und wieder lebendig werde, so sollt auch ihr sterben und für alle Ewigkeit tot sein."

Als der Mond hörte, dass der Hase die Botschaft falsch übermittelt hatte, war er so verärgert, dass er ihm in seinem Zorn die Lippe mit einem Stock spaltete. Und so kommt es, sagen die San, dass der Hase eine gespaltene Oberlippe hat.

Bei den San sind das Eland (siehe "Wissenswertes") und die Gottesanbeterin, die in ihrer Mythologie vielleicht die meist geachtete Kreatur war, von besonderer Bedeutung. Verheiratet sollen die Gottesanbeterinnen mit den Hasen oder den Klippschliefern (ein kaninchengroßes, murmeltierähnliches Säugetier) gewesen sein. Viele südafrikanische Volksstämme erklären den Ursprung der Sonne und des Mondes durch alte Volksmärchen, die von einer Generation an die nächste weitergegeben wurden. Die San sind als die besten Geschichtenerzähler Südafrikas bekannt und viele San-Geschichten erinnern auch heute noch daran, dass in ihrer Weltanschauung viele Tiere einst Menschen waren. Auch wenn zahlreiche Geschichten mittlerweile vergessen worden sind, so leben sie doch in den Symbolen und Zeichnungen der San-Mythologie weiter und können bis heute in den beeindruckenden Felsmalereien, wie sie auch im Origins Centre zu sehen sind, bestaunt werden.

Der Mond ist der Schuh der Gottesanbeterin (San-Mythologie)

Wissenswertes

Das Eland und
der Trancetanz der San

Das Eland ist das am häufigsten auf den Felsmalereien der San dargestellte Tier. Die San sagen, dass das Eland Gottes liebstes Tier sei und auch in ihrem Leben ist es von außerordentlicher Bedeutung. Denn es gibt viel Fleisch und Fett – aber das Wichtigste ist, dass ein sterbendes Eland die San mit übernatürlichen Kräften ausstattet und dies den Schamanen ermöglicht, in den Trancezustand überzugehen. Noch heute wird das Eland von den San mit vergifteten Pfeilen nach der traditionellen Methode gejagt.

Der Trancetanz wird bei den San zu verschiedenen magischen Zwecken benutzt, etwa um Regen zu machen, zu heilen oder um Jagdwild anzulocken. Der Tanz wird in der Gemeinschaft ausgeführt. Während die Frauen um ein Feuer sitzen, einen bestimmten Rhythmus klatschen und singen, tanzen die Männer im Kreis um sie herum, wobei sie manchmal Fußrasseln tragen. Bei den Trancetänzen sind Personen anwesend, die selbst nicht tanzen, um den Tänzern zu helfen, da diese manchmal ihre Trance nicht kontrollieren können und ohnmächtig werden. Wenn die Tänzer in Trance gefallen sind, gehen sie herum und berühren die anderen mit den Händen, um sie zu heilen. Nach ihrer Ansicht nehmen sie dabei das Übel selbst auf und stoßen es, begleitet von einem Schrei, durch ein Loch im Nacken wieder aus.

Nach Angaben der Trancetänzer machen diese außerkörperliche Reisen und verfügen über eine Kraft, mittels derer sie andere und ihre Umwelt positiv beeinflussen können. Manchmal verwandelt sich ein Trancetänzer aufgrund dieser Kraft in ein Mischwesen aus Löwe und Mensch, das Unheil bringt. Ein Trancetänzer hat eine Lehrzeit von einigen Jahren bei einem erfahrenen Tänzer, bis er sich entscheidet, ob er mit der Kraft umgehen kann.

Gauteng / Soweto: Apartheidmuseum – Tshwane (Pretoria): Union Buildings

Der Lange Weg zur Freiheit

Die beeindruckende Lebensgeschichte von Nelson Mandela

Kaum ein anderer Politiker dieses Jahrhunderts symbolisierte in solchem Maße die Friedenshoffnungen der Menschheit und den Gedanken der Aussöhnung aller Rassen auf Erden wie der ehemalige südafrikanische Präsident und Friedensnobelpreisträger Nelson Mandela, dessen Rolle für seinen Kontinent mit der Gandhis für Indien verglichen wurde. Seine trotz langer Haft ungebrochene Charakterstärke und Menschenfreundlichkeit haben nicht nur die Bewunderung seiner Landsleute, sondern aller friedenswilligen Menschen auf der Welt gefunden. Obwohl als Häuptlingssohn, hochgebildeter und sprachenkundiger Rechtsanwalt gegenüber der schwarzen Bevölkerung privilegiert, war er doch nicht von vornherein zum Freiheitskämpfer und international geachteten Politiker prädestiniert. Erst die fast drei Jahrzehnte während Gefängnishaft hat ihn zum Mythos der schwarzen Befreiungsbewegung werden lassen.

Und es war wahrlich ein langer Weg, vom Freiheitskämpfer gegen die Apartheid, die der Besucher – wenn auch oftmals schmerzlich, aber dennoch eindrucksvoll – im Apartheidmuseum in Soweto nachvollziehen kann, bis hin zur Vereidigung als erster schwarzer Präsident Südafrikas im Parlamentsgebäude (Union Buildings) in Tshwane am 10. Mai 1994.

Im elften Jahr auf der Sträflingsinsel Robben Island, 1975, beginnt Nelson Mandela, seine Memoiren zu schreiben. Nach der Arbeit im Steinbruch sitzt er nächtelang über dem Manuskript. Der 57-Jährige erinnert sich an seine Kindheit als Hirtenjunge in der Transkei, beschreibt Jugendjahre in der Missionsschule; er schildert, wie er in Johannesburg zum politischen Aktivisten und schließlich in einem Hochverratsprozess zu lebenslanger Haft verurteilt wird. „Es war wie ein Wachtraum", notiert Mandela, „und ich versuchte, ihn so einfach und ehrlich wie möglich zu Papier zu bringen." Der Häftling mit der Nummer 466/64 darf Bleistifte und Papier besitzen, und auf Wunsch knipst man ihm nachts das Zellenlicht an. Denn in jener Zeit hat ihm die Gefängnisleitung ein Fernstudium genehmigt. Doch persönliche Aufzeichnungen und politische Texte sind streng verboten.

Deshalb steckt Mandela die beschriebenen Seiten in Kakaodosen und vergräbt sie in Gemüsebeeten auf dem Gefängnishof. Nach einem Jahr kann ein Mithäftling bei seiner Entlassung das illegale Manuskript nach draußen schmuggeln. Aber eine Kopie der Aufzeichnungen wird gefunden – Mandela verliert für vier Jahre die Vergünstigung zu studieren. Ein hoher, aber doch lohnender Preis, denn die geschmuggelten Aufzeichnungen bilden nach Mandelas Worten „das Grundgerüst dieser Erinnerungen".

Sie erscheinen 1994 unter dem Titel "Der lange Weg zur Freiheit" und werden umgehend zu einem Weltbestseller. Mandelas Autobiografie wird in über 20 Sprachen übersetzt; fast eine Million Exemplare werden verkauft.

„Eine der großen Politiker-Autobiografien dieses Jahrhunderts, zugleich ein literarisches, stellenweise gar poetisches Werk", urteilt die "Frankfurter Allgemeine Zeitung". "Die Zeit" nennt Mandelas Aufzeichnungen „ein fesselndes Epos, keine Seite langatmig, keine Sekunde langweilig". Gleichermaßen positiv ist das internationale Echo. „Die authentische Stimme von Mandela klingt durch dieses Buch", lobt der Kritiker der "London Times". Der amerikanische Journalist Richard Stengel, der Mandela beim Redigieren der ersten Kapitel und beim Schreiben der letzten geholfen hat,

bewundert den Südafrikaner, der „fast drei Dekaden sozialen Wandels aufholen musste", weil er in eine völlig veränderte Welt zurückkehrte. Ein Beispiel: Am Tag seiner Haftentlassung, am 11. Februar 1990, weicht Mandela erschrocken vor einem „langen, dunklen, pelzigen Objekt" zurück, das ein Fernsehteam auf ihn richtet. Ob das irgendeine neue Waffe sei, die während seiner Haftzeit entwickelt worden wäre? Ehefrau Winnie muss ihm erklären, dass es sich um ein Mikrofon handelt.

Mandela ist für Stengel vor allem deshalb ein Held, weil er seine Fehler und Niederlagen eingesteht. „Ich wollte nicht von Beginn an mein Volk über meine Familie stellen", schreibt er, „doch bei dem Versuch, meinem Volk zu dienen, stellte ich fest, dass ich daran gehindert wurde, meine Pflichten als Sohn, Bruder, Vater und Ehemann zu erfüllen." Seine Tochter Zindzi wirft Mandela vor: „Du bist der Vater des ganzen Volkes, aber du hattest nie Zeit, Vater für mich zu sein."

Seine Autobiografie zeigt den zur Selbstkritik fähigen Mandela als selbstbewussten Menschen, der sein Leben ohne Schönfärberei erzählt. Unbefangen und ausführlich schildert er,

wie er seine Beschneidung als Initiationsritus des Xhosa-Volkes erlebt. Im Internat einer Missionsschule trampelt er „wie ein frisch beschlagenes Pferd" herum, weil er nicht daran gewöhnt ist, Stiefel zu tragen. Als er bereits an der Hochschule studiert, putzt er sich zum ersten Mal die Zähne mit einer Zahnbürste. Viel später – 1962 bei einem Besuch in Ostafrika – erschrickt der inzwischen bekannte Anwalt und Politiker, als er in ein Flugzeug der Ethiopian Airways steigt, das von einem schwarzen Piloten gesteuert wird. „Ich war in das Denkmuster der Apartheid gefallen, nach dem Afrikaner minderwertig waren und nur Weiße fliegen konnten", kommentiert Mandela und ärgert sich über „solche Gedanken".

27 Haftjahre übersteht Mandela, ohne zu verbittern, weil er auf gerade-zu entwaffnende Art positiv denkt. „Im Menschen ist eine Neigung zur Güte", schreibt er, „die vergraben oder verborgen sein kann, um dann unerwartet wieder hervorzutreten." Nur ein Mensch ohne Hass könne frei sein. Deshalb habe er nicht zugelassen, dass Hass sein Denken bestimme. Nach Beobach-tung des Kirchenmannes, Erzbischof Desmond Tutu, sieht Mandela einen Feind als „jemanden, der darauf wartet, zum Freund bekehrt zu werden". So begegnet der Häftling Mandela auch den aus der burischen Unterschicht stammenden Bewachern auf Robben Island mit Höflichkeit – und wird in der Regel respektvoll behandelt. Kein Wunder: Der 1,90 m große Mann „hatte eine Ausstrahlung, die signalisierte: Ich bin ein Führer, mich kann niemand einschüchtern", wie sich der Vollzugsbeamte James Gregory erinnert.

Unter Mandelas Führung erkämpfen die politischen Gefangenen nach grauenvollen Anfangsjahren durch Eingaben, Verhandlungen und gelegent-lichen Protesten erhebliche Verbesserungen ihrer Lebensbedingungen. Die Häftlinge dürfen in ihrer Freizeit Sport treiben und Theaterstücke aufführen. Gebildete bringen Analphabeten Lesen und Schreiben bei. Robben Island gilt bald als „Gefängnisuniversität" und Häftlinge können Fernkurse belegen. Mandela ermutigt einige seiner Bewacher, ebenfalls zu studieren und damit sozial aufzusteigen.

Als eine wichtige Überlebensstrategie erkennt Mandela die Möglichkeit zu gärtnern. „Ein Garten war im Gefängnis eines der wenigen Dinge, über die man selbst bestimmen konnte", schreibt er. „Einen Samen in die Erde zu legen, ihm beim Wachsen zuzusehen, die Pflanze zu pflegen und dann zu ernten, bot eine einfache, aber dauerhafte Zufriedenheit. Das Gefühl, der Verwalter dieses kleinen Stückchens Erde zu sein, beinhaltete einen Hauch von Frei-heit." Auf dem kargen, sandigen Boden von Robben Island betreut Mandela jahrelang ein paar Beete. Als ihn die Behörden 1982 ins Gefängnis Pollsmoor verlegen, darf er dort auf einer Dachterrasse in mit Erde gefüllten Ölfässern Gemüse anbauen. Dem Besucher Lord Nicholas Bethell, einem Mitglied des britischen Oberhauses und des Europa-Parlaments, führt der Gefangene 1984 seinen „Kübelgarten" so würdevoll vor „wie ein Grundbesitzer, der einem seinen Hof zeigt".

In jener Zeit ist Südafrikas Apartheid-Regime durch internationale Wirtschaftssanktionen und Unruhen im Land unter immensen Druck geraten. Die Regierung möchte die Lage entspannen. Sie bietet dem zum Symbol gewor-

Das Apartheidmuseum in Soweto

denen Nelson Mandela seine Freilassung an, wenn er sich öffentlich von der Idee des bewaffneten Kampfes lossagen würde. Als loyales Mitglied der Befreiungsbewegung African National Congress (ANC) lehnt der Gefangene das Ansinnen ab. Gleichzeitig nimmt er jedoch Geheimverhandlungen mit der Regierung auf – zunächst im Alleingang. „Es gibt Zeiten", begründet Mandela diesen Schritt, „in denen ein Führer der Herde vorangehen und sich in eine neue Richtung bewegen muss, darauf vertrauend, dass er sein Volk auf den richtigen Weg führt." Der ANC-Leitung im Exil gedenkt Mandela zu übermitteln, dass sie sich ja vom Fehltritt eines isolierten alten Mannes distanzieren könne, falls sie mit seiner Entscheidung nicht einverstanden sei oder wenn seine Initiative scheitern würde.

Die Geheimverhandlungen beginnen mit Besuchen von Regierungsvertretern bei dem eingesperrten Gesprächspartner. Höhepunkt wird ein bizarres

Nelson Mandela-Statue vor dem Drakenstein-Gefängnis bei Paarl

Treffen am 5. Juli 1989, das Mandela genüsslich schildert: In einem eigens für diesen Anlass geschneiderten Anzug wird der Gefangene zum Tuynhuys, dem Kapstädter Amtssitz des damaligen Staatspräsidenten Pieter Willem Botha, gefahren. Nach den langen Gefängnisjahren ist Mandela nicht mehr vertraut mit modischen Feinheiten. Deshalb verpassen ihm hohe Repräsentanten des Regimes den letzten Schliff für seinen Besuch: Der Gefängnisdirektor bindet ihm den Schlips mit einem Windsorknoten, Geheimdienstchef Niel Barnard kniet nieder und schnürt die offenen Schnürsenkel zu. Alle sind fürchterlich aufgeregt, denn Botha wird als „das Große Krokodil" landesweit gefürchtet. „Dann öffnete sich die Tür", schreibt Mandela, „und ich trat ein, auf das Schlimmste gefasst. Von der entgegengesetzten Seite seines feudalen Büros kam P.W. Botha auf mich zu. Er hatte seine Schritte perfekt geplant, und wir trafen uns genau auf halbem Wege. Er streckte die Hand aus und lächelte breit, und tatsächlich war ich von diesem allerersten Augenblick an völlig entwaffnet. Er verhielt sich tadellos höflich, respektvoll und freundlich." Beim Tee plaudern der Präsident und der Staatsfeind Nummer eins über Südafrikas Geschichte. Mandela sagt, dass er in der Rebellion der Buren gegen die Briten und im derzeitigen Befreiungskampf der Schwarzen gegen das weiße Regime Parallelen sehe. Erst zum Schluss der Begegnung bringt der Gast ein aktuelles Thema zur Sprache: Mandela bittet um die bedingungslose Freilassung aller politischen Gefangenen, sich selbst inbegriffen. Botha entgegnet, das sei nicht möglich.

Das Treffen endet dennoch freundschaftlich und gilt im Nachhinein als Durchbruch zur Wende am Kap. Denn nach intensiven Verhandlungen öffnen sich 190 Tage später für Mandela die Gefängnistore. Der ANC und andere politische Organisationen werden wieder zugelassen. Ins Exil vertriebene Südafrikaner dürfen heimkehren, politische Häftlinge werden freigelassen. 1994 sollen Wahlen nach dem Prinzip "one man one vote" stattfinden. Als Gegenleistung wird der ANC den bewaffneten Kampf aussetzen und die internationale Gemeinschaft den Wirtschaftsboykott gegen Südafrika beenden.

Die Welt atmet auf. Doch in den vier Jahren bis zu den Wahlen gerät Südafrika mehrfach an den Rand eines Rassenkrieges. Weiße Ultras bereiten Putsche vor, schwarze Separatisten drohen mit der Abspaltung bestimmter Gebiete, rivalisierende Stammesgruppen liefern sich blutige Schlachten. Morde an politischen Führern und Bombenanschläge auf Parteibüros gefährden den angesetzten Urnengang. Jetzt erweist es sich als Glücksfall der Geschichte, dass Mandela 1964 nicht – wie vom Staatsanwalt gefordert – zum Tode verurteilt und hingerichtet worden ist. Denn nur der gerade aus dem Gefängnis entlassene Freiheitsheld kann die überall aufflammenden Brände löschen. Mandela besänftigt aufgebrachte Menschenmassen und gewaltbereite Revolutionäre. Er stellt kampfbereiten Militärs und hasserfüllten Zulu-Häuptlingen Posten in Aussicht, um sie in das neue Südafrika einzubinden. Er bringt abreisebereite Weiße dazu, im Land zu bleiben, überredet westliche Industrielle zu Investitionen am unsicheren Kap. Die Weißen sollen sich dort weiterhin zu Hause fühlen, jetzt freilich nicht mehr als Herren, sondern als gleichberechtigte Bürger in einer "Regenbogen-Nation", predigt Mandela und verweist auf einen Grundsatz in der ANC-Freiheitscharta: „Südafrika gehört allen, die darin leben, Schwarzen und Weißen."

Tatsächlich erhält der ANC auch viele weiße Stimmen, als er die ersten demokratischen Wahlen unter seinem Parteivorsitzenden Mandela überlegen gewinnt.

Präsident Nelson Mandela und Vice-Präsident F.W. de Klerk

Am 10. Mai 1994 wird der ehemalige Staatsfeind als Präsident von Südafrika vereidigt. Mandelas vorliegende Memoiren enden zu diesem Zeitpunkt. „Mit der Freiheit stellen sich Verantwortungen ein", schreibt er abschließend, „und ich wage nicht zu verweilen, denn mein langer Weg ist noch nicht zu Ende."

Mandelas Werdegang ist bis heute so weiter verlaufen: Als Präsident versucht er, das Los der schwarzen Massen zu verbessern. Er lässt Hunderttausende Wohnungen bauen, bringt Wasser und Elektrizität in Slumgebiete. Ein Drittel seines Gehalts spendet er für bedürftige Kinder. Auch als Präsident schüttelt Mandela Putzfrauen und Köchen die Hand, wenn er zu einem Dinner geladen wird. Das Potenzgehabe und die Protzerei vieler afrikanischer Amtsbrüder sind ihm fremd. Dabei genießt Mandela seine Stellung: In seinen lässig geschnittenen, farbenfrohen Hemden empfängt er neben Politikern auch Popstars und Sportidole aus aller Welt. „Er durchlebt noch einmal seine Jugend im Johannesburg der fünfziger Jahre", beobachtet der Brite Anthony Sampson, ein Zeitgenosse aus jenen Tagen. Damals war Mandela „nicht nur Politiker, sondern auch Township-Held, Frauenschwarm, Tänzer und Boxer".

Jetzt liegt dem Präsidenten Mandela vor allem die Aussöhnung der Rassen am Herzen. Er bringt Frauen und Witwen früherer Apartheids-Politiker mit den Frauen und Witwen schwarzer Aktivisten zusammen. Unter seiner Präsidentschaft beginnt eine "Wahrheitskommission" die südafrikanische Geschichte aufzuarbeiten. Mandela selbst verblüfft die Menschen als Meister großer Gesten. So lädt er den pensionierten Staatsanwalt Percy Yutar zum Mittagessen ein – das ist der Mann, der einst seinen Tod gefordert hatte. Während der Rugby-Weltmeisterschaft 1995 erscheint der Präsident im Trikot der Nationalmannschaft im Ellis-Park-Stadion von Johannesburg und feuert Südafrikas Team an. Eine Sensation. Denn Rugby gilt als Sport der Weißen; und Südafrikas Schwarze pflegten sich zu freuen, wenn die Nationalmannschaft verlor. Unter den Augen Mandelas schlagen die Südafrikaner das favorisierte Neuseeland und werden Champion. Manche schreiben das der "Madiba Magic" zu. So nennen die Leute das seltsame von Mandela ausgehende Kraftfeld – nach seinem Clan- und Ehrennamen "Madiba".

Anders als viele Staatsmänner, die von der Macht nicht lassen können, verzichtet Mandela auf eine zweite Kandidatur für die Präsidentschaft. Der von ihm geförderte Thabo Mbeki wird 1999 zum Präsidenten gewählt. Mbeki verehrt Mandela als „Gottes Geschenk für unser Land". Doch das hindert Mandela nicht daran, seinen Nachfolger öffentlich zurechtzuweisen: Als der neue Präsident den Zusammenhang zwischen dem HI-Virus und Aids bezweifelt und die Regierung praktisch nichts gegen die Pandemie unternimmt, poltert er in einem Interview: „Wir können es uns nicht leisten, zu debattieren und uns zu streiten, während die Menschen sterben." Mandela wird Schirmherr eines internationalen Pop-Benefizkonzerts in Kapstadt für die Aids-Hilfe und fliegt 2004 zur Welt-Aids-Konferenz nach Thailand.

Geld für Aids-Projekte sammelt der Ruheständler bei seinen berühmt-gefürchteten „breakfast calls": Er ruft zur Frühstückszeit Geschäftsleute und andere Wohlhabende an und bittet sie nach freundlichem Plausch um Spenden. Ein Tabu bricht Mandela, als er im Januar 2005 bekannt gibt, woran sein Sohn Makgatho gestorben ist: Aids.

Makgatho entstammt Mandelas erster Ehe, einer von zwei Beziehungen, die nicht zuletzt daran scheitern, dass Mandela zugleich mit dem Befreiungskampf verheiratet ist. Seine erste Ehe zerbricht, weil seine Frau lieber zu den Gottesdiensten der Zeugen Jehovas geht, als zu Nelsons politischen Freunden. Winnie, die Liebe seines Lebens, hält während der langen Haftzeit zu Mandela. Doch nach seiner Entlassung wird die Ehe geschieden. Die Kampfgenossin ist – auch bedingt durch Polizeiterror, Festnahmen und Verbannung – zu einer herrschsüchtigen, exzentrischen Frau geworden. Mandela leidet unter der Trennung, bis er Graça Machel kennen lernt. Die Witwe des mosambikanischen Freiheitshelden und langjährigen Präsidenten Samora Machel ist 27 Jahre jünger als er und studierte Juristin. Die beiden heiraten 1998 an Mandelas 80. Geburtstag. „Sie hat mich wie eine Blume zum Blühen gebracht", sagt Mandela.

Literaturempfehlung

Nelson Mandelas Lebensgeschichte "Der Lange Weg zur Freiheit" ist über die politische Bedeutung hinaus ein spannend zu lesendes, kenntnis- und faktenreiches Dokument menschlicher Entwicklung unter Bedingungen und Fährnissen, vor denen die meisten Menschen innerlich wie äußerlich kapituliert haben dürften.

Der lange Weg zur Freiheit
861 Seiten / Fischer Verlag
ISBN 978-3596138043

Ebenfalls sehr empfehlenswert: Der Film "Goodbye Bafana", der in beeindruckenden Bildern die außergewöhnliche Verbindung zwischen Nelson Mandela und seinem Gefängniswärter, Joseph Gregory, beschreibt. Fragen Sie Ihren Verleih danach!

Johannesburg in der Abendstimmung

Mein Reisetagebuch – Abschnitt 2

Stationen	Sehenswürdigkeiten (inkl gesammelter Geschichten)
8. Tag Tshwane (Pretoria) Fahrt in Richtung Limpopo mit Zwischen- stopps	Goldenes Nashorn / Mapungubwe Museum Diamantenmine (Gullinan) Museumsdorf Botshabelo Ana Trees Übernachtung: Protea Hotel ShangriLa
9. Tag Fahrt in Richtung Makhado (Louis Trichardt)	Soutpansberge Übernachtung: Leshiba Wilderness Lodge
10. Tag Leshiba Wilderness Lodge	Safari zu Fuß Relaxen / Kunst von Noria Mabasa geniessen Übernachtung: Leshiba Wilderness Lodge
11. Tag Fahrt in Richtung Messina	Nachmittags: Besichtigung von Mapungubwe National Park Übernachtung: Mopane Bush Lodge
12. Tag Fahrt in Richtung Thohoyandou	Kurzbesichtigung von Messina Ankunft im "Land of Legends" Verabredung mit dem Reiseführer Beth Ausflug entlang der "Limpopo Birding Route" *Kommt ein Vogel geflogen ...* Übernachtung: Shiluvari Lakeside Lodge
13. Tag Land of Legends	Lake Fundudzi Thathe Vondo Forest (Sacred Forest) Phiphidi Wasserfall *Mythen und Volksmärchen der Venda* Übernachtung: Shiluvari Lakeside Lodge
14. Tag Fahrt in Richtung Kruger Nationalpark	Modjadji Cycad Nature Reserve Besichtigung einer Kaross-Handwerksinitiative zur Herstellung von Kaross Art Amarula Lapa *The Spirit of Africa – Marula Legenden* Übernachtung: Camp Jabulani

2

Die Legenden leben weiter ...

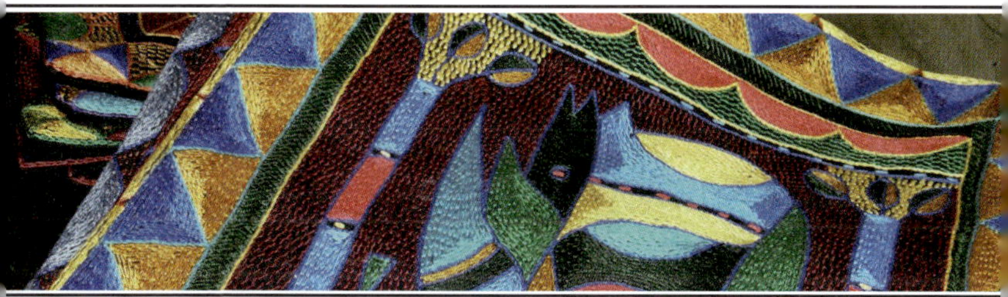

Abschnitt 2 – Limpopo

Die Legenden leben weiter ...

Reisebericht

Bevor ich Pretoria verlasse, besichtige ich in der Universität das berühmte Goldene Nashorn aus Mapungubwe, das zu der Zeit meiner Recherchereise hier ausgestellt ist. Meine nächste Etappe führt mich vorbei an der Diamantenmine von Cullinan nach Botshabelo. Dort lerne ich in dem Museumsdorf die Traditionen der Ndebele kennen, ein Häuptling empfängt mich würde-

Limpopo / Mapungubwe
Das goldene Nashorn

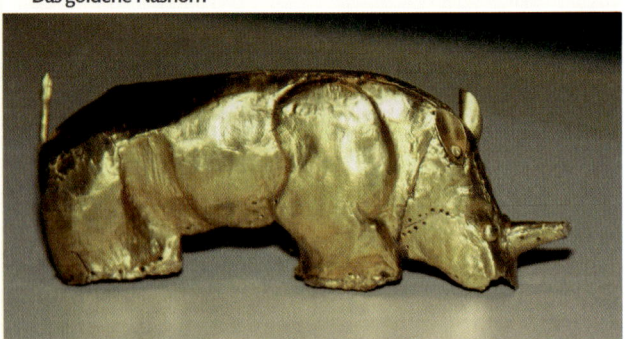

1932 fand man in Mapungubwe nahe Messina die Überreste eines alten Palastes, verschiedene Königsgräber, reich ausgestattet mit Elfenbein-, Gold- und Kupferschmuck (darunter ein aus Holz geschnitztes, mit Goldfolie überzogenes Rhinozeros – das berühmte "Goldene Nashorn") sowie Porzellan- und Glasperlen. Viele Fundstücke deuten auf intensive Handelsbeziehungen mit der afrikanischen Ostküste hin. Nach Meinung der Universität Pretoria bestand Mapungubwe etwa in der Zeit zwischen 1030 und 1290 als Zentrum eines mächtigen Königreiches und bedeutendste Hochkultur südlich der Sahara. Seit 2003 sind die archäologischen Fundstätten und die umgebende Landschaft UNESCO-Weltkulturerbe, außerdem haben sie den Status eines Nationalparks.

voll, zeigt mir die farbenfrohen Rundhütten und erklärt mir die Lebensweise und die Bedeutung von Kleidung und Schmuck der Ndebele. Mein erstes Souvenir ist eine hübsche Perlenarbeit (siehe auch "Perlen der Leidenschaft – Liebesbriefe auf südafrikanisch").

Eine lange Etappe führt mich nun in den Norden der Provinz Limpopo, vorbei an Mokopane, wo ich unter den Ana Trees, wo schon Livingstone auf seinen Expeditionen rastete, eine Pause mache. Die Nacht verbringe ich im Protea-Hotel "Shangri-La" und das wunderschöne Gesamtambiente, eingebettet in eine üppige Vegetation, hat tatsächlich etwas Mystisches. Am nächsten Tag sehe ich bei meiner Weiterfahrt der N1 folgend schon von Weitem die bläulich gefärbten, dicht bewaldeten Soutpansberge. In der Dämmerung erreiche ich die Einfahrt zu meinem nächsten Ziel und freue mich auf die Nacht in der Leshiba Wilderness Lodge. Erst am nächsten Morgen, als ich vor die Tür meiner im traditionellen Baustil errichteten Lehmhütte trete, wird mir die Faszination dieses Ortes bewusst. Ich habe das Gefühl, in einem kleinen Freilichtmuseum zu stehen, denn Noria Mabasa, eine lokale Künstlerin, hat diesen Ort gestaltet: Ihre einzigartigen Tonskulpturen zieren die Innenhöfe und den Garten der Lodge.

Auch wenn ich mich auf einem Bergplateau befinde, so mangelt es doch nicht am Luxus – und wer mag, kann in einer separaten Badehütte von der Badewanne aus die Landschaft und die Tierwelt beobachten. Ich entscheide mich für eine "Safari zu Fuß" und begegne meinem ersten Nashorn.

Am nächsten Morgen geht es früh weiter nach Mapungubwe (siehe Infokasten). Über Messina fahre ich am darauf folgenden Tag weiter in Richtung Thohoyandou. Meine Reise führt mich durch wunderschöne, grüne Landschaften und ich bekomme einen intensiven Eindruck vom typisch ländlichen Südafrika, ein schöner Gegensatz zu den modernen Metropolen des Landes. In Thohoyandou angekommen suche ich das örtliche Büro der Touristinformation auf, denn ich bin mit Beth, einem lokalen Touristenführer, verabredet. Bei dem dann folgenden, geführten Ausflug ins "Land of Legends" sammele ich reichlich Stoff für dieses Buch – einige dieser Geschichten erzähle ich Ihnen auf den nächsten Seiten. Zahlreiche Legenden ranken sich um den Lake Fundudzi und den Sacred Forest, der auch heute noch von Geistern bewacht sein soll.

Die Nacht verbringe ich in der Shiluvari Lakeside Lodge, wunderschön an einem großen See gelegen – und hervorragender

Ausgangspunkt für Ausflüge entlang der "Limpopo Birding Route". Erst spät am Abend treffe ich Michel, den Inhaber der Logde, der mir ausführlich von der Kultur der Shangaan erzählt. Es ist im Übrigen erwähnenswert, wie ausgesprochen freundlich, offen und mitteilsam die Menschen sind, denen ich

Limpopo
Mythos Baobab

Der sagenumwobene Baobab (Affenbrotbaum), der bis zu 4.000 Jahre alt werden kann, ist Südafrikas Lebensbaum und Mythos zugleich, denn seine Entstehung geht auf eine uralte Legende zurück. Einst war der Baobab ein Baum wie jeder andere, aber er wollte anders sein und bat die Götter um mehr Platz zum Wachsen. Der Wunsch wurde ihm erfüllt und er bekam seinen Platz in der Savanne. Wenige Zeit später hatte der Baobab erneut einen Wunsch. Jetzt wollte er einen mächtigeren Stamm haben, um sich von jedem anderen Baum zu unterscheiden. Auch dieser Wunsch wurde erfüllt. Aber auch das reichte noch lange nicht aus und seine Wünsche wurden größer und größer. Jetzt wollte er eine weiche und zartere Rinde haben und samtartige Früchte tragen. Auch dieser Wunsch wurde von den Göttern erfüllt. Doch die Wünsche nahmen kein Ende. Als der Baobab dann auch noch goldene Blüten forderte, um sich von allen Bäumen in der Savanne hervorzuheben, zog er den Zorn der Götter auf sich. Sie rissen ihn aus der Erde und setzten ihn verkehrt herum wieder ein, so dass die Wurzeln heute gen Himmel wachsen.

Ein großer Baobab kann mehrere tausend Liter Wasser speichern und ist somit in der Trockenzeit ein riesiges Wasserreservoir für Mensch und Tier. Sein faseriges Holz ist daher als Brennholz völlig ungeeignet und sein schier unverwüstlicher Stamm übersteht sogar Buschbrände fast unbeschadet. Im Frühjahr zieht die Fülle der Blätter Tiere und Insekten gleichermaßen an, da sie ihnen Schatten und Nahrung bieten. Die eiförmigen Früchte enthalten ein erfrischendes, weißes Fruchtfleisch voller Vitamine. Und auch dem Baobab schreiben die Menschen, vergleichbar dem Marula-Baum, eine fruchtbarkeitssteigernde Wirkung zu.

in Südafrika begegne – dabei aber völlig unaufdringlich, egal ob es sich um weiße oder schwarze Südafrikaner handelt.

Wie sehr auch heute noch alte Traditionen in Südafrika gepflegt werden, erfahre ich bei einem Besuch von Modjadji VI., der verehrten Regenkönigin, die Einfluss auf das Wettergeschehen haben soll (siehe auch " Modjadji - Die Regenkönigin").

Die nächste Etappe führt mich zu einer Zitrusfarm in der Nähe von Letsitele. Dort ist das Zentrum einer Shangaan Kunsthandwerk-Initiative, in der bis zu 900 Frauen einzigartige Produkte aus bunten Garnen herstellen (z. B. Tischgarnituren, Wandteppiche), sogenannte Kaross-Art.

Meine Reise entlang dieses Abschnittes der Route beende ich im Amarula Lapa, dem Besucherzentrum des bekannten afrikanischen Likörs Amarula und Ausgangspunkt der neuen "Amarula Route Südafrika". Eine Reiseempfehlung für eine 5-tägige Tour entlang dieser neuen Route finden Sie am Ende dieses Kapitels. Nach reichlicher Verkostung zeigt man mir die vorbereitenden Arbeiten für die in Kürze beginnende Ernte der Marula-Früchte, die diesem leckeren Getränk, dem "Spirit of Afrika", seinen einzigartigen Geschmack verleihen. Und natürlich nehme ich für meine Freunde und die Verwandten zu Hause einige Flaschen als Souvenir mit. Aber ich nehme auch einige interessante Geschichten und Legenden mit, die sich um den Marula-Baum ranken (siehe "The Spirit of Africa – Marula-Legenden").

Freundliche Gesichter in der Leshiba Wilderness Lodge

Limpopo / Modjadji Cycad Nature Reserve

Modjadji - Die Regenkönigin

Nach Erzählungen und Überlieferungen hat im 16. Jahrhundert eine schwangere Prinzessin der Karanga aus Zimbabwe ihr Volk verlassen, weil sie vor ihrem Vater flüchten musste. Ein Teil des Stammes folgte der Prinzessin. Sie verstand die Kunst des Regenmachens und diese Gabe nahm sie mit nach Südafrika, wo sie einen geeigneten Siedlungsplatz für ihr Volk suchte. Sie fand in der Provinz Limpopo einen wunderschönen Regenwald und ließ sich mit ihrer Gefolgschaft in der Umgebung von Tzaneen, in der Nähe von Duivelskloof nieder. So entstand das Volk der Bolebedu.

Die Fähigkeiten der Prinzessin sprachen sich schnell in Südafrika herum und ihr Ruhm reichte vom Swaziland bis in das Zululand. Selbst der Zulukönig Shaka Zulu besuchte die Regenkönigin und fragte nach Rat und Regen.

Die letzte Regenkönigin mit königlichem Blut, Modjadji V., verstarb im Jahre 2001. Sie wurde von Nelson Mandela, aber auch vom Wetteramt in Südafrika verehrt. Ihre Voraussagen übertrafen selbst die modernen Satellitenbilder und sie sagte auch in den schlimmsten Dürreperioden, wenn keiner daran glaubte, Regen voraus.

Die Kunst des Regenmachens wird normalerweise an die älteste Tochter weiter gegeben. Diese verstarb jedoch tragischerweise zwei Tage vor ihrer Mutter. Zwei Jahre dauerte die Entscheidung über die Nachfolge. Die wichtigsten Ratsmitglieder der Königin beriefen im April 2003 eine Nachfolgerin, Makobo Modjadji, die Enkelin der fünften Regenkönigin. Bei der Krönungszeremonie fiel nach langer Trockenheit auch etwas Regen. Augenzeugen berichteten, dass der Nieselregen bei der eigentlichen Krönung anfing.

Eigentlich ein gutes Omen für die sechste Modjadji. Aber ihre Regentschaft dauerte nur zwei Jahre; denn auch sie starb ganz überraschend im Juni 2005. Ihre Nachfolge ist ungeklärt, da die kleine Tochter, geboren im Januar 2003, vom königlichen Komitee nicht anerkannt wird. So bleibt die Frage noch offen, ob die 400 Jahre dauernde Tradition der Regenkönigin und somit die einer der wenigen matriarchalisch geprägten Volksgruppen Südafrikas weitergeht.

Mpumalanga / Ndebele Traditional Village – Museumsdorf Botshabelo

Perlen der Leidenschaft

Man sieht sie in vielen Reiseprospekten, auf Plakaten und Buchumschlägen – und kann sie z. B. im Museumsdorf Botshabelo besichtigen: die farbenfrohen Wandmalereien und Perlenstickereien der Ndebele. Es handelt sich um eine eigenständige Kunstform der Süd-Ndebele-Frauen, die sie ausüben, um ihrer Individualität in einer ehemals ausschließlich von den Männern bestimmten Gesellschaft Ausdruck zu verleihen und die kulturelle Identität der Gemeinschaft in Zeiten der Unterdrückung zu bewahren.

Die Ndebele wanderten vor etwa 400 Jahren aus dem heutigen Kwa-Zulu-Natal aus und ließen sich in den Bergen nördlich von Pretoria nieder. Später zog ein Teil der Gruppe weiter nach Norden, in das heutige Simbabwe. Diejenigen, die blieben, werden heute als Süd-Ndebele bezeichnet. Sie lebten zunächst friedlich unter den Sotho und Tswana der Region, bewahrten sich ihre Sprache isiNdebele sowie die Sitten und Gebräuche ihrer Vorfahren und wohnten in kleinen Siedlungen, die aus einer Anzahl von strohgedeckten Hütten bestanden.

Als die Buren 1835 aus der Kapprovinz in diese Region zogen, unterwarfen sie die Ndebele, enteigneten ihr Land und nötigten sie zur Zwangsarbeit. Zur Zeit dieser Enteignung entstanden die Perlenstickereien und die bunten Bemalungen der Häuser. Die Muster auf den Häusern, die von den weißen Farmern lediglich als dekorativ und unschädlich aufgefasst und daher nicht verboten wurden, bewahrten das Bewusstsein der Identität: „Wir sind Ndebele. Ndebele leben hier".

Südafrikanische Liebesbriefe

Bei Touristen sind auch die Zulu für ihre wunderschönen Perlenstickereien bekannt. Gürtel, Röcke, Halsketten, Kopfschmück, Armbänder und vieles andere mehr werden mit Perlen verziert.

Die so genannten "Liebesbriefe", meistens rechteckige Perlenstickereien, die junge Mädchen ihren Liebhabern schenken, drücken symbolisch Botschaften aus. Sie werden von den aufeinander folgenden, verschiedenfarbigen Perlensequenzen "abgelesen". Jede Farbe und Farbkombination hat ihre Bedeutung: Ein rotes Viereck mit schwarzen Perlen in der Mitte bedeutet z. B., dass das überbringende Mädchen den Mann nicht liebt. So steht gelb für Reichtum, rosa für Armut und rot für Liebe und Leidenschaft. Blau ist die Treue, schwarz die Farbe der Trauer und der Einsamkeit und grün stellt die Eifersucht dar. Weiß steht für Reinheit – daher tragen die Mädchen vor der Pubertät weiße Perlen als Zeichen der sexuellen Unberührbarkeit und blauen Stoff. Nach der Pubertät, wenn sie einen Freund haben dürfen, schmücken sich die jungen Mädchen mit weißen und roten Perlen und tragen einen roten, kurzen Rock.

Ein weiteres schönes Beispiel sind z. B. schwarz-gelbe Perlenstickereien: Inthotoviyane ist bei den Zulu die Bezeichnung für diesen schwarz-gelben Perlenschmuck, der lebenslange Treue symbolisiert. Inthotoviyane ist auch der Name für die giftige Stinkheuschrecke, die zur Warnung für Fressfeinde ebenso schwarz-gelb gefärbt ist. Tatsächlich rührt die Symbolik dieses Perlenmusters von diesem Vorbild aus der Natur her. Denn die Heuschrecken-Weibchen können sich mit mehreren Männchen paaren. Nur das zuletzt kopulierende Männchen befruchtet jedoch die Eier, weswegen jedes Männchen sein Weibchen gegen Rivalen abschirmt und solange auf diesem sitzen bleibt, bis auch das letzte Ei gelegt ist. Da das Weibchen aber stirbt, wenn es alle Eier gelegt hat, hält das Männchen es bis zu dessen Tod fest umklammert, mitunter sogar einen Tag länger. Das kleinere Männchen hakt sich dabei mit den Füßen so fest unter dem Rückenschild seiner Partnerin fest, dass die beiden auch mit Gewalt nicht zu trennen sind. Dieses Verhalten der Tiere ist bei den Zulu wohlbekannt. Entsprechend wurde das Tragen gelb-schwarzen Perlenschmuckes zum Versprechen immerwährender Treue über den Tod hinaus.

Die Malereien waren Ausdruck des kulturellen Widerstands und zugleich der Kontinuität.

Die Kleidung und die Accessoires der Ndebele-Frauen belegen ihr Alter, ihren sozialen Status und ihre Liebe für leuchtende Farben. Besonders auffallend bei der Kleidung sind die vielen Reifen aus Kupfer und Messing, die um Nacken, Arme und Beine getragen werden. Die Anzahl der Reifen drückt den Reichtum des Ehemannes aus. Nach einigen Jahren des ständigen Tragens können die aufeinander gestapelten Reifen, beispielsweise um den Hals, nicht mehr entfernt werden, denn die Halswirbel und Muskeln haben sich an diese Stütze gewöhnt.

Die Perlenstickereien auf Schürzen, Röcken, Stirnreifen und Bändern setzen sich aus geometrischen, dreidimensionalen Mustern zusammen. Diese traditionellen Muster werden in den Wandmalereien an den Häusern fortgesetzt.

Die verschiedenen Bedeutungsformen der Muster sind durch die Kommunikation der Familien untereinander und durch Gruppenkonsens entstanden. Die Malereien sind also ein Kommunikationsmittel, sie "sprechen" zu den Familien.

Zusätzlich zur Bestätigung der eigenen Identität, zu persönlichen Gebeten, Werten und Gefühlen sind die Wandbemalungen auch tief in den Heiratsgebräuchen verwurzelt. Die verheirateten Frauen eines Haushalts waren für die Bemalung der Türen in den Außenmauern, die Verzierung der Vorderseite und der Seitenwände des Hauses und manchmal auch der Zimmerwände zuständig. Durch ihre Bemalungen vermittelten sie, dass sie gute Ndebele-Frauen waren, die für ein ordentliches, gut verziertes Haus sorgten. Die Muster wurden von der Mutter auf die Töchter oder von Schwägerinnen auf frisch verheiratete Frauen übertragen. Früher malten die Frauen mit den Fingern und mit Federn. Sie benutzten Materialien aus der Natur – Ocker, Kuhfladen, Kreide sowie die Pigmente der weißen, roten,

Esther Mahlangu

Eine der bekanntesten Ndebele-Künstlerinnen ist Esther Nikwambi Mahlangu, die 1936 in Middelburg geboren wurde. Sie hat mit ihren Werken internationalen Ruhm erlangt. 1989 stellte sie auf Einladung des Centre Pompidou ihre Kunst in Paris aus. Seitdem bemalte sie das Haus der Königsfamilie der Ndebele, eine Brandmauer des städtischen Theaters von Johannesburg und im Auftrag von BMW ein Fahrzeug für deren Auto-Kunst-Sammlung.
Auch die Wände des Ndebele-Museumsdorfes in Botshabelo wurden von ihr bemalt. Botshabelo – was "Platz der Zuflucht" bedeutet – war übrigens anfänglich eine Mission auf einer Farm, die 1865 von zwei deutschen Missionaren gekauft wurde.

gelben und grauen Tonerde der Umgebung. Danach kam helles Blau dazu, gefolgt von kommerziellen Acrylfarben, die eine Vielzahl an Möglichkeiten eröffneten.

In zeitgenössischen Malereien werden abstrakte geometrische Formen verwendet, aber auch Motive wie Rasierklingen, Flugzeuge, Autonummernschilder und Fernsehantennen aufgenommen. Die Muster werden noch heute freihand, ohne Entwürfe, Lineale oder andere Hilfsmittel angebracht.

Mit der Ankunft des Fernsehens und des Stroms in den Dörfern der Ndebele haben sich die Muster und Farben geändert, aber sie verkünden immer noch: „Hier leben Ndebele."

Touristische Informationen und Empfehlungen

Die Provinz "Limpopo"

Limpopo (ehemals Northern Province) ist eine Schatztruhe mit landschaftlichen, historischen und kulturellen Attraktionen. Trotzdem ist diese Provinz noch wenig bekannt und liegt abseits der von den meisten Touristen frequentierten Pfade. Die Provinz liegt westlich und südlich des Limpopo-Flusses, dem Grenzfluss zu Simbabwe und Mosambik. Neben dem Buschveld, einem mit Bäumen durchsetzten Grasland, gibt es zahlreiche Wälder mit alten, einheimischen Baumbeständen und Plantagen mit subtropischen Pflanzen und Früchten.

Der nördliche Teil des Kruger Nationalparks liegt in Limpopo. Der nächste Flughafen befindet sich bei Phalaborwa, einem Ort, der für seine Kupfermine bekannt ist – die größte ihrer Art in ganz Afrika. Im Süden erstrahlt die Waterberg Mountain Range mit ihren Bergquellen, Bächen, Feuchtgebieten und einer großen Vogelvielfalt. Die steilen Hänge und eindrucksvollen Felsformationen der südlichen Ausläufer der Waterberge bieten hervorragende Klettermöglichkeiten.

Weiter nördlich gelangt man zum Soutpansberg Mountain, dessen bläulich gefärbte Ausläufer dicht bewaldet sind. An seinen Hängen liegt der malerische Ort Makhado (Louis Trichardt) in einer der schönsten Gegenden des Landes. Die Provinz ist Heimat vieler kultureller Wurzeln und reicher Traditionen. Die Venda, im Osten der Soutpansberge zuhause, sind sehr abergläubig und pflegen ihre alten Traditionen mit Riten und Ritualen.

Das Volk der Nord-Sotho lebt im Norden von Limpopo. Auch die sagenumwobene Regenkönigin Modjadji ist in dieser Region zuhause. Das industrielle und kommerzielle Herzstück und zugleich das geographische Zentrum der Limpopo Province ist die pulsierende Hauptstadt Polokwane (Pietersburg).

Mehr Informationen zu Südafrika und der Provinz Limpopo in der Broschüre "Südafrika erleben" (siehe auch "Touristische Informationen").

Die Magoebaskloof in Limpopo

Ndebele Traditional Village / Museumsdorf Botshabelo

Seit mehr als hundert Jahren bemalen die Ndebele ihre Hausfassaden in einem Design, das symbolisch die Stammesgeschichte widerspiegelt. Die Frauen halten diese kunstvolle Tradition aufrecht, die sich in filigranen Perlenarbeiten bis hin zu farbenfrohen Wandmalereien wiederfinden lässt. Zu beobachten ist diese Kunst z. B. im Freilicht-Museumsdorf Botshabelo.

Mapungubwe National Park

Zeugnis eines der bedeutendsten Hochkulturen südlich der Sahara und Zentrum eines mächtigen Königreiches.
www.mapungubwe.com

Modjadji Cycad Nature Reserve

Das königliche Domizil der Regenkönigin Modjadji und eine prähistorische Pflanzenwelt, mit einem mystischen Zikadenwald, kann im "Modjadji Cycad Nature Reserve" bewundert werden.

Amarula Lapa (Phalaborwa)

Angrenzend an die Produktionsanlagen erhält der Besucher einen interessanten Einblick in die Herstellung von Amarula, dem "Spirit of Africa" und darf ihn an Ort und Stelle verkosten.
www.amarula.com

 # Übernachtung

Protea Hotel Shangri-La (Nylstroom)

Ruhiger Platz für einen Wochenendausflug von Tshwane oder Johannesburg aus, oder als Stop-Over für Touren in den Norden.
www.proteahotels.com/protea-hotel-shangri-la.html

Leshiba Wilderness Lodge (Soutpansberge)

Ein phantastischer Ausblick bietet sich von der Lodge, die von der Venda-Künstlerin Noria Mabasa gestaltet worden ist, auf die Soutpansberge im Norden Limpopos.
www.leshiba.co.za

Shiluvari Lakeside Lodge (Makhado / Louis Trichardt)

Empfehlenswerter Ausgangspunkt für die Venda Art Route, über die Michel, der Inhaber der Logde, gerne informiert.
www.shiluvari.com

Limpopo / Land of Legends (The Venda Myth and Legends Route)

Mythen und Volksmärchen der Venda

Im Osten der Soutpansberge liegt das "Land of Legends". Hier, wo das Venda Volk zuhause ist, sind die Menschen sehr abergläubig, pflegen ihre Traditionen und in der Nähe vom Lake Fundudzi erzählte man mir eine der alten Legenden:

Einst soll im Lake Fundudzi ein weißes Krokodil gelebt haben. Zu jener Zeit verschluckte einer der Häuptlinge einen kleinen, weißen Stein aus dem See, wodurch die Kraft und die Stärke des Krokodils, die zur besseren Verdauung ja auch Steine schlucken, auf ihn übergegangen sein soll. Starb nun ein Häuptling, wurde er solange auf eine hölzerne Erhebung gebettet, bis der Körper den Stein wieder freigegeben hatte. Diesen Stein schluckte dann der neue Häuptling, damit die Kraft und die besonderen Fähigkeiten auch auf ihn übergingen.

Die Gottheit der Fruchtbarkeit soll noch heute als weiße Python im See leben. Daher darf niemand den See ohne Genehmigung des Häuptlings betreten und jungfräuliche Venda-Mädchen bringen bis heute den Domba-Phyton-Tanz der Gottheit und den Legenden zur Ehre zur Aufführung.

Die mystischen Wälder im "Land of Legends"

Es ist ein mystisches Bild, wenn man aus der Ferne auf den Lake Fundudzi blickt. Denn es fließt ein Fluss durch den See, der sich nicht mit dessen Wasser zu vermischen scheint und man hat tatsächlich den Eindruck, als würde sich eine Schlange durch den See schlängeln.

Limpopo ist eine Schatzkammer Südafrikas – gefüllt mit wunderschöner Natur, spannender Kultur und vielen interessanten Geschichten, von denen ich einige auf den nächsten Seiten erzähle.

Ich kann jedem Südafrikareisenden nur empfehlen, sich auf den Weg zu machen, diesen wunderschönen und abseits der touristischen Hauptpfade gelegenen Teil Südafrikas kennen zu lernen. Wer mehr über die zahlreichen Attraktionen, Naturparks sowie wunderschönen Lodges und Camps wissen möchte, dem sei die Internetseite von Limpopo Tourism & Parks empfohlen: www.golimpopo.com.

Die hölzerne Säule – Ein Venda Volksmärchen

Es war einmal ein junger Mann, der hatte keine Eltern mehr. Er lebte allein, hütete bei Tag seine Rinderherde im einsamen Busch und kehrte am Abend in seine leere, halb verfallene Hütte zurück. Niemand war bei ihm, nur der jammernde Nachtwind, der ihm Geschichten erzählte.

Als die Hütte einzustürzen drohte, schnitt der junge Mann Holz und Schilf für ein neues Dach. Er baute auch ein neues Vorhaus und stellte hölzerne Säulen auf, die das Dach tragen sollten. Die letzte Säule, die er aufstellte, war ein wunderschönes Mädchen, das er kunstvoll in das Holz geschnitzt hatte. Es war hübsch von den wohlgeformten braunen Beinen bis zum vollen Kraushaar.

Jeder, der den jungen Mann besuchte, war von der Schönheit der hölzernen Statue entzückt und lobte die gute Arbeit des Schöpfers.

„Man könnte glauben, sie lebt", sagten die meisten Besucher.

Eines Tages, als der junge Mann im Busch seine Rinder hütete, bewegte sich die hölzerne Säule, schüttelte sich und verwandelte sich in ein lebendiges Mädchen. Das Mädchen kehrte den Hof, bestreute den Boden mit frischem Stroh und stellte Hirse

und Wasser zum Kochen auf die Feuerstelle. Nach dieser Arbeit wurde das schöne Mädchen wieder zur hölzernen Säule und stützte das Dach, als wäre nichts geschehen.

Der junge Mann war erstaunt, als er heimkehrte und sah, was für ihn getan worden war, und er suchte vergeblich nach dem freundlichen Helfer. Das ging eine Weile so fort, bis der junge Mann beschloss, das seltsame Geheimnis zu ergründen. Er versteckte sich hinter den hohen Farnen in der Nähe der Hütte, anstatt seine Rinder zur Weide zu treiben. Wie überrascht war er, als er das Werk seiner Hände plötzlich in ein lebendiges, wunderschönes Mädchen verwandelt sah, das sich im Hof und im Garten zu schaffen machte.

Er verließ sein Versteck, ergriff die Hände des Mädchens, erklärte, wie sehr er es liebe und bat es, seine Frau zu werden. Das Mädchen stimmte freudig zu und verwandelte sich nie mehr zur hölzernen Säule. So lebten beide zufrieden und froh miteinander.

Viele Monde später erschien der Bote des Königs bei dem jungen Paar. Er brachte den Befehl zur Fronarbeit auf den Feldern des Herrschers.

„Du musst kommen", sagte der Bote, „und du musst deine Frau mitbringen. Niemand darf sich ausschließen. Wer nicht kommt, wird bestraft."

Da beschlich den jungen Mann ein Gefühl böser Vorahnung.

„Ich habe keine Frau", widersprach der junge Mann, „ich werde allein kommen."

„Du lügst", sagte der Bote. „Du hast eine Frau. Wenn du sie zurücklässt, wirst du die schwerste Strafe bekommen."

Da fügte sich der junge Mann, und er und seine schöne Frau machten sich auf den langen Weg zum Dorf des Königs. Sehr bald sah der junge Mann seine Befürchtung wahr werden, denn kaum hatte der König die hübsche Frau erblickt, gab er den Befehl, sie in seine Nähe zu bringen.

„Sie muss nicht in der heißen Sonne arbeiten", sagte der König, „lasst sie zu mir in den Schatten kommen und mich bedienen."

Alle anderen arbeiteten bis Sonnenuntergang, dann wurden sie entlassen. Nur die junge Frau hielt der König zurück. Als die Leute singend durch die Dämmerung in ihre Dörfer und Hütten heimkehrten, suchte der junge Mann seine schöne Frau unter ihnen. Aber er konnte sie nicht finden.

„Wo ist meine Frau? Habt ihr meine Frau gesehen?" fragte er die Heimkehrenden.

Da unterbrachen die Männer und Frauen ihren Gesang und einer antwortete traurig: „Sie ist nicht bei uns, Bruder. Der König will sie zu seiner jüngsten Frau machen." Der junge Mann war verstört und wußte nicht, was er tun sollte.

Die Einsamkeit war wieder bei ihm. Er empfand sie schlimmer als zuvor, weil er das glückliche Leben mit seiner lieben Frau vermisste. Er beschloss, seine wunderschöne Frau zurückzuholen, auch wenn er dabei sterben sollte. Er nahm seinen Musikbogen und eine Kalebasse mit Wasser und zog als wandernder Sänger in das Dorf des Königs. Auf dem großen Palaverplatz begann er zu tanzen und sang Lieder zur Musik, die er auf seinem Bogen spielte. Die Worte seiner Lieder gingen den Menschen ans Herz, und sie blieben stehen und lauschten ergriffen.

Ein alter Mann rief die Frauen des Königs auf den Platz, damit sie dem Gesang des wehmütigen Fremden lauschen sollten. Als der junge Mann seine schöne Frau unter den Frauen des Königs erkannte, sang er sein süßestes Lied, und seine Frau hörte ihm zu und weinte. Die Tränen der Frau lockten den Geist des bösen Windes herbei, der heulend über den Palaverplatz wirbelte und die Menschen mit gelbem, heißem Sand überschüttete und sie fast erstickte. Als sich der Staub der Wüste gelegt hatte, war die junge schöne Frau verschwunden. Dort wo sie gestanden hatte, lag nun eine geschnitzte, hölzerne Säule in der Gestalt des Mädchens auf der Erde.

Der einsame junge Mann zerbrach seinen Musikbogen und kehrte zu seiner Hütte zurück, während sich die weisen Männer des Königs verwundert

Holzfigur in der Leshiba Wilderness Lodge, gestaltet von Noria Mobasa

über die hölzerne Figur beugten. „Wie seltsam ist das! Wir müssen es sofort dem König berichten", sagten sie.

Als der König die Geschichte hörte, wurde ihm bange, und als er gar sah, was mit der jungen Frau geschehen war, sagte er voll Furcht: „Nehmt die hölzerne Säule und bringt sie zurück. Sie bringt mir kein Glück."

Die Krieger des Königs trugen die hölzerne Säule zur Hütte des jungen Mannes und warfen sie ihm vor die Tür. „Hier ist deine hölzerne Säule", sagten sie.

Da verwandelte sich das Holz in die lebendige schöne Frau des jungen Mannes, und beide umarmten einander voll inniger Freude. Seit diesem Tage fürchtete der König die Zauberkraft des jungen Mannes, als man ihm von der Verwandlung der hölzernen Figur erzählte. Er versuchte nie mehr, die junge Frau zu rauben oder den jungen Mann zur Fronarbeit zu holen. Die wunderschöne junge Frau und der junge Mann aber lebten in Frieden all ihre Zeit.

Neugierige Paviane

Worte so süß wie
Honig von Sankhambi

In zahlreichen Erzählungen der Venda spielt Sankhambi eine markante Rolle – er ist die Entsprechung des Tricksters Hlakanyana in den Erzählungen der Zulu. Manchmal ist er so klein wie eine Schildkröte, manchmal groß und stark. Alle sind vor ihm jedoch auf der Hut, denn wo immer Sankhambi auftaucht, gibt es Ärger.

In früheren Zeiten waren die Affen nicht so schlank und flink, wie sie es heute sind. Es waren kleine zottelige, dickbäuchige Tiere, die sich nur langsam bewegten. Dem Spitzbuben Sankhambi bereitete es diebische Freude, ihnen hinterher zu schleichen und sie an ihren langen Schwänzen zu ziehen. Das machte die Affen wütend, und deshalb bombardierten sie ihn hoch oben aus ihren Bäumen mit Kernen und abgerissenen Zweigen, wenn er sich wohlig in der Sonne räkelte.

Sankhambi gefiel dieser Affenblödsinn überhaupt nicht, und eines Tages beschloss er, etwas dagegen zu unternehmen. „Liebe Freunde", sagte er mit süßer Stimme und einem Glitzern in den Augen, „ich will euch ein großes Geheimnis verraten."

„Glaubt ihm nicht, das ist nur wieder ein fauler Trick", warnte der älteste Affe, doch Sankhambi flehte die Affen inständig an, ihn doch ausreden und von seinem besonderen Geheimnis erzählen zu lassen. Und da Affen von Natur aus neugierige Tiere sind, kletterten sie langsam von den Baumstämmen hinunter und kamen ganz langsam und ganz vorsichtig näher.

„Ich würde euch nur allzu gerne einen Gefallen tun", sagte Sankhambi mit honigsüßer Stimme. „Dort oben auf dem Berg beim großen See ist eine Höhle. Und tief innen in der Höhle befindet sich ein riesiger Bienenstock voll goldener Honigwaben – und ich bin der einzige, der davon weiß. Kommt mit mir mit – ich zeige euch den Weg dorthin."

Eilfertig schlossen sich die Affen ihm an, denn sie dachten nur an die goldene Köstlichkeit, die auf sie wartete. Nach einer Weile führte Sankhambi sie über einen Felsgrat zum Eingang einer Höhle mit vorspringendem Dach. „Geht nur hinein, meine Freunde", forderte er sie großzügig auf. Doch sobald die Affen drinnen waren, begann Sankhambi heftig mit den Füßen zu stampfen, sodass in der ganzen Höhle dumpfes Dröhnen widerhallte.

„Oh, Marulakerne und Bierkalebassen!" schrie er in gespieltem Entsetzen. „Freunde, das Dach stürzt gleich ein. Arme hoch! Stützt das Dach ab! Ich hole schnell ein paar Pfosten, um es zu sichern. Bleibt stehen und rührt euch nicht vom Fleck!"

Die Affen gehorchten ihm aufs Wort: Sie blieben reglos stehen und streckten die Arme über die Köpfe, um das Dach vorm Einstürzen zu bewahren. Sie standen. Und standen. Denn sie wagten sich nicht zu bewegen, weil sonst das Dach über ihren Köpfen einbrechen würde.

Ach, wenn Sankhambi doch nur schnell mit den Stützen wiederkäme! Aber natürlich trottete Sankhambi da schon am Ufer des Sees entlang. „Was für eine Affenbande!" johlte er und stieg hinauf, um es sich an einem sonnigen Fleckchen für eine ungestörte Siesta gemütlich zu machen.

Während der ganzen Mittagshitze und bis hinein in die Kühle der Nacht, als die Sterne sich hell im Wasser des großen Sees spiegelten, standen die Affen wie Steinsäulen da und stemmten sich mit aller Kraft gegen das Dach.

Erst als das Morgenlicht im Osten schon zu schimmern begann, kam der älteste Affe plötzlich auf eine Idee. Ganz behutsam nahm er einen Finger weg, dann noch einen, dann die ganze Hand, schließlich auch noch die andere. Er betrachtete die schwitzenden Gesichter seiner Familie, und mit einem Mal wurde ihm klar: Sankhambi hatte sie alle zum Narren gehalten!

Einer nach dem anderen ließen die Affen ihre steifen, schmerzenden Arme sinken. Und als sie an ihren Körpern hinabschauten, sahen sie, dass ihre dicken Bäuche völlig verschwunden waren. Nach all der Mühe und dem Schweiß und dem Recken, um das Dach der Höhle zu stützen, waren ihre Körper rank und schlank geworden. Und deshalb können die Affen auch heute noch so geschickt durch die Bäume turnen.

Limpopo / Limpopo Birding Route

Kommt ein Vogel geflogen ...

Das Märchen von dem schönen Mädchen Lungile

Südafrika ist ein Geheimtipp und Paradies für Vogelliebhaber. Ob im Garten einer Lodge, in Naturschutzgebieten oder am Meer: Überall wimmelt es von einer reichhaltigen Vogelwelt. Ich habe sie einen ganzen Nachmittag, in einem Liegestuhl auf meiner Terrasse am Pool liegend, mit einem Fernglas beobachtet. Aber Vorsicht: Die Schönheit all der verschiedenen Vogelarten und ihre Farbigkeit machen fast süchtig – und es ist mir schwer gefallen, mich von diesen schönen farbenfrohen Bildern zu lösen. Insgesamt leben in Südafrika mehr als 900 verschiedene Arten, über 100 davon trifft man nur hier an. Besonders artenreich vertreten sind Reiher, Racken, Kiebitze, Kuckucke, Ibisse, Störche, Greifvögel, Schnäpper, Eisvögel, Ziegenmelker und Prachtfinken. Einige größere Vögel sind außerhalb von Reservaten selten geworden oder gar vom Aussterben bedroht wie Geier, Riesentrappen, einige große Greifvögel und Hornraben.

Ein Braunkopfliest

Wer sich für Vögel besonders interessiert, der sollte sofort nach seiner Ankunft in einer Buchhandlung stöbern und eines der zahlreichen, schön bebilderten Bestimmungsbücher kaufen. Damit lassen sich eine ganze Menge der gesehenen Vögel näher bestimmen und man bekommt einen guten Überblick über die Vielfalt der Formen und Farben. Einen noch besseren Eindruck bekommt man, wenn man sich von einem qualifizierten Führer die Vogelwelt Südafrikas erklären lässt. Die Provinz Limpopo, mit ihren großen unerforschten Gebieten und vielfältigen Lebensräumen, bietet eine der aufregendsten Reiseziele für Vogelbeobachtungen. Zu empfehlen ist dafür z. B. die "Limpopo Birding Route" (www.limpopobirding.com) und als Ausgangspunkt die Shiluvari Lakeside Lodge (siehe auch "Touristische Informationen & Empfehlungen").

Und natürlich erzählt man sich in Südafrika auch Volksmärchen, in denen schöne Vögel eine Rolle spielen, wie z. B. das von dem schönen Mädchen Lungile, was in der Sprache der Zulu "die Gute" (Loo-ngie-le) bedeutet und von dem die nächste Geschichte erzählt.

Lungile war das schönste Mädchen ihres Dorfes. Die Leute sagten, dass es nicht nur ihre ebenmäßigen, feinen Gesichtszüge waren, die ihre Schönheit ausmachten, sondern dass auch ihr liebreizendes Wesen sie so sehr erstrahlen ließ. Sie hatte ein reines und gütiges Herz, unterstützte ihre Eltern, wo immer sie konnte – und war jemand in Not, so half sie ihm wie selbstverständlich.

Alle Mädchen im Dorf liebten Lungile. Am liebsten gingen sie mit ihr im nahe gelegenen See schwimmen. Sie tauchten und schwammen um die Wette und lachten viel. Die Leute scherzten, dass die Mädchen mit Lungile nur deshalb schwimmen gingen, weil sie hofften, dass dann ein wenig von ihrer Schönheit auf sie abfärben würde.

Von allen Dingen liebte Lungile die Vögel am meisten. Stundenlang sah sie ihnen beim Fliegen zu, lauschte ihrem wunderschönen Gesang und bewunderte das farbenfrohe Gefieder.

Eines Tages war sie mit ihren Freunden im Wald. Sie sammelten Feuerholz, aßen wilde Beeren und neckten sich gegenseitig: „Oh, dein Mund ist so purpurrot – du siehst so lustig aus!" „Ha, und du kannst schon nicht mehr sprechen, deine Zunge ist rabenschwarz!" Plötzlich fiel ihnen auf, dass Lungile nicht mehr bei ihnen war. Sie begannen sie zu suchen, riefen nach ihr und fanden sie schließlich allein auf einer Lichtung stehend. Ihre Arme

hatte sie wie Flügel ausgebreitet, sie pfiff eine Vogelmelodie und war völlig in einer anderen Welt versunken. Die Mädchen fragten sie neckend: „Was ist los mit dir, Lungile? Magst du es nicht, das schönste Mädchen zu sein? Wärest du lieber ein Vogel?"

Lungile lachte und sagte: „Oh nein, ich will bestimmt keine andere sein, als die, die ich bin. Ich liebe es, ein Mädchen namens Lungile zu sein. Aber ich gebe zu, dass ich die Vögel und ihre Schönheit bewundere. Ihr herrlicher Flug und ihre erstaunlichen Lieder füllen mein Herz mit Freude."

Als Lungile älter wurde, wurde sie mit jedem Jahr schöner und schöner. Viele junge Männer hielten um ihre Hand an, brachten wundervolle Geschenke und liebten sie aus vollem Herzen. Neidisch beobachteten die Mädchen, wie die Männer voller Hoffnung an Lungiles Tür klopften.

Der erste Mann war steinreich. Er trug seidene Gewänder und sein aufrechter und stolzer Gang zeigte, wie zuversichtlich er war, Lungile zu heiraten. Er reiste mit vielen teuren Geschenken an und die Mädchen im Dorf johlten, als er und seine Begleiter das Haus betraten. Doch als er es wieder verließ, war sein Haupt gebeugt und seine Schultern hingen herunter. Lungile hatte ihn abgewiesen.

Der zweite Mann war von unfassbarer Schönheit. So schön, dass die Mädchen weiche Knie bekamen, als sie ihn sahen. „Dieser Mann ist der perfekte Mann für Lungile. Seine Schönheit wird sie umwerfen." flüsterten sie einander zu.

Aber auch er verließ das Haus mit gesenktem Kopf und hängenden Schultern. Auch zu ihm hatte Lungile gesagt: „Nein, diesen Mann will ich nicht."

Der dritte, der es versuchte, war bescheiden und liebenswürdig. Er versprach, dass er immer auf Lungile Acht geben und sie aus vollem Herzen lieben wolle, egal was kommen möge. Lungiles Eltern waren überzeugt, dass dieser Mann ihr Herz erobern würde. Doch auch ihn wies Lungile ebenso ab.

Und so versuchten tagein tagaus viele Männer ihr Glück. Voller Hoffnung und Stolz betraten sie das Haus und verließen es stets traurig und enttäuscht. Lungiles Freundinnen warnten sie, nicht so wählerisch zu sein, weil sie befürchteten, dass die Männer es bald leid sein würden, um ihre Hand anzuhalten. Doch Lungile interessierten die Warnungen nicht.

Eines Tages stellten ihre Eltern sie zur Rede: „Hlala phansi!" befahl ihr Vater. „Nachdem du all diese wundervollen Männer kennen gelernt hast, willst du mir tatsächlich weismachen, dass der Richtige nicht dabei gewesen ist?" „Das ist richtig, Vater. Ich warte auf den einen Mann, der mir in meinen Träumen erschienen ist. Er sagte, er wird mir einen Vogel schicken, der für mich singt, wenn er bereit ist, mich zu heiraten", antwortete Lungile mit gesenktem Blick. „Willst du damit etwa sagen, dass du die Vogelsprache auch verstehst?" „Nein, aber ich denke, ich werde wissen, wenn es der richtige Mann ist."

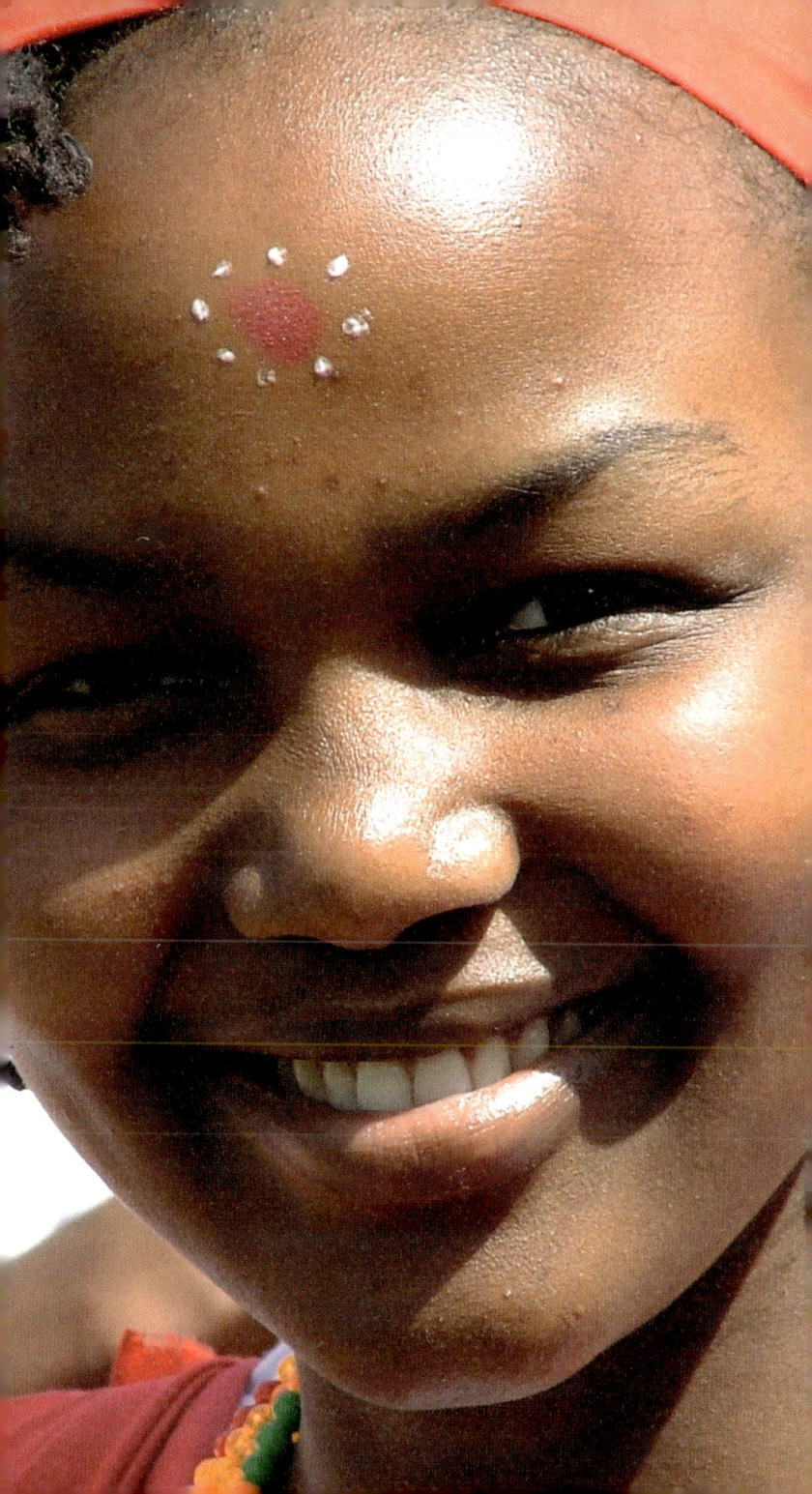

Die Eltern waren ratlos, doch ihre Mutter überredete den Vater, noch eine Weile zu warten. Viele Leute lachten über Lungile und sangen hässliche Spottlieder. Sie zogen sie damit auf, dass die Männer es eines Tages satt haben würde, zu warten und sie dann einen alten, greisen Kauz heiraten müsse.

Je länger die Zeit wurde, desto mehr sorgten sich ihre Eltern. Sämtliche Mädchen im Dorf hatten bereits geheiratet. Nur Lungile nicht. Sie selbst kümmerte das nicht und sie arbeitete so hart wie eh und je. Von den alten Frauen lernte sie, bunten Perlenschmuck zu knoten und wunderschöne Körbe und Grasmatten zu flechten. Dabei erzählten sie ihr all die vielen Geschichten ihres Volkes. Ihre Schönheit war ungebrochen – im Gegenteil: Mit jedem weiteren Tag wurde sie schöner und schöner. So atemberaubend schön, wie der schönste Vogel und noch viel schöner – und eine alte Frau prophezeite: „Die Schönheit dieses Mädchens hat etwas Magisches. Irgendetwas Besonderes ist für sie bestimmt. Denkt an meine Worte."

Und so geschah es eines Morgens, dass ein schwarzer Vogel mit einem langen Schwanz zu Lungile kam. Dieser Vogel mit dem Namen Jobola sang ein wundervolles Lied für sie, wie es in ihrem Traum vorhergesagt worden war. Jobola sang: „Lungile, beeile dich. Der Mann deiner Träume wartet am See auf dich." Lungile sprang aus dem Bett und zog sich an so schnell sie konnte. Wieder und wieder summte sie die Melodie und wiederholte die Worte für sich. Sie rannte zum See und war sprachlos, als sie IHN endlich sah. Er war noch einzigartiger, noch atemberaubender, als sie sich ihn je erträumt hatte. Er stand da, strahlend schön, umgeben von Vögeln aller Art, Größe und Farbe und wartete auf sie. Überall waren Vögel – Hunderte, Tausende. Kleine Vögel, große Vögel, bunte Vögel, Wasservögel, Feldvögel, Waldvögel saßen in den Bäumen und auf dem Boden, schwebten durch die Lüfte oder schwammen im Wasser und schwirrten um den Mann herum.

Plötzlich stimmten die Vögel einen Gesang an – den allerschönsten Gesang, den man sich vorstellen kann. Lungiles Mann aus dem Traum rannte mit weit geöffneten Armen auf sie zu. Als sie einander erreichten und sich umarmten, flogen alle Vögel zum Himmel hinauf und formierten sich zu einer riesigen regenbogenfarbenen Wolke. Ein jeder dieser Vögel verlor eine Feder, so dass es aussah, als würde der Himmel bunte Federn regnen. Es war ein magischer Anblick: Lungile und ihr Traummann standen im funkelnden Morgenlicht und all diese schimmernden Federn schwebten auf sie nieder. Alte Frauen und Mütter kamen herbeigelaufen und johlten laut: „Lilili, lilili, was für ein wundervoller Tag! Lungile wird heiraten – kommt alle heraus und schaut euch das an!"

Sie sammelten die Federn vom Boden auf, nahmen sie mit nach Hause und schneiderten aus ihnen das schönste Hochzeitskleid, das man jemals gesehen hatte. Voller Stolz richteten Lungiles Eltern ein riesiges Hochzeitsfest aus. Sie waren überglücklich, dass sich die beiden gefunden hatten. Denn nun konnte Lungile endlich heiraten.

Sie gingen in sein Land zurück und liebten einander sehr. Die Vögel begleiteten sie ihr ganzes Leben lang – und später spielten ihre Kinder mit ihnen und sie lernten von ihnen die wunderschönsten Lieder. So erzählt man den Kindern noch heute das Märchen von Lungile, dem Mädchen, das noch viel schöner war als der schönste Vogel Südafrikas.

Kleine Zwergspinte aus der Familie der Bienenfresser

Limpopo / Phalaborwa: Amarula Lapa

The Spirit of Africa – Marula-Legenden

Phalaborwa mit seinen von Bäumen und Gärten gesäumten breiten Straßen ist das zentrale Tor zum Kruger Nationalpark. Eindrucksvoll erhebt sich am Stadtrand der erst 1958 gegründeten Stadt eine fast mondähnliche Landschaft, in deren Zentrum ein von Menschenhand geschaffener Krater bis weit unter den Meeresspiegel reicht. Mit 2 km Durchmesser ist er größer als das "Big Hole" von Kimberley und damit einer der größten der Welt. Vor 2 Mrd. Jahren wurde Magma mit wertvollen Bodenschätzen (Phosphat, Kupfer- und Eisenerz) an die Erdoberfläche gedrückt. Bis heute erfolgt dort der Abbau dieser Rohstoffe, dessen Anfänge sich bis ins 8. Jahrhundert zurückverfolgen lassen.

Der Legende nach sollen die noch heute in der Region um Phalaborwa lebenden Nguni-Volksgruppen vor langer Zeit einmal nach Süden weiter gezogen sein. Dort fanden Sie jedoch ein unwirtliches Land vor und kehrten bald wieder zurück. Seitdem heißt der Ort Phalaborwa, was "besser als der Süden" bedeutet. Es gibt jedoch noch einen weiteren, im wahrsten Sinnes des Wortes, herausragen-

Elefantenherde unter Marula-Bäumen

den Grund, warum alljährlich tausende Touristen und Herden von Elefanten von diesem Ort scheinbar magisch angezogen werden: Es ist der majestätische Marula-Baum, der eine wilde exotische Frucht trägt, die alljährlich in der Gegend um Phalaborwa geerntet wird. Im Busch, nicht weit außerhalb der Stadt, befindet sich die Amarula Lapa, ein gastfreundlicher Ort mit den angrenzenden Amarula-Produktionsanlagen. Aus den süßen Früchten der Marula-Bäume wird hier der Saft gewonnen, aus dem nach einer langen Reise und einem zweijährigen Veredelungsprozess letztlich der weltweit geschätzte, leckere Amarula-Likör entsteht. Er ist ein beliebtes Mitbringsel bei Touristen, trägt er doch südafrikanische Gastfreundschaft und Lebensfreude in sich. Hier wird er an Ort und Stelle verkostet.

Auch die majestätischen Elefanten, die den afrikanischen Busch seit hunderten von Jahren durchstreifen, waren schon immer begierig auf die süßen Früchte. Daher wird der Marula-Baum auch "Elefantenbaum" genannt. Sobald die Früchte reif sind, werden die Elefanten magisch von den Marula-Bäumen angezogen und versammeln sich in Herden um die Bäume. Mit heftigen Stößen gegen die Baumstämme sorgen sie dafür, dass die Früchte herunterfallen. Die Früchte, die nicht sofort gefressen werden, fangen schon nach kurzer Zeit zu gären an, werden dadurch süßer und leicht alkoholhaltig. Kein Wunder, dass die Elefanten – wie auch alle anderen Tiere im Busch – diese köstlichen Leckerbissen lieben. Es ist jedoch eine Legende, dass die Elefanten durch die Frucht betrunken werden, denn dafür müssten sie schon Unmengen der Früchte fressen. Vielmehr ist es das Gift der in der Rinde des Marula-Baums lebenden Käferpuppen, die zusammen mit der Rinde ebenso von den Elefanten gefressen werden, was sie letztlich zum Torkeln bringt. Von den Einheimischen wurde dieses Gift im Übrigen auch traditionell zur Herstellung giftiger Pfeilspitzen genutzt.

Ebenso mag es eine Legende sein, dass die Elefanten ihre langen Nasen daher haben, um besser an die Früchte zu gelangen, die hoch oben in den Bäumen hängen. Doch erinnert dies sogleich an den bekannten Song von Peter Alexander und Leila Negra "Die süßesten Früchte".

Die süßesten Früchte fressen nur die großen Tiere,
nur weil die Bäume hoch sind und diese Tiere groß sind,
die süßesten Früchte schmecken Dir und mir genauso,
doch weil wir beide klein sind, erreichen wir sie nie.

Bei den Menschen des südlichen Afrikas nimmt der Marula-Baum aufgrund der Vielzahl von Legenden, die sich um ihn ranken, jedoch tatsächlich eine besondere Stellung ein. Und von diesen Legenden erzählen die folgenden Zeilen.

Wenn im Februar, dem Höhepunkt des südafrikanischen Sommers, die dann schon goldgelben Früchte an den Marula-Bäumen hängen, beginnt für das Venda-Volk die "Zeit der Fröhlichkeit". Man sitzt unter den Marula-Bäumen und verbringt die Zeit mit dem Verkosten der Früchte, bis sie die richtige Reife zur Ernte haben. Im ganzen Land werden dann Erntefeste gefeiert, zu denen die Frauen ein traditionelles Marula-Bier brauen. Die Dorfgemeinschaften versammeln sich vor den Hütten ihrer Häuptlinge, denen die ersten Flaschenkürbisse randvoll mit Marula-Bier gereicht werden. Es wird gesungen, getanzt, jeder darf von diesem Bier trinken und die Feste geben den Menschen ein Gefühl von Einheit und Zugehörigkeit. Zu später Stunde, wenn der Gärungsprozess das Gebräu für die Frauen zu stark hat werden lassen (man nennt es dann "Hongwe"), gehen sie nach Hause und die Männer zelebrieren das Marula-Festival alleine weiter.

Bei den Tsonga wird die Marula-Frucht auch "Speise der Könige" genannt und so schütten sie beim "Fest der ersten Frucht" frischen Marula-Saft auf die Gräber ihrer verstorbenen Häuptlinge. Aber nicht nur sie verehren die Früchte und den Baum, dem magische und aphrodisierende Eigenschaften

Limpopo Marula Festival

Auch heute noch feiern die Menschen die "Zeit der Fröhlichkeit" beim traditionellen "Limpopo Marula Festival", das jedes Jahr im Februar stattfindet. Mehr dazu erfahren Sie auf der Internetseite von Limpopo Tourism & Parks:

www.golimpopo.com

zugeschrieben werden. Die Sangoma, südafrikanische Medizinmänner und traditionelle Heiler, benutzen die Kerne der Marula-Früchte wie Würfel, mit denen sie ihren Patienten die Zukunft vorhersagen und ihnen bei einer Vielzahl von Problemen und Krankheiten Heilung verschaffen.

Auch für die Sotho ist der Marula-Baum heilig und sie verehren ihn, denn sie glauben, dass er ihrem Volk von den Geistern gegeben wurde und mit ihren Vorfahren verbunden ist.

Mit der Zeit haben sich viele Glaubensbekenntnisse um den Baum entwickelt und so ist er bei den Südafrikanern nicht zufällig auch ein Symbol der Fruchtbarkeit. Dieser fruchtbarste aller Bäume in Südafrika ist zweigeschlechtlich. Es gibt also männliche und weibliche Bäume, aber nur die weiblichen Bäume tragen die exotischen Früchte – in guten Jahren bis zu zwei Tonnen je Baum.

Bei vielen Völkern Südafrikas spielt der Marula-Baum daher bei Fruchtbarkeitsriten eine wichtige Rolle. Unter seinen Zweigen hält die Landbevölkerung auch heute noch Hochzeitszeremonien ab. Bei den Zulu wird er sogar der "Hochzeits-Baum" genannt und so werden vor der Hochzeit rituelle Reinigungen unter ihm durchgeführt. Der Überlieferung nach soll auch die Wahrscheinlichkeit steigen, dass Frauen schwanger werden, wenn sie von den Früchten essen. Wahrscheinlich ist es aber eher die aphrodisierende Wirkung des Marula-Biers, mit dem südafrikanische Männer von ihren Frauen begrüßt werden, wenn sie anlässlich des Marula-Festivals nach Hause kommen, dem diese Eigenschaften zugeschrieben werden müssen. Denn wenn die Männer nach den Feierlichkeiten ihre Dörfer wieder verlassen, um zu ihren Arbeitsstellen zurückzukehren, sind tatsächlich viele Frauen schwanger.

Selbst das Geschlecht ihrer Kinder soll der Baum dann auch noch beeinflussen können, so glauben es zumindest die Venda-Frauen, indem sie entweder die Rinde des männlichen oder die des weiblichen Marula-Baumes essen. Bauchschmerzen dürften sie davon nicht bekommen, denn dagegen soll eine Mixtur helfen, die die saftige innere Rinde des Marula-Baumes enthält.

Diese und noch viele weitere Eigenschaften des Marula-Baumes und seiner Frucht (mehr dazu unter "Wissenswertes") wurden so zu Symbolen für den Mythos und die Magie, die Südafrika und seine Menschen umgibt – erlebbar an diesem Ort und eingefangen in einer Flasche, dem "Spirit of Africa".

Der Eingang zur Leshiba Wilderness Lodge

Wisenswertes

Der Marula-Baum

Der Marula-Baum, der wie die Mango-Bäume zu der Familie der Sumachgewächse gehört, ist ein nicht kultivierbarer, bis zu 15 m hoher Baum mit silbrig grauer Rinde, der nur in den warmen frostfreien Regionen Subäquatorial-Afrikas wächst. Der weibliche Marula-Baum bringt bereits bei minimalen Regenfällen eine beachtliche Menge an Früchten hervor (bis zu 2 Tonnen je Baum). Die anfangs olivgrünen Früchte reifen zu einer ca. 3 bis 4 cm großen, goldgelben Steinfrucht heran. Das Fruchtfleisch, das einen großen Stein umschließt, hat ein fruchtiges, exotisches Aroma und enthält viermal so viel Vitamin C wie eine Orange. Da bei der Amarula-Produktion nur das Fruchtfleisch benötigt wird, wird der Stein, der zwei oder drei Kerne enthält, zur weiteren Verar-

beitung an die einheimischen Lieferanten zurückgegeben. Wegen ihres hohen Ölgehaltes waren die nahrhaften Kerne schon bei den Urvölkern sehr begehrt und gelten auch heute noch als Delikatesse – und können sogar angezündet und als Kerze verwendet werden. Heute wird das Öl zu kosmetischen Zwecken in der ganzen Welt weiterverarbeitet und auch als Nasen- und Ohrentropfen verwendet. Aber auch alle anderen Teile des Marula-Baumes, sein Holz, die Rinde, die Blätter und seine Wurzeln finden in den unterschied-lichsten Bereichen Verwendung – bei der einheimischen Bevölkerung vor allem zu rituellen und medizinischen Zwecken.

Zur Herstellung von Amarula Cream, dem exotischen Likör aus den wilden Früchten Südafrikas, wird der in den Produktionsanlagen bei Phalaborwa aus den Früchten gewonnene Fruchtbrei in Edelstahltanks gepumpt, auf 8° C heruntergekühlt und auf eine lange Reise durch das ganze Land bis nach Stellenbosch in der Kap-Weinregion geschickt. Dort wird er, vergleichbar der Weinproduktion, vergoren und in Kupferkesseln destilliert. Zwei Jahre lang reift der junge Likör in kleinen Eichenfässern in den Amarula-Kellern von Distell, dem größten Produzenten von Weinen und Spirituosen in Südafrika und auf dem afrikanischen Kontinent. Zum Schluss wird er mit frischer Sahne verfeinert, wodurch er seine sanfte, cremige Konsistenz erhält. Mit 17 % Alkoholgehalt ist er auf Eis genossen ein leichtes, köstlich fruchtiges und exotisches Geschmackserlebnis. Zudem eignet sich Amarula Cream hervorragend für Cocktails und Desserts.

Wenn Sie sich dieses Geheimnis Südafrikas hier in Deutschland nach Hause holen, achten Sie einmal auf die Amarula-Flasche mit ihrem wunderschönen Etikett in Form eines Tierfells. Sie trägt am Hals eine kleine, gelbe Kordel, die von einem alten süd-afrikanischen Ritual erzählt: Mit so einer Kordel wurden früher Ehepaare, wenn sie Probleme hatten, in der Abenddämmerung an einen Marula-Baum gefesselt, um miteinander zu reden. Wer schon einmal die Nacht im südafrikanischen Busch erlebt hat, der weiß, dass die Laute in der Dunkelheit auch sehr unheimlich sein können und man froh ist, nicht alleine zu sein. Auf diese Weise kamen sich in dieser Nacht Mann und Frau wieder näher und lernten die Zweisamkeit aufs Neue zu schätzen.

Viele weitere, interessante und nützliche Informationen gibt es auf der Internet-seite von Amarula (www.amarula.com), u. a. auch zu den nachhaltigen Entwicklungs-programmen und zum Elefantenschutzprogramm von Distell in Südafrika. Bei Ihrer Reise nach Limpopo in den Norden Südafrikas sollten Sie auf dem Weg zum Kruger Nationalpark einen Abstecher nach Phalaborwa und zur Amarula-Lapa machen. Dort erwartet Sie eine spannende Entdeckungsreise in die Welt und den Produktions-prozess von Amarula – und natürlich können Sie den "Spirit of Africa" vor Ort verkosten.

Reiseempfehlung

Die "Amarula Route Südafrika"

Unter der warmen Sonne Südafrikas wachsen süße, köstliche und verlockende Früchte, die schon seit Jahrhunderten einen besonderen Reiz sowohl auf
die Elefanten als auch auf uns Menschen ausüben: die Marula-Früchte.

Während Elefanten meilenweit durch den Busch wandern, um die
Früchte genießen zu können, hat sie der Mensch zur Herstellung einer großen
Vielfalt von Produkten verwendet, wie z. B. für Konfitüre bis hin zu Liebes-
tränken. Jahrzehntelang hatte man auch versucht, aus diesen Früchten ein
wirtschaftlich profitables Getränk zu kreieren, aber erst mit der Erfindung des
Amarula setzte der erhoffte Erfolg ein.

Amarula verkörpert den Geist Afrikas. In diesem Geiste bietet die nachfol-
gend beschriebene Reiseempfehlung entlang der "Amarula Route Südafrika"
die Möglichkeit, die unübertroffene Schönheit Südafrikas in ihrer ursprünglichen Form kennen zu lernen und dabei einige faszinierende und luxuriöse Tage
zu erleben. Und mit einem Glas Amarula in der Hand öffnet sich beim Lesen
dieses Buches und der nun folgenden Reiseempfehlung auch sinnlich die Tür
zur Entdeckung der versteckten Geheimnisse des wilden Afrikas.

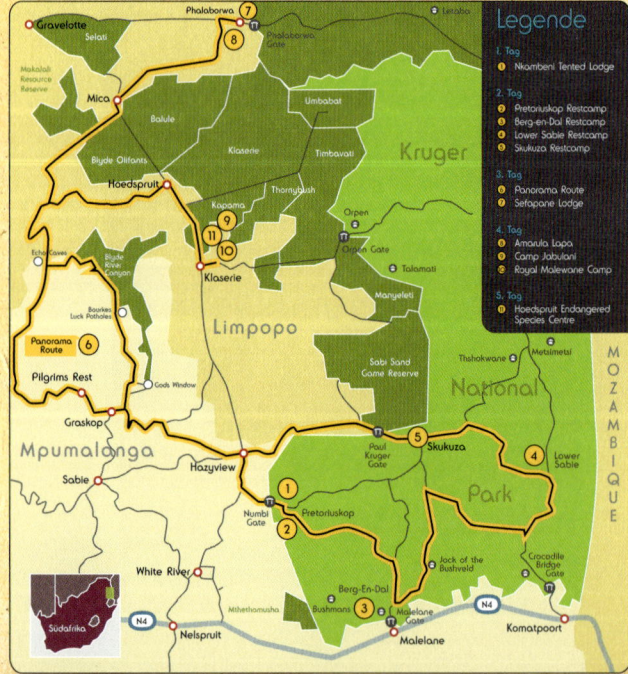

1. Tag – Der Rhythmus Afrikas

Die Reise zu den Erlebnissen entlang der "Amarula Route Südafrika" beginnt mit den Sehenswürdigkeiten, Geräuschen und Gerüchen der unverfälschten Landschaft in der Umgebung der **Nkambeni Tented Lodge** (www.nkambeni.com), die sich unmittelbar neben dem Eingang zum Kruger Nationalpark am Numbi Gate befindet. Genießen Sie bei der Ankunft ein Glas Amarula auf Eis, bevor Sie die "Big Five" und die einzigartige Artenvielfalt dieses Wildtiereservats bei einer Safari kennen lernen. Und erleben Sie den Rhythmus Afrikas, wenn die Marimba-Band während des Abendessens Trommelabende mit traditionellen Shangaan-Tänzen und dem Gummistiefel-Tanz darbietet.

Die Geschichte des Gummistiefel-Tanzes

Der Gummistiefel-Tanz – wie wir ihn heute kennen – stammt aus den Goldminen Südafrikas, die in den 1880er Jahren ihren Betrieb aufnahmen. Er wurde von den schwarzen Arbeitern erfunden, um die von ihnen aufgrund des Arbeitssystems und der repressiven Passgesetze empfundene Isolierung erträglicher zu machen. Das Malochen unter Tage war lang, schwer und monoton und es war darüber hinaus verboten, sich während der Arbeit zu unterhalten. Wegen der schlechten oder gar nicht vorhandenen Entwässerung wurden die Minen häufig überflutet – und anstatt in die Sanierung der Entwässerungseinrichtungen zu investieren, wurden die Arbeiter mit Gummistiefeln ausgestattet. In den feuchten und finsteren Minenschächten gewöhnten sich die Arbeiter daran, durch das Klatschen ihrer Stiefel untereinander zu kommunizieren und sich Nachrichten hin und her zu senden.

So passten die Arbeiter angesichts der repressiven Arbeitsbedingungen auch ihre traditionellen Tänze und Rhythmen den einzigen ihnen zur Verfügung stehenden Instrumenten an: ihren Stiefeln und Körpern.

Amarula Route Südafrika
Teil der "Literarischen Route Südafrika"

2. Tag – Die Pracht der wilden afrikanischen Tierwelt

Für den zweiten Tag empfehlen wir Ihnen eine Rundfahrt im Kruger Nationalpark über das Numbi Gate. Dabei lernen sie die Tierwelt des Parks und einige
ausgewählte Camps kennen, in denen Sie während des Tages rasten und am
Abend auch übernachten können.

Den ersten Zwischenstopp machen Sie am **Pretoriuskop Restcamp**
(www.krugerpark.co.za), dem ältesten Restcamp des Kruger Nationalparks.

Als vor etwa 3.500 Millionen
Jahren die Erde noch jung war,
hat sich flüssiges Gestein durch
die Erdkruste ergossen und
die spektakulären Granitfelsen
"Shabeni Hill" geschaffen, die
nicht weit entfernt von diesem
in der südwestlichen Ecke des
Kruger Nationalparks gelegenen Camp liegen. Das Camp
wird geschmückt durch helle,
rote Bäume und für die Gestal-
tung der Gärten wurden ausschließlich einheimische Pflanzen verwendet.

Kampf mit dem Löwen

Der Name Skukuza wurde James Stevenson-
Hamilton von den Tsonga gegeben. James Stevenson-Hamilton war ab 1902 erster Hüter des
Wildtierreservats Sabie, des Vorläufers vom Kruger
Nationalpark (siehe auch Seite 146).
Wörtlich übersetzt heißt Skukuza "derjenige, der
sauber kehrt" und bezieht sich auf die Bemühungen
von Stevenson-Hamilton in den ersten Tagen,
dem Jagdfrevel Einhalt zu gebieten.
Ab 1902 unterstützte Harry Wolhuter Stevenson-
Hamilton als Assistent. Die Geschichte vom glück-
lichen Ausgang eines Kampfes auf Leben und Tod
zwischen Wolhuter und einem Löwen ist legendär
geworden. Nach einem Wachdienst in der Nähe
von Tshokwane im August 1904 wurden er und sein
Pferd von zwei Löwen angefallen. Lediglich mit einem
Taschenmesser bewaffnet, gelang es ihm, einen der
Löwen tödlich zu verletzten und in einem Baum Zuflucht zu suchen, während ihm sein tapferer Hund
den zweiten Löwen über mehrere Stunden vom Lei-
be halten konnte, bis Hilfe eintraf.
Das Messer, mit dem Wolhuter den Löwen tötete
sowie die Haut des Löwen gelten als die berühm-
testen Exponate des Stevenson-Hamilton Memorial
Museums in Skukuza.

Der nächste Zwischen-
stopp erfolgt am **Berg-en-Dal
Restcamp** (www.krugerpark.
co.za), das am Ufer des Flusses
Matjulu Spruit in einer schönen felsigen Berglandschaft
unmittelbar neben einer prä-
historischen Siedlung liegt. Die
Sommermonate sind warm
mit gelegentlich vorbeiziehenden Gewittern. Da sie jedoch
rasch vorüberziehen, sind sie
willkommen, denn sie kühlen
die Luft und vertreiben den
Staub. Die Winterzeit ist mild.

Den dritten Zwischen-
stopp empfehlen wir am

Lower Sabie Restcamp (www.krugerpark.co.za) am Ufer des Sabie River, einer der wenigen Flüsse im Kruger Nationalpark, die über das ganze Jahr hindurch nie austrocknen. Die Aussicht über den Strom und das Lebombo-Gebirge sowie die endlose Prozession der Tiere, die zum Sabie River zum Trinken kommen, ist einzigartig.

Der letzte Vorschlag für Ihre Rundfahrt durch den Kruger Nationalpark ist das **Skukuza Restcamp** (www.sanparks.org). Skukuza liegt – umgeben von schattenspendenden Bäumen – am südlichen Ufer des Sabie Flusses. Es ist das größte Camp im Park und bietet zahlreiche Annehmlichkeiten (Restaurant, Cafeteria, zwei Pools, Shop, Tankstelle, Post, Bank, Museum und Informationszentrum). Hier können sie auch den Tag ausklingen lassen – und bei einem Cocktail in der Amarula-Lounge im Restaurant "The Jackalberry" die faszinierende Stimmung eines südafrikanischen Sonnenuntergangs genießen.

3. Tag – Herrliche Landschaften

Die wunderschöne **Panorama Route** ist bekannt für ihre dramatischen Landschaftsbilder. Besuchen Sie bei einem Tagesausflug die Reihe kleiner historischer Orte entlang der Panorama Route und genießen Sie dabei auch den Blick auf den Blyde River Canyon, God's Window und The Potholes.

Sabie ist ein kleines Städtchen vor der Kulisse der imposanten Drakensberge. Es liegt in der Nähe von einigen spektakulären Wasserfällen, die in urwüchsige Gebirgsbäche fallen. Die wilden Wassermassen bahnen sich ihren Weg über große Felsenbrocken – wie ein Strom aus Amarula, der über riesige Eiswürfel dahinfließt.

In den 1880er Jahren ursprünglich als Goldgräberstadt gegründet, gilt Graskop heute als wichtiges Zentrum der Forstwirtschaft. Wahre Gaumenfreuden erleben Sie hier bei einem Mittagessen im legendären "Harry's Pancakes"! Das Mittagessen wäre jedoch ohne einen traditionellen afrikanischen Nachtisch nicht komplett – versuchen Sie doch einmal "Amarula and Chocolate Sundae" – köstlich und üppig.

Unser Vorschlag für die Nacht: Beenden Sie den Tag in der **Sefapane Lodge** (www. sefapane.co.za) in Phalaborwa. Sefapane ist eine einzigartige Kombination aus luxuriöser Safari-Lodge und einem spannenden Wildtierreservat, wobei die entspannte Atmosphäre zu einem Markenzeichen der Lodge geworden ist. Gönnen Sie sich am Spätnachmittag eine Runde "Golf in der Wildnis" oder eine Sa-

Die Geschichte des Wortes „braai"

Braai (ausgesprochen: Brei, Mehrzahl: braais) ist Afrikaans und bedeutet "Grillen". Dieses "südafrikanische Barbecue" gilt als gesellschaftliches Ereignis und ist in vielen Ländern des südlichen Afrikas von hohem Stellenwert – so auch in Südafrika. Es entstand ursprünglich unter den Buren, ist inzwischen aber auch von den anderen in Südafrika lebenden Volksgruppen übernommen worden. Auch das Wort "vleis" ist Afrikaans und bedeutet "Fleisch".

Das Wort wurde von englischsprachigen Südafrikanern übernommen und kann als Synonym für Barbecue betrachtet werden. Obwohl sich die Traditionen in Bezug auf ein Braai von denjenigen eines Barbecues erheblich unterscheiden können, erfolgt die Zubereitung des Essens auf sehr ähnlicher Art und Weise.

Ein Braai wird typischerweise mit Holz befeuert. In der heutigen Zeit – wie auch beim Grillen in anderen Teilen der Welt – hat jedoch auch die Verwendung von Holzkohle aufgrund ihrer Zweckmäßigkeit Einzug gehalten. Ein wichtiger Unterschied zwischen einem Braai und einem Barbecue liegt darin, dass die Befeuerung eines Braai mit Gas anstatt einer offenen Flamme relativ selten ist. "National Braai Day" ist seit 2005 ein jährliches Fest und dient jedes Jahr am 24. September dazu, einen Teil der südafrikanischen Kultur mit einem Braai am Heritage Day zu feiern.

fari im Kruger Nationalpark – einschließlich eines "Bush Braai", den sie zum Ausklang des Tages nicht ohne "Amarula on the rocks" genießen sollten. Packen Sie einen Kühler, Eis und Gläser ein, und nippen Sie an ihrem Amarula, während Sie dabei in Harmonie mit den wilden Geräuschen des Buschs ihren Traum von Südafrika genießen.

Amarula Route Südafrika
Teil der "Literarischen Route Südafrika"

4. Tag – Die Heimat des Amarula

Amarula ist ein Symbol Afrikas und seiner Kultur. Er verkörpert und vereint den ursprünglichen Geist Afrikas: Sinnlichkeit, Anmut und Genuss. Auf Ihrer Reise entlang der "Amarula Route Südafrika" haben Sie ihn bis dahin sicherlich schon in seinen unterschiedlichsten Variationsmöglichkeiten kennen und schätzen gelernt. Wenn Sie mehr über die Heimat dieses legendären Likörs erfahren wollen, dann empfiehlt sich ein Besuch der **Amarula Lapa** – für alle Liebhaber des Amarula eine obligatorische "Pilgerfahrt".

Bei diesem Ausflug bekommen Sie ein besseres Verständnis für dieses Getränk und die Legenden, die sich um die in dieser Region heimischen Marula-Bäume ranken. Die Amarula-Lapa liegt zirka zwölf Kilometer außerhalb von Phalaborwa. Beim Eingang in das hohe, mit Stroh bedeckte Gebäude, wird man von einner unvergesslichen afrikanischen Stimmung empfangen. Die Steinmauern sowie die "kraalartige" Umgebung vermitteln dabei ein echtes Bushveld-Gefühl.

Der Elefantenbaum

Der Elefant liebt bekanntlich den Geschmack der Marula-Früchte. Wenn sie gereift sind, ist ihm kein Weg zu lang, um an sie zu gelangen. Der Legende nach leistete ein Hase den Elefanten vor langer Zeit während eines schlimmen Dürrejahres große Dienste und wurde dafür mit einem Stoßzahn belohnt. Der Hase pflanzte den Stoßzahn in seinem Garten und es entwickelte sich daraus ein wunderschöner, fruchttragender Baum.
Seit der Zeit suchen die Elefanten jedes Jahr zur Marula-Saison nach dem Stoßzahn und verzehren dabei hunderte Kilogramm von den Früchten.

Die Lapa ist für das Leben der Einheimischen von zentraler Bedeutung. Während der Erntezeit der Marula-Früchte zwischen Januar und März kümmern sie sich um die Verarbeitung der Früchte zu einem Fruchtbrei, der anschließend in die Kapregion nach Stellenbosch gebracht wird. Erst dort entsteht aus dem Fruchtbrei letztendlich der leckere Amarula-Likör. Da die Erntesaison der Marula-Frucht lediglich sechs Wochen dauert, wurden nachhaltige Entwicklungsprogramme geschaffen, die gewährleisten, dass die einheimische Bevölkerung auch den Rest des Jahres ein Einkommen erzielt.

Hier im Lapa können Sie bei einem Glas Amarula entspannen und einen kleinen Spaziergang machen, bevor Sie Ihre Reise fortsetzen und in die Gemeinschaft der Menschen eintauchen, die für die Herstellung dieses Likörs eine so entscheidende Rolle spielen. Besuchen Sie das benachbarte Dorf Lulekani und erleben Sie einen einzigartigen Rundgang, der Ihnen Einblick in das Leben und die Kultur der hier lebenden Menschen gewährt. Probieren Sie die lokale Küche und lassen Sie sich von einem Sangoma die Zukunft voraussagen.

Nachdem Sie auf Ihrer Reise entlang der "Amarula Route Südafrika" soviel Neues entdeckt und erlebt haben – was kann es da Besseres geben, als sich bei einem der Gewinner der "Amarula Best Retreats in Africa Awards 2008" zu entspannen und im Luxus zu schwelgen. Übrigens: Dieser Award zeichnet in zehn Kategorien die besten touristischen und gastronomischen Institutionen aus, die Afrika zu bieten hat. Mehr Informationen zum Award und den Preisträgern erfahren Sie auf www.amarula.com.

Camp Jabulani (www.campjabulani.com) ist eine erhabene Erfahrung und bietet eine perfekte Buschatmosphäre. Das Ambiente ist klassisch elegant – hier würden sich sogar Könige und Fürsten wohl fühlen – dennoch ist die Atmosphäre so herzlich und unkompliziert, dass man sich fast wie zu Hause fühlt. Das 5-Sterne-Camp ist der Gewinner in der Kategorie "Leading Eco-retreat" des "Amarula Best Retreats in Africa Awards 2008" und wurde für sein ökologisches Engagement zum Schutz und der Bewahrung der Natur sowie dem verantwortungsbewussten Umgang mit den Umweltressourcen ausgezeichnet.

Luxus trifft auf die Natur im Herzen von Afrikas schönstem Bushveld – so könnte man unsere letzte Übernachtungsempfehlung für Ihre Reise entlang der "Amarula Route Südafrika" – das **Royal Malewane Camp** (www.royalmalewane.com) – auch beschreiben. Hier sorgen professionelle Ranger

Die Geschichte eines kleinen Elefanten

Dies ist die Geschichte von einem kleinen Elefantenbaby, das nicht wissen konnte, welche Bedeutung es einmal im Leben zahlreicher Menschen und zwölf Elefanten haben würde. Dies ist die Geschichte von einem Freudenfest – die Geschichte von Jabulani.

„Er war nur vier Monate alt, verletzt, stark dehydriert und beinahe tot." Das ist die erste Erinnerung, die Lente Roode mit Jabulani verbindet, als sie ihm zum ersten Mal im Juni 1997 begegnete. Er war damals, fast versunken in einem Schlammloch, aufgefunden worden – verlassen von seiner Mutter und seiner Herde, die ihm nicht helfen konnten. Er wurde allein gelassen und der Natur ausgesetzt. Es brauchte ein ganzes Jahr, um die Gesundheit des kleinen Elefanten wiederherzustellen. Trotz großer Zweifel schaffte er es, entgegen aller medizinischer Wahrscheinlichkeit, zu überleben. Zusammen mit Experten arbeitete Lente an der Entwicklung eines speziellen Milchrezeptes für den kleinen Patienten. Er wurde rund um die Uhr von einem erfahrenen Team betreut (u. a. auch von einem von Hand aufgezogenen Schaf namens Skaap, das als Ersatzmutter diente), erfuhr Liebe und Zuneigung, sodass er langsam wieder seine Lebenskraft zurückgewann.

Eigentlich hatte man gedacht, dass dies das glückliche Ende der Geschichte sein würde, da der kleine Elefant gerettet war und er nun mit dem Leben beginnen könne. Aber dies war nicht ganz so. Trotz zahlreicher mühsamer Versuche, Jabulani ins Buschleben wiedereinzugliedern, wollte der kleine Elefant davon nichts wissen. Diese zweibeinigen Lebewesen bildeten nun seine Familie und er hatte keinerlei Absicht, sich von ihnen zu trennen. Nun sah sich Lente mit der unlösbaren Frage konfrontiert was sie mit dem schnell wachsenden Elefanten tun solle. Aber dann griff ein weiteres Mal das Schicksal ein.

Im März 2002 hörte Lente von zwölf simbabwischen Elefanten, die vor einem grausigen und vorzeitigen Ende standen. Die Farm ihrer Besitzer wurde gerade durch Kriegsveteranen enteignet und die Elefanten sollten geschlachtet werden. Innerhalb von Wochen wurde eine Rettungsaktion organisiert. Ein riesiger LKW fuhr von Johannesburg Richtung Simbabwe und brachte das Dutzend Dickhäuter in Sicherheit. Staunend beobachtete Lente die ungewohnte Begegnung Jabulanis mit der Herde, denn er wurde sofort durch Tokwe (die Matriarchin) adoptiert und befand sich endlich unter seiner Sippe.

Aber was nun? Zwölf Elefanten zu betreuen ist kein leichtes Unterfangen – ganz zu schweigen von den Kosten. Angesichts der Verantwortung für diese prächtigen aber überwältigenden Tiere lag der nächste logische Schritt darin, ein Camp zu errichten, um sie aufzunehmen und Reisenden aus der ganzen Welt die Möglichkeit zu einer Begegnung mit diesen Elefanten zu geben. Allerdings sollte es kein gewöhnliches Camp sein, es sollte das Allerbeste sein: auf 5-Sterne-Niveau, mit ausgezeichnetem Service, hervorragender Küche, sehr intim mit maximal sechs Suiten – und alles sollte mit dem afrikanischen Busch aufs Beste harmonieren. So wurde Camp Jabulani geboren. Und die Elefanten bekamen endlich ihr Zuhause.

und erfahrene Spurenleser für intime Begegnungen mit den wilden Tieren, darunter auch den "Big Five".

Das Camp ist bekannt für seine hervorragende Küche, ausgezeichnet mit dem "Chaîne des Rôtisseurs" und Dank der gut ausgebauten Flug- und Straßenverbindungen mühelos zu erreichen. Bei den "Amarula Best Retreats in Africa Awards 2008" wurde die traditionelle afrikanische Innenarchitektur von Royal Malewane ausgezeichnet, da sie auf authentische Art und Weise den afrikanischen Stil neu interpretiert und neue Standards geschaffen hat.

Amarula Route Südafrika
Teil der "Literarischen Route Südafrika"

5. Tag – Herzliche Abschiedsgrüße mit lebenslangen Erinnerungen an Afrika

Nach einem üppigen Frühstück in Camp Jabulani oder Royal Malewane empfehlen wir Ihnen an diesem letzten Tag Ihrer Reise entlang der "Amarula Route Südafrika" einen Ausflug zum Besuch des **Hoedspruit Endangered Species Centre** (www.hesc.co.za).

Neben zahlreichen anderen wilden Tieren, können hier mehr als 80 Geparde besichtigt werden, u. a. einige zahme Exemplare, Jungtiere sowie der schöne Königsgepard, der aufgrund genetischer Veränderungen Streifen statt Flecken hat. Führungen werden stündlich angeboten und beginnen mit einem Videofilm im Auditorium.

Damit endet Ihre Reise entlang der "Amarula Route Südafrika". Und wie könnte man diese Reise besser abschließen als in der Amarula-Abflughalle des Flughafens Hoedspruit auf den wahren Geist Afrikas anzustoßen?

Sicherlich werden Sie noch lange an diese einzigartigen Tage in Südafrika zurückdenken – aber zum Glück können Sie wenigstens ein Erlebnis mit nach Hause nehmen – oder in gut sortierten Lebensmittelläden auch in Deutschland erwerben: den Amarula, den "Spirit of Africa".

Cheers – oder wie die Zulu sagen: Bambi Sani & Hamba Kahle
Zum Wohl & auf Wiedersehen in Südafrika!

Die Geschichte des Hoedspruit Endangered Species Centre

Nachdem sie ihr Studium im Fach Didaktik abgeschlossen hatte, heiratete Lente Johann Roode im Jahre 1970. 1985 kauften Johann und Lente ihre erste Farm an der Grenze des Grundstücks von Lentes Familie in Hoedspruit. Später erbte Lente die Farm ihres Vaters.

Durch den Kauf angrenzender Grundstücke erwarben sie weiteres Land für ihr erstes Projekt, das aus einer Ranch mit einer Herde Bonsmara-Rinder bestand. Wie bei Johann üblich, wurde dieses Projekt sehr gründlich und sorgfältig umgesetzt. Mit der Zeit entwickelte sich Lentes Sehnsucht, auf der Farm mitzuhelfen sowie ihr Bedürfnis, mit wilden Tieren zusammenzuarbeiten. Zusätzliches Land wurde erworben und das "Kapama Game Reserve" (www.kapama.co.za) aus der Taufe gehoben. Übrigens: Auf der Internetseite von Kapama finden Sie im Mitgliederbereich einige spannende Wildhüter-Geschichten.

Da Geparde auf der roten Liste der gefährdeten Tiere in Südafrika standen, wurde die Idee geboren, in Kapama ein Zuchtprojekt zu etablieren. Die Aufgaben dieser Einrichtung sollten darin bestehen, die Tierart in ihrer natürlichen Umgebung zu züchtigen und Wissenschaftlern im zoologischen und tierärztlichen Bereich Forschungsmöglichkeiten zu bieten. Schlussendlich sollte sie auch als Bildungszentrum dienen.

Lente setzte sich daraufhin mit Des Varaday (einem bekannten Gepardzüchter, dessen Einrichtung in der Nähe von Middelburg in der Provinz Mpumalanga lag) in Verbindung, in der Hoffnung, einige Geparden von ihm erwerben zu können. Und wie das Schicksal so spielt fragte Des, ob Lente in der Lage sei, die Obhut für alle seiner 35 Geparde zu übernehmen. Als Begründung führte er an, dass er langsam zu alt werde, um sie zu betreuen und deshalb einen geeigneten Besitzer suche, der die Verantwortung für sie übernähme.

Lente stimmte zu. Das damalige "Department of Nature Conservation of the Transvaal" ermöglichte den Transport von Varadays Tieren, damit Lente Roode das Zuchtprogramm auf dem "Kapama Game Reserve" fortsetzen konnte.

Dank der Hilfe und Beratung von Professor David Melzer von der Universität Pretoria sowie Des Varaday selbst wurde das Hoedspruit Endangered Species Centre innerhalb eines Jahres errichtet.

Die Tiere brauchten noch ein Jahr, um sich in ihrer neuen Umgebung richtig einzuleben, bevor das Centre im Jahre 1990 der Öffentlichkeit zugänglich gemacht wurde. Weitere Informationen unter www.hesc.co.za

Mein Reisetagebuch – Abschnitt 3

Stationen	Sehenswürdigkeiten (inkl gesammelter Geschichten)
15. Tag Fahrt entlang der Panorama Route	Graskop / Gods´s Window / Pilgrim´s Rest Übernachtung: Kirkmans Camp (Sabi Sands)
16. Tag Kirkmans Camp	Frühmorgens: Safari (Game Drive) Beobachtung eines Kampfes zwischen 4 Löwinnen und einem Leoparden (unglaublich!) Alle "Big Five" gesehen(!) und Buschfrühstück *Bescherung bei König Löwe* Spätnachmittags: Safari Übernachtung: Bush Lodge (SabiSabi)
17. Tag Kruger Nationalpark	Ausflug in den Kruger Nationalpark Besuch der Jock of the Bushveld Safari Lodge Übernachtung: Earth Lodge (SabiSabi)
18. Tag Tagesreise zum nächsten Etappenziel mit Zwischenstopps	Besichtigung von Barberton Fahrt durch die Gras- & Wetlands Übernachtung: Mkuze Falls Private Game Reserve
19. Tag "Zulu-Land" Nongoma	Ausflug ins "Zulu-Land" *Wie Hlakanyana das Ungeheuer überlistete* Besuch des Palastes von Zulu-König Goodwill Zwelithini Übernachtung: Mkuze Falls Private Game Reserve Lodge
20. Tag St. Lucia	Isimangaliso Weltland Park Übernachtung: Seasands Hotel St. Lucia
21. Tag Shakaland Eshowe	Besuch von Shakaland *Shaka Zulu – Der Napoleon Afrikas* Besichtigung des Zululand Historical Museums in Fort Nongqayi Übernachtung: Protea Hotel Simunye
22. Tag Tagesreise zum nächsten Etappenziel mit Zwischenstopps	Besichtigung des Piet Retief Memorial Blood River Heritage Site Kurzer Abstecher nach Wartburg – hier wird Bier nach dem deutschen Reinheitsgebot gebraut Übernachtung: Sibaya Lodge (Sun International)
23. Tag Durban Pietermaritzburg Weiterfahrt in Richtung Drakensberge	Kurze Stadtbesichtigung Treffen mit Gcina Mhlope – südafrikanische Erzählerin Stadtbesichtigung mit Besuch des Bahnhofs (hier wurde Gandhi aus dem Zug geworfen) Übernachtung: Cathedral Peak Hotel *Volksmärchen der Sotho*

3

Wo aus Geschichte Geschichten werden ...

Abschnitt 3 – Mpumalanga und KwaZulu-Natal

Wo aus Geschichte Geschichten werden ...

Reisebericht

Meine Reise führt von Phalaborwa weiter zur Panorama Route, in die ich bei Graskop einsteige. Unmittelbar am Ortsausgang von Graskop erlebe ich eine erste Überraschung und glaube meinen Augen nicht zu trauen: Da steht plötzlich eine kleine Ritterburg am Wegesrand, wie ich sie eigentlich nur aus Europa kenne. Neugierig durchschreite ich den Eingang und höre vertraute Laute: Ein Österreicher, der aber schon lange in Südafrika lebt, erfüllt sich hier einen Traum und steht kurz vor der Eröffnung seines kleinen Hotels mit wun-

Mpumalanga / Panorama Route
God's Window

God's Window liegt an der Panorama Route und beeindruckt durch einen "göttlich schönen" und weiten Blick auf das ca. 1.000 m tiefer liegende Lowveld – bei gutem Wetter sogar bis nach Mosambik.
Während ich die herrliche Aussicht genieße, frage ich mich, wie dieser Ort zu seinem Namen kam. Eine entsprechende Geschichte ist mir noch nicht zugetragen worden. Aber wie bereits berichtet, befindet sich hier in Südafrika auch die Wiege der Menschheit – und so gewinne ich den ganz persönlichen Eindruck, dass Gott, als er die Welt geschaffen hat, hier in Südafrika schon einmal geübt haben muss. Das südafrikanische Tourismusbüro (South African Tourism) wirbt für Südafrika mit dem Slogan "Eine Welt in einem Land". Und tatsächlich vereinen die verschiedenen Regionen Südafrikas landschaftliche Eindrücke, wie sie in ihrer Vielfalt nur hier zu bestaunen sind. Um sie außerhalb Südafrikas zu sammeln, müsste man eine kleine Weltreise machen. Und da ihm, Gott, das Erschaffene wahrlich gut gelungen ist, gönnte er sich bekanntermaßen am siebenten Tag eine Ruhepause. Es gibt wohl wenige Orte auf der Welt, an denen sich eine so herrliche Aussicht genießen lässt, wie hier am God's Window. So könnte man meinen, dass er diesen Ort gewählt hat, um sich an seinem Ruhetag an dem Erschaffenen zu erfreuen. Und vielleicht werden auch Sie während Ihrer Südafrikareise die schöpferische Kraft dieses Ortes spüren können.

derschönen Zimmern, die gerade mit antiken Möbeln ausgestattet werden (mehr Informationen zum Flycatcher Castle unter www.flycatchercastle.com).

Die Panorama Route, die über die zerklüfteten Höhenzüge der Drakensberge von Mpumalanga verläuft, bietet atemberaubende Ausblicke auf die herrliche Natur, die ca. 1.000 m tiefer gelegenen Ebenen des Lowvelds und den prachtvollen Blyde River Canyon – eine riesige Schlucht, die sich über 26 km erstreckt und als Naturwunder gilt. Bereits wenige Kilometer nördlich von Graskop führt mich eine Seitenstraße zum "God's Window" (siehe Infokasten).

Nach vielen kleinen Zwischenstopps, zu der mich die faszinierenden Ausblicke entlang der Route immer mal wieder hinreißen, tauche ich am Ende meiner Umrundung der Panorama Route im alten Goldgräberstädtchen Pilgrim's Rest in die Zeit des Goldrausches ein. 1873 wurde hier Gold entdeckt und auch heute kann man sein Glück noch versuchen. Viele Wohnungen der Goldsucher wurden mittlerweile restauriert und dienen nun als Läden und Restaurants.

Abends erreiche ich mein nächstes Ziel: das Sabi Sand Private Game Reserve. Unmittelbar am Rand des Kruger Nationalparks gelegen gibt es zahlreiche private Wildreservate, die luxuriöse Unterkünfte und einen sehr individuellen Service bieten. Dazu gehören Game Drives (Safaris) morgens nach Sonnenaufgang und spätnachmittags vor Sonnenuntergang, die im Übernachtungspreis enthalten sind. Zwischen diesen Private Game Reserves und dem Kruger Nationalpark gibt es keine Grenzzäune, so dass die wilden Tiere ungehindert von einem Revier zum anderen wandern können.

Kirkmans Camp, eine von mehreren Lodges im Sabi Sand Private Game Reserve, wird – meinem Ranger sei Dank – zum unbeschreiblichen Highlight meiner Reise. Ich habe nicht nur das große Glück, alle "Big Five" bei meiner ersten Morgen-Safari zu sehen, sondern erlebe zudem etwas Einzigartiges, das sogar mein Ranger in all seinen Dienstjahren noch nie erlebt hat: Aus sicherer Entfernung beobachte ich vier Löwinnen am Ufer des Sabi Flusses, die in der Nacht ein Kudu gerissen haben und mit voll gefressenen Bäuchen unter den Bäumen dösen. Plötzlich taucht ein Leopard auf, und will sich seinen Teil der Beute holen. Aber da hat er die Rechnung ohne die Löwinnen gemacht. Sie springen auf und es kommt zu einem kurzen, aber heftigen Kampf. Der Leopard, mittlerweile auf dem Rücken liegend, verteidigt sich nun mit seinen scharfen Krallen und Zähnen. Die Löwinnen könnten ihn töten, meint mein

Mpumalanga / Kruger Nationalpark
Jock of the Bushveld

In Südafrika kennt ihn jedes Kind und viele Denkmäler hat man ihm zur Ehren im ganzen Land gesetzt: dem legendären Staffordshire Bullterrier "Jock of the Bushveld". Das gleichnamige Buch von Sir Percy Fitzpatrick, das 1995 verfilmt wurde, beruht auf wahren Erlebnissen und beschreibt die vielen Abenteuer, die er mit seinem geliebten Hund im südafrikanischen Busch erlebt hat. Sir Percy hatte Jock als Welpen vor dem Ertrinken gerettet. Seit dieser Zeit begleitete ihn der Hund viele Jahre lang bei seiner Arbeit als Transportreiter im heutigen Mpumalanga und stand ihm auch bei der Jagd und den täglichen Gefahren treu zur Seite. Später verließ Sir Percy die Region und ging nach Johannesburg, wo er bei einer Minengesellschaft arbeitete. Jock vertraute er einem Freund an, der ihn an einen Händler weitergab. Eines Nachts tötete Jock einen streunenden Hund, der in den Hühnerstall des Händlers eingedrungen war. Sein alarmierter Herr erkannte ihn in der Dunkelheit nicht und so fand Jock ein trauriges Ende. In den Herzen vieler Südafrikaner lebt er jedoch weiter. Wer mag, kann in Jocks Safari Lodge, mitten im Kruger Nationalpark durch Sir Percys Nachkommen errichtet, auf den Spuren der Geschichte wandeln.

Ranger, liefen dann aber selbst Gefahr, verletzt zu werden, was im Busch den sicheren Tod bedeutet. So belagern sie den Leoparden einige Minuten, verlieren dann scheinbar das Interesse und nach und nach legen sich zwei Löwinnen wieder unter die Bäume. Einen unachtsamen Moment nutzt der Leopard, dreht sich mit einem Satz um und flieht ins Gebüsch.

Auf dem Rückweg zur Lodge erwartet mich dann auch noch vollkommen überraschend ein himmlisches Buschfrühstück, und bei einem Glas Champagner lasse ich die Erlebnisse der Tour mit den anderen Gästen Revue passieren. Das muss man erlebt haben!

Nach einer wundervollen Nacht im Kirkmans Camp verbringe ich noch zwei weitere Tage im SabiSabi Private Game Reserve. Eine der Lodges, die Earth Lodge, ist so benannt, da sich die Unterkünfte so in die hügelige Erde einfügen, dass sie von Weitem fast unsichtbar sind. Dennoch habe ich eine eigene wunderschöne Terrasse mit Pool und Außendusche, sodass ich meine morgendliche Dusche mit Blick auf den südafrikanischen Busch genießen kann. Ein traumhaftes Erwachen!

Bei einem Abstecher in den Kruger Nationalpark, der Unterkünfte aller Preisklassen bietet, mache ich die Bekanntschaft mit dickköpfigen Elefanten, beobachte Zebras und Giraffen an Wasserlöchern und muss vorsichtig sein, denn vor mir überquert ein Leopard die Straße.

Nach einem Abstecher zur Jock of the Bushveld Lodge (siehe Infokasten) verbringe ich eine letzte Nacht an diesem wundersamen Ort und mache mich am nächsten Tag auf nach Barberton, das früher auch ein kleines Goldgräberstädtchen war.

Dort erzählt man mir von der schönen Cockney Liz, die zur Zeit des Goldrauschs die "Königin" der Stadt gewesen sein soll (siehe Infokasten).

Meine nächste Etappe führt mich ins Herz des Königsreiches der Zulu und ich mache eine Schleife in der Gegend rund um Nongoma. Ich schaue mir die alten Königsgräber der Zulu-Häuptlinge an und besuche die Paläste des derzeitigen Zulu-Königs Goodwill Zwelithini, der zu dieser Zeit in Durban an der Auslosung der Gruppen für die FIFA WM 2010™ teilnimmt. Zulu-Kultur erlebe ich einige Tage später hautnah in Simunye (siehe "Touristische Empfehlung") und in "Shakaland", der Kulisse zur Fernsehserie "Shaka Zulu", benannt nach dem berühmten Zulu-Häuptling (siehe "Shaka Zulu – Der Napoleon Afrikas").

Am 20. Tag meiner Reise – die Nacht zuvor hatte ich im Mkuze Falls Private Game Reserve verbracht, wunderschön an einem Fluss mit Wasserfall gelegen – erreiche ich die Küste bei St. Lucia. Bei einer Besichtigungstour im Landschafts- und Badeparadies Isimangaliso Weltland Park bei St Lucia begegne ich einer Gruppe von Nilpferden, darunter auch einige niedliche Nilpferdbabys mit ihren Müttern. Einer der Begleiter erzählt mir dabei die schöne Geschichte, warum Nilpferde keine Fische fressen: Nilpferdbullen haben die Angewohnheit, ihr Revier auf folgende Art zu markieren: Sie wedeln heftig mit dem Schwanz, während sie ihr "Geschäft" erledigen. So fliegt der Kot rechts und links zur Seite entlang ihres Weges oder in Wassernähe. Zu der Zeit, als Gott die Erde schuf, hatte er all den verschiedenen Tieren einen Ort gegeben, an dem sie sich wohl fühlen bzw. den sie ihr "Zuhause" nennen konnten: dem Gepard die offenen Ebenen, dem Elefanten das dicke Gebüsch und dem Krokodil die Wasserwege. Das Nilpferd war empört und sagte „Ich will auch im Wasser leben, denn meine empfindliche Haut verträgt nicht so viel Sonne" (was tatsächlich so ist und daher halten sich Nilpferde zum Schutz oft und gerne im Wasser auf). Aber das Krokodil wollte davon nichts wissen und bekräftigte sein NEIN: „Weil du so fett bist, wirst du mir alle Fische wegfressen." Aber das Nilpferd versprach, nie wieder einen Fisch zu essen. „Von jetzt an werde ich nur noch Gras fressen, nachts." Und deswegen verbreitet das Nilpferd ab und zu seinen Kot, damit das Krokodil und Gott ab und zu überprüfen können, ob es sich daran gehalten hat – also dass auch wirklich keine Fischgräten im Kot versteckt sind. So sehe ich die Nilpferde sogleich mit ganz anderen Augen, wenn sie mit ihren süßen kleinen Schwänzen hin- und herwedeln.

St. Lucia ist ein Badeparadies für die ganze Familie und natürlich auch bei Wassersportlern sehr beliebt. Viele südafrikanische Familien verbringen hier ihre Weihnachts-Sommerferien. Zum Baden bleibt mir nur wenig Zeit, denn schon am nächsten Tag geht es weiter zur geschichtsträchtigen Gedenkstätte am Blood River (siehe auch "Die Schlacht am Blood River").

Ich mache einen kurzen Abstecher in die reizvolle Metropole Durban und treffe eine der bekanntesten südafrikanischen Erzählerinnen und Buchautorinnen, Gcina Mhlope. Einige Geschichten in diesem Buch habe ich mir von ihr erzählen lassen bzw. ihren Büchern entnommen – wie z. B. „Die Schlange mit den sieben Köpfen" und die von dem schönen Mädchen Lungile.

In Pietermaritzburg besichtige ich den Bahnhof, denn hier wurde Gandhi aus dem Zug geworfen, nur kurze Zeit nachdem er Südafrika erreicht

Nilpferd im Isimangaliso Wetland Park

hatte. Gedenktafeln vieler großer Staatsmänner erinnern an dieses – ich wage zu sagen – die Welt verändernde Ereignis (siehe auch "Gandhi in Südafrika"). Bereits hier in Südafrika beginnt Gandhi seinen Freiheitskampf, den er nach seiner Rückkehr 1914 in Indien fortsetzt, und predigt die Gewaltlosigkeit, die auch im Widerstand des ANC lange Zeit Doktrin war.

Am 23. Tag meiner Recherchereise erreiche ich dann endlich die beeindruckenden Drakensberge. Mehr dazu erfahren Sie im nächsten Kapitel.

Mpumalanga / Barberton
Die schöne Cockney Liz

In den Tagen des Goldrausches gab es zahlreiche Frauen, die bereit waren, an der "Front" zu arbeiten. Aber keine wurde so unsterblich wie "Cockney Liz". 1887 war Cockney nach Barberton gekommen, um ihren Verlobten zu heiraten. Der war jedoch kurz zuvor auf tragische Weise ums Leben gekommen. Geld hatte sie nicht, und so musste sie sich zunächst eine einfache Arbeit suchen, denn sie wollte so schnell wie möglich wieder weg. Eine Anstellung fand Sie dann in der Bar "Red Light Canteen".
Bereits nach ihrer ersten Nacht in der Bar, in der sie die anwesenden Goldschürfer auch mit ihrem Gesang und Tanz unterhalten hatte, war sie die große Attraktion der Stadt. Ursprünglich stammte sie aus England und hieß Elisabeth. Da sie mit einem Akzent sang (Cockney ist ein Spottname für die Bürger von London und eine Bezeichnung für ihren englischen, verschluckenden Dialekt), wurde sie "Cockney Liz" genannt. Sie muss wunderschön gewesen sein und eine faszinierende Ausstrahlung gehabt haben. Vor allem aber wusste sie wohl mit den Männern umzugehen. Und da sie schnell viel Geld verdienen wollte, um von hier wieder wegzukommen, ließ sie sich jeden Samstagabend an den meistbietenden Goldschürfer versteigern. Der ein oder andere soll dabei sein ganzes Geld, das er mit dem Goldschürfen verdient hatte, an sie wieder verloren haben. Sie wurde die "Königin" der Stadt und hatte schon bald so viel Geld verdient, dass sie nicht nur die "Red Light Canteen" kaufte, sondern einen viel edleren Salon bauen ließ, die "Royal Albert Hall". Aber schon bald danach soll sie die Stadt wieder verlassen und geheiratet haben – jedoch verliert sich dann ihre Spur. Im Phönix Hotel in Barberton kann man noch heute auf ihren Spuren wandeln und entdeckt an den Wänden das ein oder andere Bild von ihr. Ein anderes Barmädchen war ebenfalls sehr beliebt in Barberton. Denn Trixi, die mit der gleichen Kutsche wie Cockney nach Barberton gekommen war, soll so manch anderen Goldschürfer, der nach durchzechter Nacht nicht mehr stehen konnte, in ihrem Schubkarren nach Hause gefahren haben...

KwaZulu-Natal / Pietermaritzburg

Gandhi in Südafrika

In seiner Biografie "Mein Leben" (Suhrkamp Verlag, 298 Seiten, ISBN 3-518-37453-2) widmet Gandhi seiner Zeit in Südafrika ganze 112 Seiten – sicherlich auch ein Indiz dafür, wie prägend diese Jahre für die Entwicklung seiner Persönlichkeit waren. 1893 erhält Gandhi, der in London Jura studiert hatte, den Auftrag, einen wohlhabenden indischen Kaufmann in Tshwane (Pretoria) vor Gericht zu vertreten. Was ihm dann bei seiner Ankunft in Südafrika widerfuhr, beschreibt er in seinem Buch in etwa wie folgt:

Einige Tage nach meiner Ankunft verließ ich Durban. Für mich war ein Platz in der 1. Klasse bestellt worden. Im Zug kam ein Beamter auf mich zu und forderte mich auf, ins Gepäckwagen-Abteil zu gehen. Ich entgegnete, dass ich eine Fahrkarte 1. Klasse hätte. Der Beamte meinte, dass dies nichts nütze und forderte mich noch einmal auf, ins Gepäckwagen-Abteil zu gehen. Da man mich in Durban in dem 1. Klasse-Abteil hat sitzen lassen, bestand ich darauf, auch weiterhin sitzen bleiben zu dürfen. Abermals forderte der Beamte mich auf, raus zu gehen, andernfalls müsse er einen Polizisten holen. Nachdem ich mich weiterhin weigerte, das Abteil zu verlassen, wurde ich von dem Polizisten am Arm genommen und aus dem Zug heraus geworfen. Mein Gepäck flog hinterher. Und dann dampfte der Zug ab.

Der Aufenthalt in Südafrika hatte sein Leben verändert. Gandhi wurde dort mit der Rassendiskriminierung der Inder konfrontiert und die ihm selbst widerfahrenen Diskriminierungen veranlassten ihn, eine Versammlung aller ansässigen Inder einzuberufen, um sich friedlich dieser Ungleichbehandlung zu widersetzen. Schnell wurde er bekannt und etablierte sich zum Anführer der indischen Gesellschaft. Seine Schriften wurden von Nachrichtenagenturen in der ganzen Welt veröffentlicht und sorgten bei der weißen Bevölkerung für großen Aufruhr. Mehrmals wurde er zu Gefängnisstrafen verurteilt, aber immer schon bald darauf wieder freigelassen. 1902 eröffnete er in Johannesburg eine Rechtsanwaltskanzlei. Da er bei der südafrikanischen Gemeinde hohes Ansehen genoss, hatte er viele Klienten und wurde – obwohl er nur von den Klienten Geld nahm, die sich seine Bezahlung leisten konnten – recht wohlhabend.

1914 wurde der Indian Relief Act verabschiedet, für den er lange gekämpft hatte und der die Situation der indischen Bevölkerung in Südafrika entschieden verbesserte. Damit hatte er sich mit der von ihm entworfenen,

Strategie der Satyagraha (des gewaltlosen Widerstandes) zum ersten Mal erfolgreich durchgesetzt. Seine Ziele hatte er nun weitgehend erreicht, so dass Gandhi Ende 1914 in seine Heimat zurückging und seinen Freiheitskampf für Indien begann.

Mahatma Gandhi
Mein Leben

Suhrkamp

KwaZulu-Natal / Piet Retief Memorial - Blood River Heritage Site

Die Schlacht am Blood River

Der 16. Dezember 1838, der Tag der Schlacht am Blood River, an dem die burischen Voortrekker unter Führung von Andries Pretorius eine Streitmacht der Zulu vernichtend geschlagen hatten, wird bis heute in Südafrika als Feiertag begangen. Aufgrund eines Gelübdes, das Pretorius am Tag vor der Schlacht abgegeben hatte, wurde er bis 1994 als "Geloftedag" (Tag des Gelübdes), seither als "Day of Reconciliation" (Versöhnungstag) bezeichnet.

Zulukönig Dingane hatte im Februar 1838 zunächst den Voortrekkerführer Piet Retief und seine Begleiter und kurz darauf weitere 400 Siedler ermorden lassen. Daraufhin führte Andries Pretorius 470 zum Kampf entschlossene Männer und 64 Planwagen zur Entscheidungsschlacht in Richtung der damaligen Zuluhauptstadt uMgungundlovu. Am Fluss Ncome trafen die Buren auf eine Übermacht von vermutlich mehr als 10.000 Zulu. Wie durch ein Wunder – die Voortrekker sahen darin aber ein Zeichen Gottes – gelang es den Voortrekkern den Kampf zu gewinnen. 3.000 Zulu fanden den Tod, von den Voortrekkern wurden nur drei Mann verletzt. Nach der Schlacht erhielt der Fluss den Namen Blood River, da er vom Blut der gefallenen Zulu rot gefärbt war.

Vier Tage später erreichten Pretorius und seine Männer den königlichen Kraal uMgungundlovu, der aber inzwischen von Dingane aufgegeben und dem Erdboden gleichgemacht worden war. Auf einem Hügel nahe dem Kraal fanden sie die sterblichen Überreste Piet Retiefs und seiner Begleiter vor, die sie in einem Massengrab beisetzten. Der Sieg machte letztlich die weitere Kolonialisierung Natals und die Gründung der Burenrepublik Natal möglich. Nördlich von Melmoth, auf der R34 in Richtung Blood River Heritage Site führt eine beschilderte Seitenstraße zu diesem Ort, der heute eine Gedenkstätte mit einem kleinen Besucherzentrum ist. Während meiner Recherchereise war dieses aufgrund von Renovierungsarbeiten aber leider gerade geschlossen.

TER GEDACHTENIS AAN
P. RETIEF
EN 70 BURGERS
VERMOORD DOOR DINGAAN
OP 6 FEB. 1838.

GIET RETIEF

KOMDT. A.GREYLING	KOMDT. P.MEYER
H. OOSTHUIJZEN	B. LIEBENBERG
P. RETIEF JNR.	P. BREED
D. LIEBENBERG P.ZN	P. BREED J.ZN
K. OOSTHUIJZEN P.ZN	C. BREIJTENBACH
K. OPPERMAN J.ZN	J. CLAASSEN
J. AUCAMP	P. CILLIERS
W. BASSON	A. VAN DIJK
E. DE BEER	M. ESTERHUIJZEN
J. DE BEER	S. ESTERHUIJZEN
M. DE BEER	H. FOURIE
N. DE BEER	R. GROBBELAAR
B. V.D. BERG	J. HATTINGH
P. V.D. BERG	T. HOLSTEAD
R. V.D. BERG J.ZN	J. HUGO P.ZN
J. BEUKES G.ZN	J. JOOSTE
J. BOTHA	P. JORDAAN
C. BOTHMA	A. DE KLERK
C. BOTHMA L.ZN	J. DE KLERK J.ZN
J. BREED	J. DE KLERK
B. KLOPPER	C. KLOPPER
L. KLOPPER	F. KLOPPER
J. LABUSCHAGNE	H. LABUSCHAGNE SNR.
H. MALAN	C. MARÉ
J. V.D. MERWE	B. OOSTHUIZEN
J. OOSTHUIZEN M.ZN	J. OPPERMAN
F. PRETORIUS	J. PRETORIUS
M. PRETORIUS M.ZN	M. PRETORIUS J.ZN
M. PRETORIUS JNR.	I. ROBBERTS
J. ROBBERTS	P. VAN SCHALKWIJK
G. SCHEEPERS	J. SCHEEPERS F.ZN
S. SCHEEPERS	M. SCHEEPERS S.ZN
S. SMIT	M. TAUTE
C. VISAGIE	S. VAN VUUREN
J. DE WET J.ZN	H. DE WET P.ZN

Touristische Informationen und Empfehlungen

Die Provinz "Mpumalanga"

Mpumalanga, das "Land der aufgehenden Sonne" ist eines der beliebtesten Reiseziele in Südafrika. Zwei gegensätzliche Landschaftsbilder prägen das Gesicht der Provinz – die dramatische Topografie der Hochebene und der Busch des Lowveld. Der Blyde River Canyon, Teil der Hochebene, ist eines der größten Naturwunder im südlichen Afrika. Im späten 19. Jahrhundert durchforsteten Glückssuchende die Gegend während des großen Goldrausches. Heute werden die Besucher im denkmalgeschützten Ort Pilgrim's Rest in diese glorreichen, alten Zeiten zurückversetzt. Der Kruger Nationalpark nimmt mit seinen fast 20.000 km² einen Großteil der Fläche des Lowveld ein. Man ist dabei die Zäune zwischen dem Kruger Nationalpark und den Wildparks der benachbarten Länder Mosambik und Simbabwe zu entfernen, um einen riesigen transnationalen "Peace Park" mit 100.000 km² Fläche zu schaffen. Der Kruger Nationalpark und die privaten Game Reserves an dessen westlicher Grenze sind ein Paradies für Wildtiere aller Art – und hier begegnet man mit sehr großer Sicherheit den "Big Five". Hobby-Ornithologen schätzen das Grasland und die Feuchtgebiete im Süden. Die große Vielfalt an Kulturen, mit den buntesten und interessantesten Traditionen des Landes, ist ein weiterer Höhepunkt der Provinz. Cultural Villages bieten Einblicke in die Lebensweisen der Shangaan und Ndebele. Und an vielen Orten können die Felsmalereien der San und archäologische Ruinen mitten im Busch bewundert werden. Nelspruit ist die Hauptstadt der Region, ein kommerzielles Zentrum inmitten schönster Natur. Die Straßen der Stadt sind gesäumt von Palisanderbäumen und es erwartet Sie ein vielfältiges Sportangebot. Von Nelspruit aus führen gute Straßen in die Wildparks des Lowveld sowie in die Bergregionen und zu den historischen Orten. Die Mpumalanga Tourism Authority hat erst kürzlich sieben Tourismusregionen, jede mit ihrem eigenen Charakter, ausgerufen: Panorama, Highlands Meander, Cosmos Country, Lowveld Legogote, Grass and Wetlands, Wild Frontier und Cultural Heartland.

Sonnenuntergang im Kruger Nationalpark

Die Provinz "KwaZulu-Natal"

Mit ganzjährigem Sonnenschein und mildem Klima bietet KwaZulu-Natal, das Königreich der Zulu (das einzige anerkannte Königreich Südafrikas), seinen Gästen eine breite Palette an Attraktionen. Kulturelle Einflüsse aus Indien, Europa und natürlich aus der Zulu-Kultur schaffen ein lebendiges, kulturelles Mosaik – mit einer spannenden Geschichte. Die atemberaubend schönen Landschaften reichen von Bergen und Wäldern bis hin zu Feuchtgebieten.

Genauso vielfältig wie die Landschaften sind die Aktivitäten: Von Tiefseetauchen, White Water Rafting, Wandern, Reiten, Forellenfischen bis zu Golfen ist hier alles möglich. Das Tor zu dieser aufregenden Provinz ist Durban, berühmt für seine endlosen Sandstrände und hervorragenden Surfreviere im warmen Indischen Ozean. Einkaufen wird zum Erlebnis in den modernen Shoppingzentren oder auf den indischen Märkten der Stadt. Die Moschee in der Grey Street ist die Größte ihrer Art in der südlichen Hemisphäre.

Die lange Küstenlinie im Norden und im Süden Durbans ist gespickt mit schönsten Stränden und bietet zahlreiche Familienresorts, traumhafte Golfplätze und günstige Tauchschulen. KwaZulu-Natals Wildparks genießen weltweites Ansehen.

Der Hluhluwe-Umfolozi Park ist neben den "Big Five" bekannt für seine seltenen Nashörner. Der Greater Isimangaliso Wetland Park hingegen hat sich dem Schutz von Meerestieren, Säugetieren, Reptilien und Vögeln aller Art verschrieben. Der Park wurde zum Weltnaturerbe ernannt, wie auch die malerischen uKhahlamba-Drakensberge. In der wunderschönen Bergwelt kann man in die Kultur der Zulu eintauchen, prähistorische Buschmann-Zeichnungen bewundern und nach Herzenslust wandern.

Mehr Informationen zu Südafrika und den Provinzen Mpumalanga und KwaZulu-Natal in der Broschüre "Südafrika erleben" (siehe auch "Touristische Informationen").

Das Amphitheater, der spektakulärste Teil der Drakensberge

Empfehlenswert

Kruger Nationalpark

Südafrikas bekanntester und größter Nationalpark mit unvergleichlicher Landschaft und einzigartigem Artenreichtum.

www.sanparks.org/parks/kruger

Isimangaliso Weltland Park

Das UNESCO Weltnaturerbegebiet zählt zu den schönsten Ecken Südafrikas mit gigantischer Dünenlandschaft, Korallenriffen und Feuchtgebieten.

www.isimangaliso.com

Shakaland

Die Filmkulisse der Serie "Shaka Zulu" wurde um ein einzigartiges und romantisches Hotel erweitert. Eingebettet in das Zuludorf kann man hier in den bienenförmigen, traditionellen Fünf-Sterne-Hütten in die Vergangenheit eintauchen.

www.shakaland.com

Blood River Heritage Site

Die Gedenkstätte erinnert an die Schlacht der Voortrekker gegen das Volk der Zulu 1838. Die Schlacht aus Sicht der Zulu wird im Ncome-Museum auf der anderen Flussseite dargestellt.

www.ncomemuseum.co.za

uKhahlamba Drakensberg Park

Die UNESCO Welterberegion zählt zu den großartigsten Natur- und Kulturschätzen Südafrikas und ist ein Paradies für Wanderer, Kletterer und Naturliebhaber.

www.drakensberg.kzn.org.za

Didima Camp und Rock Art Centre

Schönes Camp mit reizvollen Chalets (besonders für Familien geeignet) in atemberaubender Natur. Das angeschlossene Museum informiert ausführlich über die San und ihre Felsmalereien.

www.kznwildlife.com/site/ecotourism/accommodation/Accessable/Cathedral/ RockArtCentre.html

Kirkmans Camp (Kruger Nationalpark)

Das luxuriöse Camp wurde im Jahre 1920 errichtet und die kolonialen Ursprünge lassen sich in den Details noch immer erkennen. Das elegante Ambiente aus einer vergangenen Zeit wird sicherlich auch Sie verzaubern!

www.sabisandslodges.co.za

SabiSabi (Kruger Nationalpark)

Vier verschiedene Lodges bieten auf unterschiedlichste Weise höchsten Komfort und Safaris in die unglaubliche Tierwelt.

www.sabisabi.com

Mkuze Falls Private Game Reserve

Traumhafte Luxus-Lodge mit Blick auf die Wasserfälle mitten in einem wunderschönen, privaten Reservat.

www.mkuzefalls.com

Seasands Lodge & Conference Centre (St. Lucia)

Diese Lodge liegt in ruhiger Lage, eingebettet in einen wunderschönen tropischen Garten. Ausgangspunkt für phantastische Ausflüge zu den Attraktionen des Isimangaliso Wetland Parks.

www.seasands.co.za

Protea Hotel Simunye

Auf dem Pferderücken oder in einer Kutsche taucht man hier in die Welt der Zulu ein.

www.proteahotels.com/protea-hotel-simunye.html

Sibaya Lodge (Umhlanga, Nähe Durban)

Die Lodge im neo-afrikanischen Design befindet sich auf dem Areal des prachtvollen Sibaya Casino & Entertainment Kingdom und liegt majestätisch mit Blick über den Indischen Ozean. Die 118 Zimmer der Lodge, die zu Sun International gehört, sind geschmackvoll eingerichtet und bieten freien Blick entweder aufs Meer oder auf die grüne Gartenanlage und den Pool.

www.suninternational.de

Cathedral Peak Hotel (Drakensberge)

Mitten in den Drakensbergen gelegen, eignet sich das Hotel als Ausgangspunkt für zahlreiche Wanderungen.

www.cathedralpeak.co.za

Mpumalanga / Kruger Nationalpark

Bescherung bei König Löwe

Eine Khoi-Geschichte

Er ist der größte, älteste und beliebteste Nationalpark Südafrikas: der drei bis vier Autostunden nordöstlich von Johannesburg gelegene Kruger Nationalpark. Über eine Millionen Besucher bewundern jedes Jahr die grandiose Tierwelt des Parks und der Artenreichtum sucht seinesgleichen auf der ganzen Welt. Die Etablierung des Parks stieß anfangs auf zahlreiche Widerstände (siehe "Wissenswertes" am Ende der Geschichte). Im Laufe der Zeit ist der Kruger Nationalpark zur größten Attraktion südafrikanischen Tourismus geworden. Und das aus gutem Grunde. Ich habe schon viele beeindruckende Orte auf dieser Welt kennen gelernt – aber die aufregendsten und faszinierendsten Erlebnisse bei all meinen Reisen, die habe ich hier im Kruger Nationalpark erlebt. Es sind die gewaltigen Naturerlebnisse bei Tag – aber auch bei Nacht, wenn gigantische Blitze eines Gewitters den Busch für einen kurzen Moment erhellen – die ich nie wieder vergessen werde. Und es sind die aufregenden Begegnungen mit den wilden Tieren in freier Natur, die man früher nur im Fernsehen gesehen hat.

Der König der Tiere

Schon in den 90er Jahren schmiedete man in Südafrika den Plan, die Grenzen des Kruger Nationalparks zu den benachbarten Parks in Mosambik und Simbabwe zu öffnen. Kein Geringerer als Nelson Mandela hatte die Idee, ein riesiges grenzüberschreitendes Schutzgebiet in Afrika zu schaffen. Die Idee stieß auf breite politische Zustimmung, sodass bereits im Jahr 2000 die ersten Grenzzäune nach Mosambik niedergerissen wurden. Zwei Jahre später wurde dann feierlich der größte Wildpark der Welt eröffnet: der Great Limpopo Transfrontier Park, in dem die Wildtiere seitdem zwischen den Staaten frei hin- und herwandern können.

Seine Liebe zu den Tieren spiegelt Nelson Mandela auch in seinem Buch "Meine afrikanischen Lieblingsmärchen" wieder. Besser kann man sie nicht erzählen, und so ist die folgende Geschichte seinem Buch entnommen.

König Löwe gab ein großes Fest, und jedes Tier musste hingehen, denn eine Einladung vom König durfte niemand ausschlagen. Nur die Antilopenweibchen erhoben Protest. „Oh nein", sagte Frau Kudu. „Löwe wartet nur darauf, sich an den Angehörigen unserer Familie gütlich zu tun. Woher sollen wir wissen, dass er uns nicht auffrisst, wenn wir zu seinem Fest gehen?"

„Ja, ja, ja!", stimmte eine ganze Gruppe von Antilopenweibchen zu. „Dann gehe ich eben alleine", sagte Herr Kudu. „Wenn ich nicht gehe, könnte es Ärger geben."

„Ja, gehen wir", sagten die anderen Antilopenmännchen. Die Antilopenweibchen schnaubten zornig und bewegten keinen einzigen Huf. Nur die alte Ziege konnte einer Einladung, bei der es etwas zu fressen gab, nicht widerstehen – selbst auf die Gefahr hin, dass sie selbst am Ende von den anderen gefressen würde!

Und so trafen die Tiere eins nach dem anderen bei Hofe ein. Leopard und Kaninchen, Zebra und Maulwurf, Elefant und Schlange und Iltis. Pavian war zu neugierig, um wegzubleiben, Esel war zu dumm. Auch Pfeifhase und Hippopotamus und Spitzkopfeidechse waren da, ebenso wie Hyäne und Schakal. Oh ja – es war das beste Fest aller Zeiten.

Zuerst wurde ein wenig getanzt, wobei Pavian die Führung übernahm. Dann wurde ein wenig gesungen, und Schakal war gut bei Stimme. Danach aßen sie Honig und tranken Milch. Sogar Löwe und Leopard und Luchs und Hyäne aßen mit den anderen, als hätten sie nie Blut gekostet. Aber Löwe

hatte befunden, dass man bei einem Fest kaum die Familienangehörigen der Gäste auftischen könnte.

„Hört her, meine Tiere!", sagte Löwe, als er den Honigtopf sauber geschleckt hatte (denn ein König isst immer als erster und als letzter und dazwischen auch noch eine ganze Menge – die anderen müssen einfach nehmen, was sie kriegen). „Hört, meine Tiere", sagte er noch einmal. „Ich möchte jedem von euch etwas schenken, damit ihr seht, was für ein guter König ich bin." „Danke, danke, danke!", schrieen die Tiere und rangelten um den besten Platz, denn jedes hatte Angst, das andere könnte das beste Geschenk bekommen, ehe es selbst an der Reihe wäre. „Langsam, langsam!" brüllte Löwe. „Wer vordrängelt, kriegt gar nichts – und die Raffgierigen kommen als letzte dran". Damit kehrte Ruhe ein.

„Wer von euch Hörner haben will", sagte Löwe, „stelle sich auf eine Seite." „Hörner?" Kudu schaute seine Freunde fragend an. „Meint ihr nicht, Hörner würden uns gut zu Gesicht stehen?" „Ja, ja, ja", schrieen die Antilopen und stellten sich auf eine Seite. „Hier", sagte Löwe, und sie legten sich Hörner an.

„Aber die Antilopenweibchen, die weggeblieben sind, bekommen nichts." Elefant sah die Antilopen einherstolzieren und schob sich mit der ganzen Wucht seiner Masse an Löwe heran. „Ich will auch Hörner", sagte er und packte sich mit dem Maul ein hübsches weißes Paar.

„Du Gierschlund!", knurrte Löwe. „Weil du so gierig warst, werden dir die Hörner im Maul stecken bleiben, und du wirst sie nicht oben auf dem Kopf tragen können wie die Antilopen. „Ach du meine Güte!" keuchte Elefant. „Jetzt ist meine Nase viel zu kurz. Ich kriege ...ich kriege ...ich kriege ...keine Luft!"

„Komm!" sagte Löwe und zog Elefant an der Nase, bis sie fast am Boden schleifte. „Ist das besser?" „Danke", brummte Elefant und schlurfte mit seinen Hornzähnen und seiner Baumelnase davon. Aber schon gab es einen anderen Wirbel bei der Hörnergruppe. Diesmal war es Rhinozeros, der herumschnüffelte. „Also gut", sagte Löwe, „da du überall deine Nase reinstecken willst, sollen dir die Hörner auf der Nase kleben."

„Oh, nein – nicht mit mir!", sagte Rhinozeros und ging sofort auf seinen König los und versuchte ihn auf seine Nasenhörner zu nehmen. Aber Löwe versetzte ihm einen solchen Schlag, dass die Spitze eines seiner Hörner abbrach und ihm die Augen fast zuschwollen. So kommt es, dass Rhinozeros bis heute so schlecht sieht und ein ungleiches Paar Hörner hat. Löwe ging zur nächsten Gruppe. „Hier gibt's schöne Ohren!", sagte er. Tiere sind genau wie Kinder: Sie haben keine Ohren für das, was man ihnen sagt, und wollen auch keine. Aber Löwe hielt schon zwei lange Ohrenpaare in den Tatzen, die wollte er nicht einfach wieder weglegen, denn schließlich war er der König. „Oh, nehmt die hier!", sagte er und legte sie den ersten beiden Tieren an, die ihm in die Quere kamen. Das waren Esel und Kaninchen. Denen bleib gar nichts anderes übrig, als sich zu bedanken.

„Und jetzt die, die schöne Kleider haben wollen!", rief Löwe. Da war die Aufregung groß. Löwe musste einen klaren Kopf behalten, denn die Tiere waren ganz versessen darauf, ein wenig anzugeben. Jedes wollte besser aussehen als sein Nachbar. Leopard bekam einen getüpfelten Anzug, Zebra eine gestreifte Jacke. Aber bei Pferd und Kuh war die Sache gar nicht so einfach. „Wir arbeiten auf dem Hof" sagte Pferd. „Wir wollen doch nicht, dass der Bauer uns Tiere auslacht", sagte Kuh.

„Schon gut, schon gut", sagte Löwe, denn er mochte Pferds stolzen Gang, und Kuh hatte eine Stimme, die war so sanft, dass sie sogar das Herz eines Königs erweichte. „Kommt her!" Pferd war zuerst dran. Oh, hübsch ist gar kein Ausdruck! Pferd bekam Anzüge, die waren grau getüpfelt und kastanienbraun, dunkelbraun und schneeweiß und schwarz wie die finstere Nacht. „Vielen Dank", sagte Pferd und trabte davon. Nach einer Weile hatte er das ständige An- und Auskleiden satt und teilte die Garderobe unter seinen Kindern auf. Und so kommt es, dass bis heute jedes Pferd nur einen Anzug hat,

Der Elefant - der Größte der "Big Five"

aber jedes Pferd anders aussieht. Kuh bekam ein buntes Kleid, eine rote Jacke und einen schwarzen Sonntagsstaat. Aber später machte sie es wie Pferd und schenkte die Sachen ihren Kindern.

Während Löwe noch mit Kuh beschäftigt war, kreischte eine Stimme aus der Menge: „He, und ich? Verschenk nicht die schönsten Sachen alle an Pferd und Kuh!" Das war Giraffe. „Wie unverschämt!", rief Löwe aus. „Wie kannst du es wagen, deinen König anzuschreien? Zur Strafe wirst du nie wieder sprechen!" Und so kam es, dass Giraffe ihre Stimme verlor.

Um den Tieren zu zeigen, dass er sich nicht drängen ließ, schlenderte Löwe noch einmal zu dem Haufen mit Hörnern und suchte ein Paar für Kuh aus, das zu jedem ihrer Kostüme passte. „Vielen Dank", sagte Kuh und trottete mit ihren Geschenken von dannen. Aber Giraffe schaute so unglücklich drein, dass Löwe Mitleid mit ihr bekam, obwohl sie kein einziges Wort sagen konnte. „Hier habe ich ein ganz besonderes Kostüm für dich", sagte der König, „und dazu ein passendes Paar Hörner." Giraffe zog ihr Kleid an und setzte ihre Hörner auf, und war gleich hübscher anzusehen. Löwe musterte sie von oben bis unten. „Und außerdem schenk ich dir einen langen Hals, damit du deine Feinde schon von weitem sehen kannst", sagte er. „Und dazu lange Beine, so dass du schnell weglaufen kannst." Da war Giraffe hocherfreut und trabte zufrieden davon.

Gerade als Löwe sich wieder umdrehen wollte, bewegte sich etwas zwischen seinen Tatzen. „He!", brüllte er und sprang in die Luft, und ehe der Missetäter sich aus dem Staub machen konnte, hatte Löwe ihn unter seinen Pranken zerquetscht. Es war Spitzkopfeidechse, die mit schwarz und blau geschlagenem Kopf zwischen Löwes Tatzen hervor kroch. „Da bist du selber schuld", sagte der König. „Jetzt wirst du immer einen blauen Kopf haben."

Eine blauköpfige Baumagame

Allmählich wurde Löwe ungeduldig, denn die Sonne stand schon tief und der Magen fing ihm an zu knurren. Milch und Honig sind wirklich nicht das Fressen, das dem König der Tiere zusteht. Jetzt mussten also die Tiere nehmen, was sie kriegen konnten. Pavian bekam einen Schwanz, der wie eine Sichel aussah. Pfeifhase und Maulwurf erhielten einen langen dünnen, den sie aber nicht wollten, weshalb sie ihn insgeheim vergruben. Da hatten sie nun gar nichts. Ziegenbock bekam einen Bart, und ehe Ziege sich's versah, hatte sie auch einen. Die Tiere glucksten untereinander, aber König Löwe drängte zur Eile. „Der Nächste! Der Nächste!", rief er. Hippopotamus bekam vier riesige Zähne verpasst, und Schlange erhielt aus Versehen Löwes Kalebasse mit Kräutermedizin, die er einem Jäger gestohlen hatte. Schlange würgte das Gebräu auf einen Zug hinunter. Es begann zu gären, und Schlange wollte es wieder ausspeien; es verwandelte sich in Gift, und sie wollte einfach nur zubeißen.

„Hackt ihr die Beine ab!", schrie König Löwe. Aber das nutzte nichts. Schlange war bereits so wahnsinnig, dass sie einfach auf dem Bauch davon glitt, und noch heute beißt sie alles, was sie sieht, und ihr Gift ist gefährlicher denn je.

Iltis wiederum bekam Frau Löwes kleinen Dufttopf in die Pfoten und kippte den ganzen Inhalt über sich aus. Ach, war das ein Gestank! Die Tiere hielten sich die Nase zu und packten, was immer sie konnten: Hörner, Hufe und Wedelschwänze. Und dann rannten sie Hals über Kopf davon. „Und was ist mit uns?" winselten Hyäne und Schakal, die noch immer nichts hatten, weil sie zu wählerisch waren. Löwe, den das alles sehr angestrengt hatte, schaute in die Runde, aber es waren nur noch ein Wimmern und ein Lachen übrig. „Nehmt, was ihr wollt", sagte er, und seht zu, dass ihr weiterkommt!" Die beiden mussten sich nehmen, was noch da war. Und so kommt es, dass Hyäne noch heute das lauteste Lachen unter allen Tieren hat und es kein Tier gibt, das Schakal im Wimmern übertreffen würde.

Als alte Schildkröte schließlich zu der Stelle kam, wo Löwe die Geschenke überreicht hatte, war von Tieren und Geschenken weit und breit nichts mehr zu sehen. So kommt es, dass sie noch heute in dem Hornpanzer herumtrudelt, den Krokodil für sie gemacht hat.

Und Frosch lebt ganz nackt im Wasser. Beim langen Warten war ihm so heiß geworden, dass er ein schnelles Bad genommen hatte, aber irgendjemand hatte ihm seine Kleider gestohlen. Jetzt ist er zu schüchtern, um sich vor den anderen Tieren zu zeigen. Wenn er sich ein wenig sonnt und hört, wie sich etwas bewegt, hüpft er sofort ins Wasser. Aber nachts, wenn es dunkel ist, kommen er und seine Brüder heraus, und dann hört man sie klagen. „Wo? Wo? Wo?", jammert einer. „Kleider! Kleider! Kleider!", jammern die anderen.

Wisenswertes

Paul Kruger und James Stevenson-Hamilton – Männer mit einer Vision

Stephanus Johannes Paulus Kruger, kurz Paul Kruger, war ein zielstrebiger, heimat-liebender und naturverbundener Mann. Der Bure wurde 1825 auf der Farm seines Großvaters in der Kapprovinz geboren. Als Jugendlicher zog er mit seinem Vater nach Transvaal, einem unabhängigen Burenstaat im heutigen Norden Südafrikas. Trotz ge-ringer Schulbildung stieg er in der Führung des jungen Staates rasch auf. Unter seiner Leitung wurden beim Burenaufstand von 1880/81 die Engländer, die an den Diaman-tenvorkommen in Transvaal interessiert waren, zurückgeschlagen. Zwei Jahre später wurde Kruger zum Präsidenten von Transvaal gewählt.

Zeit seines Lebens war Paul Kruger ein begeisterter Jäger. Die starke Dezimierung der Tierbestände durch rücksichtsloses Jagen und Wilderei ließ ihn jedoch über einen geeigneten Schutz der großen Wildtiere nachdenken. Im Osten von Transvaal gab es

Gebiete, in denen eine dauerhafte Besiedlung wegen der hohen Ma-lariagefahr nicht möglich war. In der Trockenzeit zogen jedoch zahl-reiche Großwildjäger durch diese Gegenden und schossen auf alles, was sich bewegte. Auf Druck der Bürger in den umliegenden Ge-meinden, brachte Kruger 1886 im Parlament in Tshwane (Pretoria) ei-nen ersten Antrag auf Ausweisung eines Schutzgebietes ein. Dieser Antrag scheiterte jedoch zunächst. In der Folgezeit lud Kruger immer wieder Abge-ordnete zur Wildtierbeobachtung ein und hielt im Parlament flammende Reden für den Tierschutz. Doch erst zwölf Jahre später, am 26. März 1898, war es dann soweit. Das Parlament unterzeichnete einen Vertrag über einen so genannten "Regierungs-Wildgarten". Ein 4.600 km² großes Areal zwischen dem Sabie River und dem Crocodile River wurde ausschließlich zum Schutz der großen Wildtierarten bereitge-stellt. Doch schon 1900 verloren die Buren die entscheidende Schlacht um Transvaal gegen die Engländer, Kruger musste ins Exil in die Schweiz und der Gedanke an einen umfassenden Wildtierschutz schien gestorben.

Die Briten lösten nach ihrem Sieg über die Buren das Schutzgebiet jedoch nicht auf, sondern setzten den Major James Stevenson-Hamilton zum Oberaufseher über das Reservat ein. Stevenson-Hamilton wollte jedoch weit mehr als bloßer Verwalter des Gebiets sein. Besser hätte es für den Wildtierschutz überhaupt nicht kommen können, denn der britische Major war ein noch größerer Naturliebhaber als Kruger. Schon in den ersten Jahren erweiterte er das Schutzgebiet gegen den Widerstand von Viehzüchtern, Goldgräbern und Bergwerksgesellschaften um ein Vielfaches. Er plante schon früh ein modernes Reservatskonzept, um Besucherströme in die Schutzgebiete zu leiten. Ein besonderes Anliegen war ihm dabei der Wiederaufbau des Elefantenbestandes, da es aufgrund des Krieges gegen die Buren nur noch eine Handvoll Exemplare in dem Gebiet gab. Der Erste Weltkrieg unterbrach jedoch die ehrgeizigen Pläne des Majors.

Nach dem Krieg machte Stevenson-Hamilton dann die Öffentlichkeit auf die Belange des Wildtierschutzes aufmerksam. Er organisierte ganze Sonderzüge mit Besuchern aus Tshwane (Pretoria) und Johannesburg. Die Lobby für die Einrichtung eines Nationalparks wurde immer stärker. Als auch noch Piet Grobler, ein Großneffe Paul Krugers, zum "Minister of Lands" ernannt wurde, konnten endlich Nägel mit Köpfen gemacht werden. Farmer wurden umgesiedelt oder enteignet und das gesamte Schutzgebiet auf die heutige Größe von knapp 20.000 km² ausgeweitet. Am 31. Mai 1926 war es dann soweit: Das Parlament billigte den "National Park Act" und die Einrichtung des ersten Nationalparks Südafrikas: des "Kruger National Park of South Africa".

KwaZulu-Natal

Wie Hlakanyana das Ungeheuer überlistete

Der Trickster Hlakanyana gehört zu den zentralen Figuren der Zulu-Mythologie, ist aber auch bei anderen Völkern Südafrikas wohl bekannt, wenn auch gelegentlich unter anderem Namen – so ist er z. B. für die Tsonga der Hase Mpfundlwa. Die folgende Geschichte besagt, das Hlakanyana – wie viele andere Zwerge auch – von der Schläue und Weisheit seiner Ahnen durchdrungen ist, was es ihm ermöglicht, seinen Mitmenschen ein Schnippchen zu schlagen und selbst immer etwas im Bauch zu haben. Er verkörperte somit den Wunschtraum der meisten südafrikanischen Völker, die im wirklichen Leben günstigenfalls hoffen durften, eher schlecht als recht ihr Dasein fristen zu können.

Dieses Buch hat es sich zur Aufgabe gemacht, Ihnen, den Lesern, Einblicke in die Kultur der Menschen Südafrikas zu geben. Und zum kulturellen Erbe eines jeden Landes und Volkes auf dieser Erde gehören, zumindest nach meinem Ver-

Einfahrt zum Ithala Game Reserve

ständnis, auch deren Geschichten, Mythen und Volksmärchen. Sie, die Leser, erfahren diese Geschichten mit diesem Buch. Viel spannender ist es jedoch, sich auf den Weg zu machen zu den Menschen, die mit diesen Geschichten groß geworden sind und sie Ihnen vielleicht auch heute noch erzählen können.

Landschaftlich reizvolle Straßen in den Gegenden um Ngome, Nongoma, uLundi und Melmoth führen ins Zentrum der Zulu-Kultur, wie z. B. zum Palast des derzeitigen Königs der Zulu Goodwill Zwelithini (bei Nongoma), zu den Gräbern seiner verstorbenen Vorfahren und zu den Menschen seines Volkes. Und die werden Ihnen mit Sicherheit, wenn Sie bei ihrer Südafrikareise danach fragen, noch viele weitere spannende Geschichten von Hlakanyana erzählen können.

Hlakanyana hatte seine Mutter verlassen und war von Zuhause fortgelaufen, weil die Krieger Jagd auf ihn machten. Bei seiner Wanderung über die Erde fehlte ihm etwas, um Musik zu machen, und er hatte auch nichts Schönes, über das er hätte singen können. Er war sehr müde und sehr hungrig.

Auf einem kleinen Hügel, von dem aus er weit in alle Richtungen blicken konnte, begegnete Hlakanyana einem Hasen, der seinen Bau im hohen Gras hatte.

Hase ist klug und ein schneller Läufer. Hlakanyana konnte sich nicht unbemerkt an ihn heranschleichen, geschweige denn, ihn fangen. So begrüßte er ihn und setzte sich auf einen Stein, um mit ihm zu reden. „Wie kommt es, dass du so lange Ohren hast?", fragte er. „Damit ich Dinge hören kann, noch ehe sie geschehen."

„Kannst du eine Flöte spielen hören?" Hase lauschte und sagte, dergleichen könne er nicht hören. „Als ich vom Fluss her kam, sah ich die Büffel im Schatten schlafen. Jetzt kommen sie hier entlang. Wenn wir nicht wegrennen, werden sie uns zertrampeln. Ich höre sie schon kommen", sagte Hlakanyana. Hase lauschte. „Ich kann sie nicht hören", sagte er. „Aber sie kommen auf uns zu galoppiert! Putz dir die Ohren und hör noch mal genau hin."

Hase putzte sich die Ohren mit einem Grashalm und lauschte wieder, aber die Büffel konnte er nicht hören. „Wir haben keine Zeit zu verlieren!", sagte Hlakanyana. „Leg die Ohren auf den Boden, dann wirst du bestimmt das Donnern ihrer Hufe hören." Hase senkte den Kopf und legte die Löffel flach auf die Erde.

Kaum hatte er dies getan, sprang Hlakanyana ihm auf die langen Ohren und drückte ihn fest auf den Boden. Hase war ge fangen. Er zappelte, aber er konnte nicht entkommen. Er war eine schmackhafte Beute, und Hlakanyana machte nicht viel Federlesens mit ihm: Er entfachte ein Feuer, um seine Mahlzeit zu rösten. Einen Knochen von Hases Hinterläufen behielt er zurück, um sich eine Flöte daraus zu schnitzen. Dann zog weiter und spielte auf seiner Flöte dieses Lied:

Ich traf den netten Hasen,
Einen keckeren gibt es nicht,
Jetzt kann ich Flöte blasen,
Die steht mir zu Gesicht.

Hlakanyana kam zu einer Stelle am Fluss, wo ein tiefer Teich lag. Am Rand des Teiches war ein Baum, und in seinen Zweigen döste ein Waran.
„Woher kommst du?" fragte Waran.
Hlakanyana spielte auf seiner Flöte und sang dazu:

Des Kannibalens Mutter,
Die ging mir auf den Leim.
Wir spielten mit uns Futter:
Wer wird wie schmackhaft sein?
Mich kriegte sie nicht gar,
Doch ich fraß sie mit Haut und Haar.

Waran bat Hlakanyana um seine Flöte, aber der wollte sie ihm nicht geben. „Dann komm ich runter und nehme sie dir weg", sagte Waran. So frech war er nur, weil der tiefe Teich genau unter ihm lag. Er brauchte nur hineinzuspringen, und niemand würde ihm folgen können. „Komm runter und hol dir die Flöte, wenn du kannst", sagte Hlakanyana.

Also kletterte Waran vom Baum herab. Er hatte einen langen, schweren Schwanz mit einem dünnen Ende, das wie der Riemen einer Viehpeitsche aussah. Hlakanyana wusste nicht, was Waran damit alles anstellen konnte. „Gib mir die Flöte, dann brauchen wir nicht darum zu kämpfen", sagte Waran. „Glaubst du, du kannst mich mit Worten schlagen, weil du eine gespaltene Zunge hast?", fragte Hlakanyana.

Unversehens schlug Waran mit seinem langen Schwanz aus. Durch die Wucht wurde Hlakanyana umgerissen, er fiel zu Boden, und die Flöte rollte davon. Waran schnappte sie sich, sprang ins Wasser und verschwand in den Tiefen des Teiches. So wurde Hlakanyana überrascht und verlor die Flöte.

Er lief weiter, aber das Herz war ihm schwer, weil er keine Musik mehr machen konnte. Die Flöte war unwiederbringlich fort. Als er stehen blieb, um

Das Boer Monument am Spioenkop

zu lauschen, hörte er Waran irgendwo in der Nähe des tiefen Teiches auf ihr spielen. Er spielte ein Lied, mit dem er die Kühe näher an den Fluss lockte, um ihnen dann die Hinterbeine mit dem Schwanz zu fesseln und sie zu melken.

Hlakanyana lief lange Zeit weiter, ohne innezuhalten. Die Sonne ging bereits unter, und noch immer war er auf seinem Weg niemandem begegnet, der ihn hätte leiten können. Schließlich sah er eine sehr merkwürdige Gestalt unter einem Baum sitzen. Es war ein Ungeheuer, denn es hatte nur ein Bein und nur einen Arm. Sein Körper hatte nur eine Hälfte, es hatte ein halbes Gesicht, ein einziges Auge und lange Zähne auf dieser einen Seite. Aus der anderen Körperhälfte wuchs Gras.

Hlakanyana bekam es mit der Angst zu tun. Er wollte weglaufen. Doch er sah, dass das Ungeheuer einen großen Laib gedämpftes Brot aß, den es in der einen Hand hielt. Der verlockende Duft des Brotes ließ Hlakanyana das Wasser im Munde zusammenlaufen. Das Ungeheuer riss mit seinen Zähnen Brocken aus dem Brotlaib.

„Was willst du? Verschwinde, oder ich reiß dich auseinander und fresse dich auch", zischelte das Ungeheuer. Beim Sprechen hörte sich die Luft seines Atems an wie Pfeifen im Gras. „Ich geh ja schon. Warum solltest du mich fressen? Ich hab dir doch nichts getan", antwortete Hlakanyana und setzte seinen Weg fort.

Er kam zu einigen Büschen und versteckte sich hinter ihnen, um das Ungeheuer zu beobachten. Das Ungeheuer beendete seine Mahlzeit und legte sich bald darauf auf die Seite wie jemand, der schlafen möchte. Hlakanyana wartete ein Weilchen. Dann schlich er sich zurück, shi-shi-shi. Das Ungeheuer schlief tief und fest; bei jedem Schnarcher wiegten sich die Grashalme auf der anderen Kopfhälfte hin und her. Hlakanyana sah die bauchige Tasche neben dem Ungeheuer liegen. „In der Tasche muss noch ein weiterer Laib gedämpftes Brot sein", dachte er.

Mit schlotternden Knien kroch er näher. Lautlos öffnete Hlakanyana die Tasche, steckte die Hand hinein und holte einen Brotlaib heraus, der noch größer war als der, den das Ungeheuer aufgefressen hatte. Genau in diesem Augenblick begann der Würgevogel im Baum zu schreien: „Wen töte ich? Wen töte ich? Wen töte ich? Die Diebe stehlen dir deinen roten Ochsen!"

Das Ungeheuer wachte auf und sah Hlakanyana mit dem Laib Brot davonlaufen. Im Nu sprang es hoch und nahm die Verfolgung auf. „Halt! Ich verseng dir das Haar! Ich röste dich am Spieß!", brüllte es.

Auf einem langen Bein hüpfend, rannte es Hlakanyana hinterher. Selbst einbeinig kam es flink voran! Beim Rennen pfiff ihm der Wind durchs Gras, das ihm auf der anderen Körperhälfte wuchs. Hlakanyana rannte so schnell, dass er fast über die eigenen Füße stolperte. Mit den Fersen trat er sich selbst gegen das Hinterteil. Das Ungeheuer hatte Hlakanyana fast eingeholt. Schon streckte es die Hand aus, um ihn zu packen. Vdi-ndi-ndi stampfte sein Fuß beim Hüpfen.

Da sah Hlakanyana unter Bäumen versteckt die Öffnung einer Schlangenhöhle. Mit seinem Brotlaib sprang er in das Loch hinein und krabbelte so weit, bis er nicht mehr weiterkam. Nun saß er fest.

Das Ungeheuer hatte ein langes Bein und einen nicht minder langen Arm. Es schob seine Hand immer tiefer in das Loch hinein, tastete umher, und schließlich bekam es Hlakanyana am Knöchel zu packen.

„Ha, ha, ha! Zieh nur, du hässlicher Kerl; du hast eine Baumwurzel erwischt!", rief Hlakanyana. Das Ungeheuer hörte ihn. An eine Baumwurzel wollte es seine Kraft nicht verschwenden. Deshalb ließ es Hlakanyanas Bein los und tastete mit der Hand weiter in der Schlangenhöhle umher. Da bekam es eine starke Baumwurzel zu fassen.

„Wa! Wa! Maye!" brüllte Hlakanyana. „Lass mich los! Du bringst mich um, du Kannibale!" Das Ungeheuer ließ nicht locker. Es zog und zog und zerrte mit aller Kraft an der Baumwurzel. Der Schweiß tropfte ihm von der Spitze seines halben Kinns.

„Ach, Vater! Ich werde entzwei gerissen!", schrie Hlakanyana. „Hab Erbarmen mit mir - ich gebe dir auch dein Brot zurück!" Das Ungeheuer zog noch lange an der Wurzel weiter, dann wurde es müde, und seine Finger konnten die Wurzel nicht mehr halten. Es gab den Kampf auf und machte sich davon.

Da kam Hlakanyana aus der Schlangenhöhle gekrochen. Er setzte sich auf einen Stein und aß, bis er satt war. Als er sein Mahl beendet hatte, griff er nach seinem Stock und zog weiter.

Fischer in der Kosi Bay

Wissenswertes

Tokoloshe
und andere mystische Wesen

Mythen sind bekanntlich Geschichten, die sich die Menschen erzählen, um das Leben, Personen oder bestimmte Ereignisse zu verstehen – im Besonderen dann, wenn logische Erklärungen fehlen. So dienten sie auch schon vor langer Zeit dazu, die großen, kosmischen Fragen zu beantworten: „Woher kam der erste Mensch?" oder „Was passiert nach dem Tod?" oder „Woher kommt das Böse?".

Manche Kulturen auf dem afrikanischen Kontinent existieren schon länger als 6.000 Jahre, lange bevor die großen Reiche der Ägypter, Griechen und Römer gegründet wurden. Ihren Mythen liegen die ganz eigenen Glaubensbekenntnisse der verschiedenen Völker zu Grunde und beruhen auf dem ihnen – zu der Zeit ihrer Entstehung – bekannten Wissen.

Diese Mythen wurden, lange bevor sie aufgeschrieben werden konnten, von den Geschichtenerzählern vorgetragen und von Generation zu Generation ausschließlich mündlich weitergegeben. So wie sich die Menschen unseres Kulturkreises schon vor langer Zeit Sagen erzählt haben, die vom Teufel oder von Hexen handeln, so erzählten sich die Menschen in Afrika Geschichten, die von bösen Dämonen und Geistern handeln. Hier wie dort erzählten sich die Menschen diese Geschichten, vor allem dann, wenn bestimmte Ereignisse nur mit dem Übernatürlichen erklärt werden konnten. So wurden viele schlimme Geschehnisse – seien es Krankheiten, Todesfälle oder Naturkatastrophen – auch bei den Völkern Südafrikas den bösen Dämonen zugeschrieben. Vier dieser Dämonen stellen wir Ihnen hier vor.

Tokoloshe

Die Zulu und die Xhosa erzählen sich gruselige Geschichten von einem zwergenähnlichen Dämon, dem Tokoloshe. Das Xhosa Wort uTikoloshe bedeutet "kleiner Geist" oder "kleiner Teufel" und leitet sich möglicherweise vom isiXhosa-Begriff uthikoloshe ab.

Der Tokoloshe soll ein kleiner, haariger Wicht sein, der zu einem Teil in einem mystischen Königreich, und zum anderen Teil in unserer Welt leben soll. Er besitzt das Gesicht eines alten Mannes und den Körper eines jungen, er hat nur einen Arm und nur ein Bein. Einige Menschen, die ihn gesehen haben wollen, berichten auch davon, dass der Tokoloshe einen besonders langen Penis haben soll, so lang, dass er ihn sich über die Schulter legen muss. Man könnte ihn auch als eine Mischung aus Zombie, Poltergeist und Gremlin.

beschreiben. Der Tokoloshe hält sich bevorzugt auf Flussbänken auf. Verschluckt er einen Kiesel, wird der Dämon unsichtbar. Und er ist ein böser Dämon, der vor allem hinter Frauen und saurer Milch her ist. Das Wasser verlässt er nur, um seinen großen Sexualtrieb mit einer Frau auszuleben.

Ihm wird nachgesagt, dass er sich unter dem Bett versteckt und die Menschen im Schlaf angreift. Und daher gibt es auch heute noch Menschen in Südafrika, die ihre Betten mit Backsteinen erhöhen, um sich vor dem Tokoloshe zu schützen. Auch das Aussprechen seines Namens wird von vielen vermieden, da befürchtet wird, er könnte daraufhin in Erscheinung treten. Aber nur von Kindern soll er gesehen werden können – ihnen gegenüber zeigt er Güte und baut sogar Freundschaften mit ihnen auf.

Der Tokoloshe will dem Menschen schaden, wird jedoch nur gefährlich für ihn, wenn er von einem bösen Zauberer kontrolliert wird. Daher wird er oft mit einem Geist assoziiert, der gerufen wird, um einem Anderen zu schaden, was auch erklärt, weshalb der Tokoloshe großen Schrecken verbreitet. Die einzige Möglichkeit sich vor Tokoloshe zu schützen ist, einen Schamanen zu rufen, der die Kraft besitzt, Tokoloshe zu vertreiben.

Abatwa

In der Mythologie der Zulu existieren Menschen, die so klein sind, dass sie sich unter einem Grashalm verstecken und sogar auf Ameisen reiten können. Diese kleinen Menschen werden Abatwa genannt.

Sie sollen als Nomaden in den Bergen und Hügeln des südlichen Afrikas leben und dem Wild folgen, das sie in einem Stück auffressen, wenn sie es erlegt haben. Auf ihren Reisen soll die gesamte Abatwa-Gruppe auf einem Pferd sitzen, alle zusammen und alle hintereinander. Finden sie auf ihrer Reise keine Beute, so fressen sie ihr Pferd auf.

Nur kleine Kinder können die Abatwa-Menschen sehen, da sie sehr scheu sind. Auch Schwangeren oder Heilern zeigen sie sich von Zeit zu Zeit.

Die Zulu erzählen, trifft man auf einen Abatwa, so wird er eine Frage stellen wie „Von wo hast Du mich zuerst gesehen?". Die Antwort auf die Frage muss der Art sein, dass man den Abatwa von einem Berg oder einem anderen, weit in der Ferne liegenden Ort gesehen habe. Denn dadurch bezeugt man, dass

der Abatwa groß ist, denn man habe ihn ja schon von Weitem sehen können. Die Abatwa sind nämlich in Bezug auf ihre geringe Körpergröße sehr empfindlich. Tritt man aus Versehen auf einen Abatwa, so wird man mit dem Tode bestraft.

Inkanyamba

In Howick, im Herzen von KwaZulu-Natal gelegen und schon seit langer Zeit bei Touristen vor allem wegen der spektakulären Wasserfälle des Umgeni-Flusses bekannt, soll ein unheimliches Wesen leben. Es wird erzählt, dass das Wesen genau dort leben soll, wo das herabstürzende Wasser am Fuß der Howick-Fälle aufschlägt. Aber nur die wenigsten Touristen, die dort anhalten um den Wasserfall zu bewun-dern, wissen von der Existenz dieser mystischen Wesen.

Die Zulu sagen, dass dort Inka-nyamba, eine schlangenähnli-che Kreatur lebt, deren Kopf wie der eines Pferdes oder einer Antilopen geformt sein soll. Manche erzählen auch von mehreren Köpfen. Viele Zulu glauben, dass nur ein Sango-ma, ein traditioneller Heiler sich dem Becken gefahrlos nä-hern kann. Andere Menschen würden sofort angegriffen.

Vor allem in den Som-mermonaten soll Inkanyamba

sehr aktiv sein. Verlässt das Wesen sein Wasserbecken, zieht ein fürchterlicher Sturm auf. Inkanyamba erhebe sich dann in den Himmel, um sein Territorium zu verteidigen oder um einen Partner zu finden. Es reite auf der Sturmwolke, gefolgt von fürchterlichem Regen und Hagel. Sieht das Wesen vom Himmel aus ein glänzendes Dach, so vermutet es eine spiegelnde Wasseroberfläche. Kommt Inkanyamba näher und erkennt, dass es ausgetrickst worden ist, rächt es sich, indem es das Dach abdeckt, nahe stehende Bäume entwurzelt und Hagel und starke Winde schickt. Viele Menschen streichen daher ihre Dächer an, um diesem Schicksal zu entgehen.

Auch vermeiden die Zulu, den Namen des Wesens auszusprechen, um seine Aufmerksamkeit nicht auf sich zu ziehen. Einige Menschen aus den umliegenden Dörfern schwören, das Wesen schon einmal im Pool, natürlich aus der Ferne gesehen zu haben – zu groß, als dass es ein Aal gewesen sein könnte. Andere wiederum kennen Menschen, deren Verwandte von der Kreatur aufgefressen worden sein sollen.

Mamlambo

In Südafrika soll ein weiteres Monster leben, dass die Südafrikaner unter dem Namen Mamlambo oder auch "afrikanischer Gehirn-Aussauger" kennen. Mamlambo ist eine krokodilähnliche Kreatur, die im Mzintlava-Fluss in der Nähe des Mount Ayliff leben soll. Das Wesen soll zwei glühende grüne Augen besitzen, die jeden, der unglücklich genug ist und Augenkontakt mit dem Mamlambo hat, hypnotisiert. Dann zieht es seine Opfer in den Fluss, wo es ihnen die Gesichter abzieht, ihr Gehirn ausschlürft und schließlich auch das Blut trinkt.

Augenzeugen erzählen, dass Mamlambo bis zu 20 m lang sein soll. Es hat einen langen Schwanz, vier kurze Beine, einen krokodilähnlichen Körper und einen langen, schlangenähnlichen Hals mit einem pferdeähnlichen Kopf.

In der Mythologie der Zulu ist Mamlambo auch die Göttin der Flüsse. Man sagt, dass die Gottheit Gewitter liebt und an den Tagen, wenn es donnert und blitzt, besonders häufig erscheint.

KwaZulu-Natal / Shakaland

Shaka Zulu –
Der Napoleon Afrikas

Wer einen Einblick in die einstige, traditionelle Lebensweise der Zulu haben möchte, sollte das Museumsdorf "Shakaland" in der Nähe von Eshowe besuchen. Es ist das älteste "Zulu Cultural Village" im Zululand und wurde ursprünglich als Kulisse für den Film "Shaka Zulu" errichtet. Shakaland stellt den Kraal von Senzangakhona dar, dem Vater des legendären Zulu-Königs Shaka, der die verschiedenen Clans und Stämme im Zululand mit harter Hand vereinte und damit die Zulu-Nation begründete. Shakaland liegt in wundervoller Lage in den Entembeni Hügeln, mit weitem Blick über das Buschland und dem stillen Pobane See. Besucher können an einer Führung durch das Zulu-Dorf teilnehmen, das von Chief Malinga und seiner Familie bewohnt wird. Das traditionelle "Umuzi" besteht aus mehreren geflochtenen Zulu-Rundhütten, die ringförmig um den Rinderkraal angeordnet sind. Während der Führung werden das Sozialsystem und die Lebensweise der Zulu erläutert, ihre Riten und Gebräuche sowie die Bedeutung von Kleidern und Schmuck. Ausserdem werden die Kampftechnik der

Zulu-Männer am Lagerfeuer

Zulu demonstriert sowie verschiedene handwerkliche Fertigkeiten. Anschließend kann man das Zulu-Bier kosten und an einem traditionellen Essen teilnehmen.

Noch heute ist Shaka eine der bekanntesten Figuren der afrikanischen Geschichte. Für die Zulu bleibt er der Nationalheld: Jeden September feiern sie den "König Shaka Tag", der mit einer Zeremonie am Denkmal nahe des Sterbeortes von Shaka in KwaDukuza begangen wird. In der Ideologie der Inkatha, der südafrikanischen Zulu-Partei, nimmt er als Gründer der Nation eine zentrale Rolle ein. Aber wer war Shaka genau? Wer mehr über ihn erfahren möchte, wird auf den nun folgenden Seiten fündig.

Shaka (* um 1788 in der Nähe des heutigen Ortes Melmoth im ehemaligen Homeland KwaZulu; † 22. September 1828) war der Häuptling der Zulu, der den Aufstieg des Stammes von einem kleinen Clan zu einem großen Volk mit Macht über einen Großteil des Gebiets des heutigen Südafrika erreichte. Seinem Erfolg bei der militärischen Überwindung seiner Feinde und seinem Geschick bei der Eingliederung der Unterworfenen verdankt Shaka seinen Ruf, einer der herausragendsten Häuptlinge der Zulu gewesen zu sein.

Shaka war der (illegitime) älteste Sohn eines Zulu-Häuptlings und der Tochter eines Häuptlings des Stammes der Langeni. Sein Name kommt vom Zulu-Wort iShaka, einem Käfer, der für Unregelmäßigkeiten des weiblichen Zyklus verantwortlich gemacht wurde. Dieser Name verweist auf seine uneheliche Herkunft: Er wurde versehentlich beim Brauch des Uku-Hlobonga gezeugt, einer Art Petting, das eine sozial akzeptierte Form des sexuellen Umgangs junger Leute darstellte. Von seinem Vater verleugnet, verbrachte Shaka seine ersten sechs Lebensjahre in dessen Kraal, wo er von anderen gehänselt wurde. Nach dem traditionellen Tieropfer eines Schafes durften er und seine Mutter zu den Langeni zurückkehren, wo sie jedoch auch nicht willkommen waren. Shaka vergaß diese Behandlung nicht und sollte später schreckliche Vergeltung üben. Schließlich fanden die beiden Unterschlupf bei Nandis Tante, die dem emDletsheni-Clan angehörte, die vom mächtigen Stamm der Mthethwa und ihrem alternden König Jobe beherrscht wurden. Der Nachfolger von Jobe war sein Sohn Dingiswayo Godongwane. Als Shaka 23 Jahre alt war, wurde er ins iziCwe-Regiment eingefügt. Dort diente Shaka sechs Jahre lang als

Krieger und zeichnete sich durch besonderen Mut aus, sodass er schließlich in den Rang eines Generals aufstieg.

Bereits zu diesem Zeitpunkt war sein Ruf als Krieger legendär und er trug daher die Beinamen "Besieger der Tausend" und "Zier der Regimenter". Dingiswayo hatte aus dem Exil, in das er als Strafe für einen gescheiterten Putsch gegen seinen Vater geschickt worden war, neue Konzepte der militärischen Organisation mitgebracht, insbesondere das Impi (Regiment) und die Befehlskette. Bis zu jener Zeit waren die meisten Kämpfe nur deswegen ausgetragen worden, um Streitigkeiten zu entscheiden. Die neuen Techniken änderten die Situation dramatisch. Die erstarkten Armeen verursachten das "Mfecane", das in etwa "Zerquetschen" oder "Notzeiten" bedeutet. Es steht für eine Periode von Chaos, kriegerischer Unruhe und Migration im südlichen Afrika zwischen 1815 und ca. 1835, die durch den Aufstieg Shakas bedingt wurde. Shaka verbesserte die militärischen Techniken sowohl in seiner Dienstzeit unter Dingiswayo wie auch später, um seine eigene Macht unter die Zulu auszuweiten.

Nach dem Tode Senzangakonas half Dingiswayo Shaka, seinen Bruder zu besiegen und 1816 die Führung über die abakwaZulu zu übernehmen, den Stamm seines Vaters. Seine erste Handlung war die Rache an den Feinden seiner Kindheit, von denen er viele pfählen ließ. Die Langeni, die ihm und seiner Mutter auch nicht geholfen hatten, erlitten das gleiche Schicksal. Shaka errichtete einen neuen Königskraal, den kwaBulawayo ("Stätte des Tötens"). Zu dieser Zeit war Shaka Herr über etwa 1.500 Stammesangehörige, von denen etwa 400 Männer die Armee bildeten. Das Stammesgebiet umfasste etwa 15 km². Später, auf dem Höhepunkt seiner Macht, sollte Shaka über 250.000 Menschen und ein Gebiet von 2.000 km Durchmesser herrschen. Bei seiner Rückkehr erkannte er Dingiswayo und die Vorherrschaft der Mthethwa noch an, doch schon ein Jahr darauf verriet er Dingiswayo an seinen Erzfeind Zwide, den König des

Shaka Zulu – Der Film

1986 entstand die Fernsehserie "Shaka Zulu". Die Geschichte basiert auf dem gleichnamigen Roman von Joshua Sinclair, der seinerseits auf die mündlich überlieferte Geschichte der Zulu zurückgriff. Die Serie war umstritten (in Deutschland wurde sie vom ZDF ausgestrahlt), weil sie an südafrikanischen Schauplätzen gedreht worden war, während das damalige Apartheidregime noch weltweit boykottiert wurde.

Ndwandwe-Clans aus dem Norden, der Dingiswayo tötete und die Herrschaft der Mthethwa zerschlug.

Von Shakas "Teile und Herrsche-Strategie" profitierte der kleine Zulu-Clan, der Anstalten machte, das Machtvakuum zu füllen. Shaka versuchte, mit den nun verstreuten Mthethwa und den Qwabe ein Bündnis gegen Zwide zu schließen. Als die Qwabe ablehnten, sammelte Shaka seine Truppen und besiegte die Qwabe am Ende des Jahres 1817. Shaka zielte darauf ab, diejenigen, die er nicht unterjochen konnte, zu vernichten. Dieses Schicksal erlitten in kurzer Zeit etwa 60 Stämme. Bald hatte Shaka sein Herrschaftsgebiet auf halb Südost-Südafrika ausgedehnt.

Die erste große Schlacht gegen Zwide von den Ndwandwe war die Schlacht am Gqokli-Hügel, auf Shakas Territorium. Dank meisterlicher Taktik gewann er den Kampf, obwohl die feindliche Streitmacht doppelt so groß war wie seine eigene. Seine Armee war jedoch zu klein, um den Ndwandwe eine entscheidende Niederlage beizubringen. Daher blieben diese Shakas Haupt-feind und in Erwartung des nächsten Angriffs ließ er Vorräte anlegen. Da er wusste, dass in der traditionellen Kriegführung der Haupt-Kraal angezündet wurde, um die Verteidiger auszuschalten, achtete er darauf, dass die Nahrung so gelagert wurde, dass sie im Notfall verlegt werden konnte. Im folgenden Jahr griff Zwide abermals an, musste aber nach einer fruchtlosen Suche nach Shakas Hauptstreitmacht und Verlusten durch verheerende Attacken wieder nach Norden abziehen. E. A. Ritter, der Autor von "Shaka Zulu – The Rise of the Zulu Empire" (ISBN 0947898999) beschreibt, wie Shaka vom Heerlager, das er in einem Wald aufgeschlagen hatte, Saboteure ausschickt, um den Feind zu unterwandern. Die Parole lautete „Bist du Ndwandwe?", worauf die Antwort „Ja, ich bin der echte Ndwandwe" folgte. Mitten in der Nacht erstachen die Spione die neben ihnen Liegenden und erhoben ein Geschrei, dass es den

Cultural Village der Zulu

Kriegern der Ndwandwe unheimlich wurde, sie Lagerfeuer entzündeten und die Nacht durchwachten, nachdem die Saboteure das Lager mit der Behauptung, sie hätten einen Zauberer auf einer Hyäne durch den Wald reiten sehen, verlassen hatten.

In der Schlacht am Mhlatuze griff Shaka Zwides Armee beim Übersetzen an, so dass die feindliche Streitmacht geteilt war und Zwide unterlag. Darauf eilten die Zulu zum Königskraal der Feinde, erhoben ihre Siegesgesänge und unterwarfen die überraschten Ndwandwe.

Die gesteigerte militärische Effizienz führte dazu, dass immer mehr Clans in das Zulu-Imperium eingegliedert wurden, während andere Stämme abwanderten, um außerhalb der Reichweite der Armeen Shakas zu sein. Der Effekt dieser massenhaften Migrationen (Mfecane) führte dazu, dass beispielsweise das heutige Volk der amaNdebele im weit entfernten Simbabwe seine Abstammung von Mzilikazi herleitet, einem der Generäle Shakas, der während eines Feldzuges zu geringe Tributzahlungen an Shaka abgeführt hatte. Die schlechte moralische Verfassung solcher Flüchtlingsclans machte es den Briten und den Voortrekkern leicht, sie zu unterjochen. So begünstigte Mfecane indirekt den Kolonialismus, der später zum Zulukrieg führte.

Als Shakas Mutter Nandi nach einer Krankheit starb, ließ Shaka 7.000 seiner Untertanen hinrichten und verordnete ein drei Monate langes Hungern zum Zeichen der Trauer. Dies schwächte seine Macht über die Zulu und gab seinen Gegnern Auftrieb. Shaka wurde von seinem Halbbruder und direkten Nachfolger Dingane mit Unterstützung seines Beraters erstochen. Erst Shakas Nachfolger trugen den militärischen Konflikt mit den Kolonialmächten aus.

Im späten 19. Jahrhundert waren die Zulu eines der wenigen afrikanischen Völker, die sich gegen die britische Armee behaupten konnten. Da Shaka Nachkommen stets als potentielle Rivalen um die Macht betrachtet hatte, hinterließ er keine Kinder. Er hatte zwar einen Harem von etwa 1.500 Frauen, aber diese waren hauptsächlich als Tauschobjekte oder Geschenke für andere Häuptlinge bestimmt. Das Fortbestehen der Blutlinie wurde durch seinen Halbbruder und späteren Nachfolger Mpande und den Induna Ndlela kaSompisi gesichert.

Shaka übernahm das militärische System, das Dingiswayo eingeführt hatte. Er war unzufrieden mit der Verwendung von Assegai, einem traditionellen Wurfspieß, von denen die Zulukrieger jeweils drei trugen. Er sah keinen Sinn darin, eine Waffe fortzuwerfen, und hielt dies außerdem für einen Akt der Feigheit. Daher bat er seinen Schmied, ihm eine neue Waffe zu entwerfen – den Iklwa, einen kurzen Stoßspeer mit einer langen Klinge als Spitze. Der Name ist eine Nachahmung des Geräusches, das beim Eindringen und Herausziehen der Waffe aus dem Körper entsteht. Shaka führte auch einen größeren,

Shaka Zulu, Stich aus dem Jahre 1824

schwereren Schild aus Kuhhaut ein, der dazu gebraucht wurde, den Schild des Gegners zur Seite zu stoßen, um einen tödlichen Speerstich anzubringen. An der Waffe musste nach der Schlacht Blut kleben, sonst drohte dem betreffenden Krieger der Vorwurf der Feigheit.

Die Streitmacht Shakas, die nun in eigenen Kriegerkraalen untergebracht war, zeichnete sich durch Disziplin und Nahkampfstärke aus. Als erster Häuptling führte er militärisches Training ein und sogar Uniformen. Um seine Männer abzuhärten, schaffte Shaka die Ledersandalen ab und ließ sie barfuß kämpfen. Shakas Soldaten konnten an einem einzigen Tag über 80 Kilometer zurücklegen und so ihre Gegner überraschen. Er verbot seinen Soldaten unter Strafe den Geschlechtsverkehr und nahm selbst Sechsjährige als Krieger-Lehrlinge auf, die Proviant und Waffen trugen, bis sie selbst der kämpfenden Truppe beitreten konnten. Vor Shaka war die afrikanische Kriegsführung geprägt von Massenangriffen und dem Einsatz von Wurfspeeren. Ausgeklügelte Manöver waren unbekannt. Shaka änderte dies durch die Einführung seiner berühmt gewordenen Kampftaktiken.

Die Impi wurden in vier Gruppen geteilt, die während der Schlacht eine Ordnung einnahmen, die die Form eines Stierkopfes hatte. Die kampfstärkste Gruppe bildete dabei den "Brustkorb" und griff den Feind frontal an. Die zweite und dritte Gruppe bildeten die "Hörner", die gleichzeitig die Gegner mit einer Kreisbewegung umzingelten, um Flucht oder Rückzug zu verhindern. Die letzte Gruppe bildete die Reserve. Shaka selbst beobachtete die Schlachtordnung von einem erhöhten Ort aus und ließ Befehle an die Kämpfergruppen von Boten überbringen. Shakas Strategie im Einsatz dieser Taktiken war einfach: Seine ersten Angriffe zielten auf kleinere Horden und Clans, die leichte Opfer waren. Dann stellte er die Überlebenden vor die Wahl, zu seinen Streitkräften überzulaufen oder getötet zu werden.

Diejenigen, die sich zum Übertritt entschlossen, mussten ihren alten Stammesbindungen entsagen. Sie wurden zu Zulu, erhielten eine Ausbildung in den neuen Kampftechniken und wurden in die Regimenter integriert. Versagen oder das Zeigen von Furcht waren Shaka verhasst und konnten mit dem Tode bestraft werden. Ebenso, wie siegreiche Regimenter bei der Heimkehr ausgezeichnet wurden, beispielsweise durch die Erlaubnis, zu heiraten, wurden Krieger, die negativ aufgefallen waren, bei der Rückkehr am Königskraal aus den Reihen gezerrt und durch Schläge oder das Brechen des Genicks getötet. Shaka machte die afrikanische Kriegsführung, die vorher stark ritualisiert und auf minimalen Verlust von Menschenleben ausgerichtet war, zu einem Instrument der Unterjochung durch brutales Gemetzel. Schätzungen sprechen von bis zu einer Million Opfern in seinen Kriegen. Auch ein halbes Jahrhundert nach Shakas Tod waren seine Taktiken noch bei den Zulu in Gebrauch, was seinen Ruf als einflussreichster afrikanischer Militärführer untermauert und ihm den Beinamen "Napoleon von Afrika" einbrachte. Außerdem gilt er als Begründer des Gedankens einer Zulu-Nation. Obwohl Shaka bereits Kontakt mit Europäern vom britischen Empire gehabt hatte, starb er, bevor es zu einer militärischen Auseinandersetzung mit den fremden Soldaten mit ihren Steinschlossgewehren kam.

Wenn Sie noch mehr zur Zulu-Kultur und John Dunn, dem berühmten "Weißen Zulu-Häuptling" erfahren wollen, empfehle ich Ihnen die folgenden Internetseiten: www.visitzululand.co.za (siehe Rubrik "Heritage")
www.zulu.org.za / www.heritagekzn.co.za / www.literarytourism.co.za

Zulu-Tänzer in Shakaland

KwaZulu-Natal – Free State / Drakensberge

Volksmärchen der Sotho

Die Drakensberge sind eine über 1.000 Kilometer lange Bergkette, die sich vom nordöstlichen Mpumalanga an der Panorama Route bis zum weit südwestlich gelegenen Eastern Cape erstreckt. Für die Buren, die als Erste nach Norden zogen, sahen diese nebelverhangenen, zerklüfteten und bis zu 3.482 m hohen Berge mit ihren zahlreichen Schluchten, Kämmen, Höhlen, Überhängen und Zinnen wie der Rücken eines riesigen Drachens aus. Daher rührt der Name Drakensberge. Für die Zulu klangen die Stürme, die im Sommer um die Gipfel donnern, wie mit Speeren auf ihre Schilde schlagende Krieger. Daher nannten sie die Gebirgskette "uKhahlamba" was übersetzt "Wand der aufgestellten Speere" heißt.

Im Jahre 2000 wurde der uKhahlamba-Drakensberg Park, unmittelbar an der Grenze zu Lesotho gelegen, zum vierten UNESCO-Welterbegebiet in Südafrika erklärt. Er ist damit eine von nur 23 solchen Stätten auf der ganzen Welt, die sowohl für ihren natürlichen als auch ihren kulturellen Wert anerkannt

Die Drakensberge

wurden – vergleichbar mit Machu Picchu in Peru oder dem Ayers Rock in Australien. Wegen der klaren Bergluft fernab der Zivilisation, der zahlreichen Wasserfälle, Wildblumen und Vogelarten sind sie ein beliebtes Ziel für Touristen – und besonders all denen zu empfehlen, die gerne wandern gehen.

Am Fuße der majestätischen Maluti Mountains, wie die Drakensberge von den Sotho genannt werden, schmiegt sich das Basotho Cultural Village in die Landschaft. Es gewährt dem Gast einen tiefen Einblick in das Leben der Süd-Sotho. Sorgfältig werden hier die Traditionen und Bräuche dieses faszinierenden Volkes aufrechterhalten und zu neuem Leben erweckt. Bekannt und bei Touristen beliebt sind die traditionellen Basotho-Decken. Weniger bekannt sind die zahlreichen Volksmärchen der Sotho – und daher erzähle ich Ihnen an dieser Stelle zwei ausgewählte Geschichten, die von den Anfängen der Menschheit und von einem bösen Drachen erzählen.

Am Anfang

Vor langer, langer, sehr langer Zeit gab es noch nicht so viele Menschen wie jetzt. Es gab ihrer nur vier. Die vier waren Männer – vier Männer, die nicht verheiratet waren, weil es keine Frauen gab, die sie hätten heiraten können. Das war am Anfang. Diese vier unverheirateten Männer wohnten am Hang eines hohen Berges. Am Fuß dieses Berges war eine tiefe Schlucht, und auf der anderen Seite der Schlucht war ein anderer Berg.

Die vier Männer säten nicht und sie ernteten nicht, sie mahlten nicht und sie kochten nicht: Sie jagten nur. Sie fingen das Wild in Fallgruben oder erlegten es mit Pfeil und Bogen. Sie lebten von diesem Wildfleisch und brieten es über dem Feuer – dann aßen sie es, und wenn sie Durst hatten, tranken sie Wasser aus der Quelle. Sie jagten jeden Tag, denn jeden Tag braucht man Fleisch, um sich den Magen zu füllen. Ja, jeden Tag, jeden lieben Tag.

Eines Morgens sahen die vier Männer am Berghang auf der anderen Seite der Schlucht ein seltsames Ding. Sie schauten, schauten und schauten, aber sie blieben schwer von Begriff. Der eine sagte: „Burschen, ist das ein Ding, das ein Jäger schießen kann?" Und ein anderer sagte: „Es sieht eigentlich aus wie ein Mensch, aber wie kann es ein Mensch sein, wenn wir vier hier doch alle beisammen sind?" Der Erste stimmte ihm zu: „Ja, wie kann es ein Mensch sein, wenn es nicht jagt?"

Nein, diese Sache verstanden sie nicht. Deshalb begannen sie, das unbegreifliche Ding da drüben am Berghang auf der anderen Seite der Schlucht zu beobachten. Aber sie wagten es nicht, näher zu gehen, denn sie fürchteten das Unbekannte. Sie gingen nicht näher, stattdessen redeten sie den ganzen Tag über das seltsame Ding: „Es ist ein Ding, das nicht jagt." „Warum sehen wir keinen Rauch? Wenn es ein Mensch ist, macht es doch Feuer." „Dieses Ding läuft nicht herum, es hält sich immer am selben Ort auf." „Ein Tier hält sich nicht immer am selben Ort auf, es läuft herum." „Es ist ein Mensch, denn es geht jeden Tag zur Quelle." „Ein Tier trinkt auch Wasser." So redeten sie jeden Tag. So, genau so.

Aber eines Tages, als sie wieder ein Stück Wild erlegt hatten, sprach der Mutigste unter den vieren. Er sagte: „Wenn wir diesen Bock ausgeweidet haben, werde ich ein großes Stück Fleisch abschneiden und es diesem Ding geben. Dann werde ich sehen, was für ein Ding das nun ist." Die anderen drei sagten, das sei eine gute Idee, er müsse nur seinen Stock mitnehmen, damit er sich notfalls gegen das seltsame Untier verteidigen könne. So machte er es.

Er nahm das Fleisch und seinen großen Stock und ging durch die Schlucht. Er trug das Fleisch zu dem seltsamen Ding auf der anderen Seite der Schlucht. Doch als er dort ankam, sah er, dass es kein Tier war, sondern ein richtiger Mensch. Es war aber ein Mensch, der sich anders verhielt als die vier. Der junge Mann konnte das nicht verstehen. Deshalb fragte er den Menschen aus. Er fragte: „Was isst du?" Und die Antwort kam: „Ich esse Wasser."

„Ist das alles?"

„Ja, das ist alles."

„Warum jagst du nicht, damit du Fleisch hast zum Essen?"

„Das geziemt sich mir nicht, denn ich bin eine Frau."

„Ja!", sagte er. „Das stimmt, das stimmt! Du bist klein und schmächtig. Und die wilden Tiere würden dich zerreißen!" Die Frau blieb still und schaute bescheiden zur Erde, aber sie hörte dem jungen Mann andächtig zu.

Er sagte: „Hier ist Fleisch für dich. Kannst du es essen?"

„Ja, ich kann." Da aß sie vor seinen Augen, bis ihr Magen gefüllt war. Das Fleisch, das übrig blieb, warf sie nicht weg, so wie die vier Männer es taten. Nein, sie hing es zum Trocknen auf einen Zweig.

„Oh", sagte er, „wirf es weg für die Wildkatzen und die Schakale – morgen bringe ich dir wieder anderes Fleisch." Aber sie antwortete ihm: „Nein, ich hänge es hier auf. Dann kann ich es morgen essen und übermorgen sogar noch." Das ließ ihn staunen und er sah, dass sie schlauer war als sie vier. Sie überließ das Fleisch nicht den Schakalen, sie trocknete es!

Nun verabschiedete er sich von ihr. Er sagte, sie müsse es sich gut gehen lassen. Und sie verabschiedete sich ebenso freundlich von ihm. So, genau so. Als dieser Mann zurück bei den anderen Männern war, erzählte er ihnen von dem Menschen, der von sich sagte, er sei eine Frau. Der junge Mann sagte, die Frau sei sehr schlau, denn sie trockne das Fleisch, sodass sie es auch morgen noch essen könne, ja übermorgen sogar noch. „Warum jagt sie nicht selbst, wenn sie ein Mensch ist?" fragten sie. „Sie kann nicht! Sie ist klein und grazil wie ein Kitz. Ihre Augen sind sanft und weich wie die eines Böckchens." „Dann ist es unsere Pflicht für sie zu sorgen, denn wir sind groß und stark wie Bullen und unsere Augen sind scharf wie die Augen von Adlern."

„Du hast gesprochen", sagten die andern. „Das ist unsere Pflicht."

Nun – diese Frau: Nachdem sie das Fleisch gegessen hatte, das der Mann ihr gebracht hatte, wurde sie durstig. Sie ging hinunter zur Quelle. Sie hatte keine Decke, die sie sich um die Schultern schlagen konnte. Nur um ihre Hüften hing ein kurzes Röckchen aus Gras. Als sie zur Quelle kam, trank sie. Sie trank, bis ihr Durst gelöscht war, dann ging sie zu ihrer Hütte zurück. Aber als sie dort ankam, bekam sie wieder Durst und ging wieder zur Quelle, genau auf der Spur, die ihre Füße gerade gemacht hatten. Und nachdem sie fertig getrunken hatte, ging sie nach Hause zurück: auf ihrer Spur, stets auf ihrer Fußspur. Aber ihr Durst war groß und hatte kein Ende. Hin zur Quelle, auf ihrer Spur, – und wieder zurück, auf ihrer Spur, sodass sich ins Gras ein tiefer Fußpfad einschnitt.

Da hatte sie eine Idee. Sie holte sich Ton, dort bei der Quelle, und damit formte sie einen Topf. Sie machte ihn groß genug für ausreichend Wasser. Als sie den Topf fertig geformt hatte, setzte sie ihn auf einer Felsplatte nieder, da- mit die Sonne ihn hart backen konnte. Und als sie hungrig wurde, aß sie von dem trockenen Fleisch. Aber nachdem sie das Fleisch gegessen hatte, bekam

Sotho vor einer Hütte im Basotho Cultural Village im Free State

sie wieder schrecklichen Durst, einen Durst, der sie würgte. Sie ging auf dem Fußpfad zur Quelle hinab, schöpfte mit ihren Händen und trank. Sie trank, trank und trank. Sie trank, bis sie keinen Durst mehr hatte, dann schöpfte sie Wasser in ihren Tontopf. Aber kaum war der Topf voll, wurde der Ton wieder weich und das Wasser rann auf die Erde.

Anderntags kam der junge Mann und brachte ihr wieder Fleisch. Sie erzählte ihm von dem Tontopf. Da hatte der Mann eine Idee. Er sammelte den trockenen Dung der wilden Tiere, und damit machte er für sie ein großes Feuer. Auf diesem Feuer brannte sie einen anderen Tontopf. Sie brannte ihn, bis er steinhart war. Dann schöpfte sie Wasser in ihn – und als er gefüllt war, brach er nicht wie der erste Topf auseinander.

Nun war sie froh und der junge Mann staunte über den schlauen Menschen, der sagte, er sei eine Frau. Sie nahm wiederum Ton und machte noch einen Topf, und sie sagte, er müsse wieder für sie ein Feuer machen. Da suchte er nochmals trockenen Dung im Feld und trug ihn zu ihr.

Aber als sie sah, wie er ihr den trockenen Dung zutrug, hatte sie eine Idee – denn sie war schlau, wenn ihr Körper auch zart war und schwächer als der eines Mannes. Sie flocht für ihn einen Korb aus Gras. Nun half sie ihm, Dung mit dem Korb zu sammeln. Nachdem er wieder ein Feuer für sie gemacht hatte, brannte sie auch den anderen Topf in der Glut. Als sie sah, dass der Topf stark und hart war wie der erste, war sie zufrieden. Sie war sehr zufrieden, und der junge Mann staunte über den Scharfsinn der Frau.

In den zweiten Topf legte sie Fleisch, das Fleisch eines Bockes, das der junge Mann ihr gebracht hatte. Sie kochte das Fleisch über der Glut. Sie koch-

Nach Sotho-Art dekoriertes Haus im Free State

te es und kochte es, bis das Fleisch gar war, dann nahm sie es aus dem Topf und legte es auf die Felsplatte, um es abkühlen zu lassen. Sie wartete, bis das Fleisch kalt war, dann aß sie davon. Sie aß und aß, bis sie satt war; dann gab sie davon auch dem Mann. Es schmeckte ihm.

Es war das erste Mal, dass er solch leckeres Fleisch aß, und sein Herz war froh, als er genug davon in seinem Bauch hatte. Und nachdem er alles aufgegessen hatte, schlürfte er noch aus dem Tontopf die Soße. „Oh, die anderen jungen Männer mussten auch kommen und kosten, wie das Fleisch schmeckt!" dachte er. Er rannte zu ihrer Hütte am Berghang auf der anderen Seite der Schlucht.

Als er dort ankam, erzählte er ihnen alles und führte sie zum Wohnplatz der Frau. Die Männer waren erstaunt über den seltsamen Menschen. Sie sahen, dass die Frau viel zarter und schwächer als sie war, aber: Ja, sie hatte viel mehr Verstand! Sie gaben ihr eine Decke aus Fell und sie hing sie sich um die Schultern. Nun spürte sie nicht mehr die Kälte. Sie kochte ihnen Fleisch. Sie kochte es, bis es gar war, und sie aßen das Fleisch, nachdem es sich auf der Felsplatte abgekühlt hatte. Sie aßen, aßen und aßen – alles aßen sie auf und zum Schluss schlürften sie noch aus dem Tontopf die Soße. Und sie wunderten sich über die Töpfe, die auf der Glut nicht verbrannten. Sie waren erstaunt über diese neuen Sachen.

Aber nachdem sie das Fleisch gegessen und die Soße ausgeschlürft hatten, bekamen sie schrecklichen Durst. Sie wurden so durstig, dass sie zur Quelle gehen wollten um Wasser zu trinken. Aber die Frau hielt sie ab: „Hier ist Wasser für euch, ihr Großen und Starken. Ich habe euch Wasser hierher gebracht." Da gab sie ihnen Wasser aus dem Tontopf zu trinken. Sie tranken, tranken und tranken, bis sie keinen Durst mehr hatten; dann war das Wasser alle und der Topf leer. Sie waren erstaunt, einen Topf zu sehen, der nicht weich wurde, wenn er mit Wasser gefüllt war. Es tat ihnen leid, dass das Wasser alle war, aber die Frau sagte: „Das macht nichts! Ich werde wieder mit dem Tontopf zur Quelle gehen und euch frisches Wasser bringen."

Die vier jungen Männer schauten ihr hinterher. Gerade als sie aus der Hütte hinausging, riss ihr der Wind die Decke beinah vom Leib. Aber sie hatte eine gute Idee: Sie setzte den Tontopf auf ihren Kopf, und so konnte sie die Decke mit beiden Händen festhalten. Für die vier war das wunderbar, denn so etwas hatten sie noch nie gesehen. Nun saßen sie wieder um das Feuer und warteten darauf, dass die Frau ihnen Wasser brachte.

Als sie so saßen und warteten, hörten sie den Wind, der da draußen heulte: „Huiiii-huiiii, huiiii-huiiii." Sie dachten, es sei der Wind, aber dann heulte es stärker und stärker. „Huiiii-huiiii." Sie schauten nach. Sie schauten, aber sie sahen keinen Wind. Sie sahen kein Gras, das umgeweht war. Sie sahen auch keine im Wind sich biegenden Bäume, aber sie hörten es doch: „Huiiii-huiiii, huiiii-huiiii."

„Ist es denn die Frau, die so macht wie der Wind?" fragte einer der Männer. Da sahen sie die Frau ankommen, mit dem Tontopf voll Wasser auf ihrem Kopf. Die glänzenden Tröpfchen aus Wasser, die aus dem Topf spritzten, perlten auf ihrem braunen Gesicht. Mit ihren feinen Händen raffte sie die Decke fest um ihren schmächtigen Leib und mit ihrem Mund heulte sie wie der Wind. „Huiiii-huiiii, huiiii-huiiii." Sie lachte, lachte und lachte, als sie sah, wie die jungen Männer sich wunderten. Sie lachte, und die Männer lachten mit ihr.

Nachdem die jungen Männer das Fleisch gegessen hatten, das auf dem Feuer im Tontopf gekocht worden war, und nachdem sie ihren Durst gelöscht hatten mit dem Wasser, das die Frau ihnen von der Quelle gebracht hatte, standen drei von ihnen auf, um zu gehen. Der Vierte aber blieb beim Feuer sitzen. Als die anderen gingen, blieb er zurück bei der Frau.

Er wird bei ihr bleiben. Er wird für sie jagen, weil sie selbst zu schwach dazu ist. Die Frau wiederum wird ihm helfen. Sie wird ihm Körbe flechten und Tontöpfe machen. Sie wird ihm Fleisch kochen, damit er es leicht essen kann, und sie wird ihm Wasser zur Hütte bringen, damit er gemütlich dort sitzen und trinken kann und nicht das Wasser aus der Quelle zu lecken braucht wie ein Hund.

Und ... sie wird für ihn singen. So wie der Wind. Sie wird ihn zum Lachen bringen.

Wirklich wahr: Sie wird sein Herz erfreuen und er wird für sie sorgen.

So war es ganz, ganz am Anfang. So, genau so.

![Sotho im Qwaqwa National Park im Free State]
Sotho im Qwaqwa National Park im Free State

Der kleine Junge Senkatane

Es war einmal eine Zeit, da kam ein Tier auf die Erde, das alle Menschen auffraß. Das Tier war so groß wie ein Berg, und es hatte einen solch riesigen Magen, dass es nicht satt werden konnte. Sie nannten das Tier: Kgodumodumo (das Wort für "Drache" in der Sprache der Sotho).

Als dieser Vielfraß alle Menschen verschlungen hatte, war er immer noch hungrig; da begann er, die Rinder zu fressen. Aber nachdem er auch sämtliche Rinder verschlungen hatte, war sein Magen noch immer nicht voll. So begann er, die Schafe und Ziegen zu reißen. Aber selbst nachdem er diese verschlungen hatte, war sein riesiger Magen nicht voll. Also fraß er die Katzen und Hunde und zum Schluss noch die Hühner. Aber noch immer war er nicht satt!

Er kroch über die Erde – er kroch, kroch und kroch. Er suchte noch etwas zum Fressen, aber er fand nichts. Er fand nichts zum Fressen, denn es gab keine Menschen und Tiere mehr, die er hätte fressen können. Nur an einem einzigen Ort gab es noch eine Frau, aber sie war sehr schlau. Als sie das Dröhnen hörte, das der große Vielfraß, der Kgodumodumo, machte, wenn er sich bewegte, beschmierte sie schnell ihren ganzen Körper mit Asche und setzte sich auf den Aschehaufen.

Auch auf dem Aschehaufen begann der Vielfraß zu suchen. Er beschnüffelte alles. Er schnüffelte auch an dieser Frau, aber er roch nur Asche, und so kroch er weiter. Er kroch weiter, denn er hatte da, auf dem Aschhaufen, nichts zum Fressen gefunden.

Er schleppte sich langsam dahin, denn das Gewicht der Menschen und Tiere in seinem Magen war groß, auch wenn es ihn nicht sättigen konnte. Er schleppte sich langsam zu den großen Bergen, dann konnte er nicht mehr weiter. Dort in den hohen Bergen hauste er. Dort hielt er sich auf.

Diese Frau war nun der einzige Mensch auf der Erde, aber etwas später bekam sie ein Kind: Es war ein Junge. Aber was ihr Angst machte, war, dass dieser Junge nicht so war wie andere Kinder. Nein, er war anders! Denn schon bei seiner Geburt hatte er Zähne im Mund wie ein Großer. Ja, das war ein seltsames Kind! Dieser Junge mit dem Namen Senkatane!

Als die Frau zum Viehkraal ging, um feinen Dung zu holen, worauf der Junge schlafen konnte, ließ sie ihn in der Hütte zurück, denn er war noch nicht vom Haus entwöhnt. Aber als die Frau mit dem Dung zurückkam, sah sie einen großen Jungen vor der Hütte sitzen. Sie wunderte sich darüber, denn hier gab es doch keine anderen Menschen als sie und ihr Kind – und nun dieser Junge. Wer konnte er sein? Sie wunderte sich noch über diese Sache, als der Junge sie ansprach.

Er sagte: „Mutter, wo sind denn die anderen Menschen? Ich sehe hier nur einen Menschen und dieser Mensch bist du, meine Mutter!" Da erkannte sie, dass dieser Junge ihr Kind war. Er, der mit Zähnen im Mund geboren worden war. Er, der nun so gewachsen war. Er, der sprach wie ein Mensch, der schon viele Jahre gelebt hat. Sie war sprachlos, denn um seine Schultern hing eine Felldecke, und in seinen Händen hielt er einen Schild und einen Speer wie ein erfahrener Jäger. Und jetzt wollte er auch noch von seiner Mutter wissen, wo die anderen Menschen waren!

Sie erzählte es ihm: „Senkatane, mein Kind, das ist das Werk eines gefährlichen Drachen, des Kgodumodumo. Er hat alle Menschen und Tiere verschlungen. Er hat die Hunde und Hühner gefressen, und die Katzen dazu." Da antwortete er ihr: „Dann bin ich der einzige Mann auf der Erde und es ziemt sich für mich, dass ich ihn suche und töte."

Aber seine Mutter wollte ihm abraten: „Du würdest so nicht sprechen, wenn du ihn erst gesehen hättest! Er wird dich verschlingen als wärst du ein Küken. Er ist schrecklich gefährlich und grauenerregend."

Aber Senkatane war tapfer und furchtlos. Dieser Junge, der schon bei seiner Geburt Zähne im Mund hatte, und der von Anfang an sprechen konnte. „Nein, Mutter", sagte er, „du kannst mich nicht abhalten. Ich muss gehen, um dieses Untier zu suchen."

Da ging seine Mutter mit ihm. Sie suchten den Kgodumodumo. Sie suchten, bis sie zu den großen Bergen kamen. Dort sah die Frau den Drachen zwischen den Bergen liegen. Er war so groß, dass auch er wie ein Berg aussah. Als sie sich ihm näherten, wurde der Mutter Angst um ihr Kind.

„Senkatane, komm wir kehren um", flehte sie und weinte „es gibt keinen Menschen, der so stark ist wie er." Aber Senkatane hörte nicht auf das Geheule einer Frau. Er ließ sich nicht durch die Tränen seiner Mutter abschrecken. Es geziemt sich für eine Frau, aus Angst um ihren Mann zu weinen, aber es geziemt sich nicht für einen Mann, darauf zu achten. Wenn er das tut, erweist auch er sich als schwach. Deshalb machte Senkatane sich los von seiner Mutter und schlich vorsichtig im Kreis um das Tier, das so groß wie ein Berg war.

Leise, leise, still und leise schnürte er mit einem Seil das große Maul des Untieres zu. Er schnürte das Seil so fest um das Maul, dass das Tier es nicht mehr aufsperren konnte. Dann erstach der tapfere Junge das Untier mit seinem Spieß. Er stach auf es ein, er stach auf es ein – er erstach es. Das große Ding sackte in sich zusammen und blies seinen Atem aus. Als es seinen Atem ausblies, klang es wie ein mächtiger Sturm, der durch die Wipfel der Bäume wütet ... dann war es tot. Es war tot, das Untier: Der Kgodumodumo war tot!

Nun mussten die Menschen und Tiere aus dem Magen des Untiers geholt werden. Senkatane nahm sein Messer und machte sich daran, den großen Bauch aufzuschlitzen. Aber kaum hatte er das Messer an den Wanst gedrückt, da hörte er die Stimmen von Menschen im Magen. „Pass auf! Du erstichst uns." Ja – das war eine heikle Sache! Nun wollte er das Messer an einer anderen Stelle ansetzen; aber als er das tat, hörte er eine Kuh muhen. Senkatane wollte die Rinder nicht töten, denn Rinder sind der Reichtum der Männer. Also versuchte er es an einer völlig anderen Stelle – am Wanst des uralten Drachen; aber dort hörte er wiederum die Hühner und Hähne gackern und krähen. Auch die Hühner wollte er nicht verletzen, er versuchte es also wieder an einer anderen Stelle. Hier? Hier? Da? Hier? Da? Da? Hier? Da!!! – bis er die richtige Stelle gefunden hatte.

Ja, er war schlau, dieser Junge, der schon bei seiner Geburt Zähne im Mund hatte, der von Anfang an sprechen konnte. Als er die richtige Stelle gefunden hatte, schlitzte er den Bauch auf, sodass die Menschen, Tiere und Hühner herauskommen konnten. Sie alle kamen heraus und kehrten zu ihren Kraalen und Dörfern zurück: die Männer mit ihren Frauen, mit ihren Kindern und ihrem Vieh. Sie nahmen auch ihre Hunde und Hühner mit und wohnten wieder in den Hütten, die sie bewohnt hatten, bevor der Kgodumodumo die Menschen aufgefressen hatte.

Da waren alle Menschen dem Jungen Senkatane sehr dankbar. Die Menschen sprachen nur noch über Senkatanes Tapferkeit und seine Klugheit. Sie sagten, er sei der richtige Mann als Häuptling, denn ein Häuptling muss unerschrocken und schlau sein. Als alle nun so sprachen, riefen sie eine Versammlung zusammen. Und als sie alle beisammen waren, beschlossen sie, dass er, Senkatane, ihr großer Häuptling sein sollte. Da wurde er ihr Häuptling.

Nach einiger Zeit aber begannen sie, ihn zu hassen. Sie sagten, er sei zu jung, es gehöre sich nicht, ein Kind über ältere Männer herrschen zu lassen. Nein, er sei nicht der Richtige. Er müsse umgebracht werden. So beschlossen

Ein Sotho unterwegs im Golden Gate National Park

die Menschen ihn zu töten, während sie heimlich unter sich tuschelten: „Tchi-tchi-tchi-tchi" - „Tchi-tchi-tchi-tchi."

Aber er, Senkatane, wusste nichts von ihrem Hass. Er ging jeden Tag, wie die anderen Jungen, auf die Weide mit seinen Rindern. Als er eines Tages mit seinem Vieh auf der Seite des Berghanges war, entfernte sich sein gescheckter Bulle, Tolodi-e-phatswa, von der Herde. Senkatane rief Tolodi-e-phatswa, aber der Bulle störte sich nicht daran. Er pfiff Tolodi-e-phatswa, aber der Bulle tat so, als ob er nichts hörte.

Da rannte der Junge um seinen Bullen einzufangen; aber als er ihn endlich fern von den anderen eingeholt hatte, hörte er, wie das Tier mit ihm sprach. Es sagte: „Häuptling Senkatane, zu Hause wartet Gefahr auf dich. Sie graben eine Fallgrube für dich. Über die Grube streuen sie Gras und Sand, und auf den Sand stellen sie deine Sitzbank. Du darfst dich nicht darauf setzen. Die Liebe deiner Untertanen hat sich in Hass verwandelt – sie wollen dich umbringen." Als das Rind, Tolodi-e-phatswa, ausgesprochen hatte, kehrte es von selbst um und ging zur Herde zurück, die friedlich am Berghang weidete.

Senkatane wusste nun, was er tun musste. Als er bei seiner Hütte ankam, warteten seine Leute auf ihn. Sie sprachen mit ihm. Sie sagten: „Oh, Häuptling, du bist bestimmt müde. Komm setze dich hier auf deine Bank." Aber er antwortete: „Nein, ich will heute nicht darauf sitzen." „Wo willst du sitzen, Häuptling?" fragten sie. „Ich setze mich einfach auf dieses Mäuerchen. Setzt ihr euch nur da auf meinen Platz." „Oh nein! Das ziemt sich nicht", antworteten sie, aber sie waren erstaunt über seine Weisheit, denn sie wussten nicht, dass sein geschecktes Rind, Tolodi-e-phatswa, ihn auf der Weide am Berghang gewarnt hatte.

Nun schmiedeten sie einen anderen Plan. Sie erzählten niemanden davon, aber anderntags, als Senkatane und die anderen Jungen wieder ihre Rinder weiden ließen, entfernte Tolodi-e-phatswa, der gescheckte Bulle, sich wieder von der Herde. Senkatane rief ihn, aber er störte sich nicht an der Stimme seines Herren. Senkatane pfiff nach ihm, aber er achtete nicht darauf. Da rannte Senkatane hinter ihm her und kaum hatte er ihn eingeholt, sprach der Bulle wieder mit ihm. Er sagte: „Häuptling Senkatane, es ist wieder Gefahr für dich bei deinem Haus. Achte auf den tiefen Graben! Sie wollen dich hineinwerfen."

Als Senkatane abends nach Hause kam, war er gewarnt. Er sah den Graben, den sie ausgehoben hatten. Sie riefen ihn: „Oh, Häuptling, komm und schau nur, was da unten im Graben liegt." Die anderen Männer kamen auch näher, um keinen Argwohn zu wecken. Als Senkatane am Rand des tiefen Grabens stand, wollten sie ihn hineinstoßen, aber schnell wie der Wind tauchte er zur Seite. Er tauchte zur Seite und im Gedränge stießen sie einen anderen Mann in den Graben. Als sie nun sahen, dass Senkatane wieder zu schlau für sie war, waren sie erstaunt über seinen Verstand.

Sie sagten: „Ja, er ist schlau, dieser Junge, der schon bei seiner Geburt Zähne im Mund hatte, dieser Mensch, der von Anfang an sprechen konnte!" Aber wenn er auch schlau war, sie wollten ihn töten. Nun beschlossen sie im Geheimen, ihn zu verbrennen. Aber an dem Tag, an dem sie ihn verbrennen wollten, war er wieder mit den Rindern auf der Weide. Da entfernte sich der Bulle wieder von seiner Herde, und als Senkatane ihn einholte, warnte ihn der Bulle erneut. Er sagte: „Häuptling Senkatane, hüte dich vor dem Feuer. Es ist große Gefahr für dich bei deinem Haus, sie wollen dich verbrennen."

Senkatane hörte auf die Worte von Tolodi-e-phatswa, aber sein Herz war tief betrübt. Er ging nicht wieder zu seinem Dorf zurück. Er ging nun zu den anderen Orten, die seine Untertanen bewohnten. Er suchte Untertanen, die ihm noch treu waren, fand aber keine. Wohin er auch ging, sah er, dass die Menschen ihn hassten. Sie hassten ihn alle.

Als er zu seinem letzten Dorf kam, belogen ihn seine Untertanen. Sie sagten: „Oh, Senkatane, du bist unser Häuptling. Wir hören auch, dass die anderen Menschen unzufrieden sind. Wir haben viele Dinge gehört, die unsere Herzen betrüben, aber bei uns geht es gut. Wir sind auf deiner Seite." Senkatane war froh. Er glaubte diesen verschlagenen Menschen.

Anderntags gingen diese Männer mit dem Häuptling auf die Jagd. Sie entfernten sich weit von ihren Häusern. Als sie auf der anderen Seite der Berge das Wild verfolgten, sah Senkatane seinen gescheckten Bullen, und wiederum warnte Tolodi-e-phatswa seinen Herren: „Oh, Senkatane, Häuptling, diese Leute sind genau so falsch wie die anderen. Heute Abend, wenn du schläfst, wollen sie dich mit Feuer verbrennen." Nun war er wieder gewarnt. An diesem Abend mussten sie im Freien übernachten. Sie gingen zur Seite des

Kühe, ein Statussymbol

Berges, wo der Wind nicht so stark wehte. Aber Senkatane, der junge Häuptling, durfte nicht bei ihnen schlafen. Sie sagten: „Oh, Häuptling, du musst in der Höhle schlafen, wie es sich für einen so hohen Mann geziemt." Da ging er alleine in die Höhle; aber bevor er einschlief, kroch er wieder hinaus ins Dunkel und versteckte sich zwischen den Büschen. Als seine Untertanen dachten, er schliefe, verrammelten sie die Öffnung der Höhle mit trockenen Zweigen. Sie verrammelten die Öffnung der Höhle, denn sie dachten, Senkatane läge darin und schliefe. Sobald sie genug trockenes Holz aufgestapelt hatten, steckten sie es an.

Als die Flammen und der Rauch in den Himmel aufstiegen, waren sie begeistert, denn nun waren sie sicher, Senkatane würde verbrennen. Sie sangen und tanzten herum. Sie sangen, sie tanzten! Aber ehe sie sich versahen, ging Senkatane wieder unter ihnen umher.

Nun schämten sie sich. Sie merkten, dass Senkatane zu schlau für sie war. Aber sie konnten es nicht begreifen, wie Senkatane es schaffte, alle ihre Pläne zu durchschauen. Sie konnten es nicht begreifen. Doch schließlich erzählte ihnen einer der Viehhirten, dass es der gescheckte Bulle sei, der immer seinem Herren, Senkatane, von den Gefahren erzählte, die ihn bedrohten. „Dann müssen wir den Bullen töten", sagten sie. Und eines Tages, als sie Tolodi-e-phatswa auf der Weide sahen, trieben sie ihn heimlich weg. Sie trieben ihn zu einem anderen Dorf. Aber Senkatane hatte es gesehen, denn er war nicht einer, der schläft, wenn seine Augen geschlossen sind. Er sah, was sie taten, und er verfolgte sie.

Als sie bei dem anderen Dorf ankamen, töteten sie den gescheckten Bullen. Sie schlachteten ihn und hackten ihn in Stücke. Dann kochten sie sein Fleisch und aßen alles auf. Nur die Knochen blieben übrig, und diese warfen sie weg. Senkatane aber sammelte alle Stückchen auf, die sie weggeworfen hatten. Er hob die Knochen auf. Er hob die Hörner auf. Er nahm die Klauen und auch das Fell.

Als er nun alles beisammen hatte, spannte er das Fell sauber auf der Erde auf. Er warf die Knöchelchen darauf und legte den Kopf zu den Hörnern, genau wo er hingehörte. Zuletzt legte er zu den Beinen die Klauen. Als er nun fertig war, holte er seinen Stock. Er nahm den Stock und schlug damit auf das Fell. Und während er zuschlug, sagte er zu dem gescheckten Bullen: „Tolodi-e-phatswa, steh' auf, damit wir nach Hause gehen können." Der Bulle hörte Senkatanes Stimme und die Knochen wuchsen wieder zusammen; das Fell zog sich wieder über die Knochen und er wurde wieder ganz und gar heil. Der Bulle wurde wieder lebendig; aber die Menschen, die von seinem Fleisch gegessen hatten, starben. Nicht nur die Menschen, auch ihre Kinder sind alle gestorben. Sogar die Hunde sind elend verendet. Alle.

178

Nun ging Senkatane nach Hause zurück. Er ging zusammen mit seinem Bullen, mit dem gescheckten, Tolodi-e-phatswa genannt. Als sie zu Hause ankamen, bat Senkatane seine Mutter um etwas zu essen. Sie holte Maisbrei, aber der Bulle sagte zu ihm: „Du darfst diesen Maisbrei nicht essen." „Warum nicht?" fragte er. „Deine Mutter hat giftige Kräuter in ihn gemischt. Diese Kräuter werden dich umbringen." Senkatane glaubte die Worte des Bullen und nahm seinen Rat an. Nachdem seine Mutter ihm den Maisbrei gegeben hatte, nahm sie ihre Hacke und ging auf den Acker.

Senkatane aber aß die Mahlzeit nicht, sondern stellte sie zur Seite und lief weg. Aber kaum war er weg, kam sein Vater, sah den Maisbrei und aß ihn. Er aß ihn, und als er ihn aufgegessen hatte, starb er. Alle Menschen waren erstaunt über seinen plötzlichen Tod. Sie konnten es nicht begreifen, wie ein gesunder Mann eben noch herumgehen und dann plötzlich sterben konnte!

Senkatane und Tolodi-e-phatswa blieben mucksmäuschenstill. „Siehst du", sagte der gescheckte Bulle, „Siehst du, dass ich nicht gelogen habe? Ich hatte gesagt, das Essen sei vergiftet und nun siehst du, dass der Mensch, der davon aß, sofort gestorben ist."

So hat Senkatane weiter regiert und Tolodi-e-phatswa blieb bei ihm. Der Bulle war der vornehmste Ratgeber des weisen Häuptlings, des Häuptlings, der nur ein Junge war. Er, der schon bei seiner Geburt Zähne im Mund hatte. Er, der von Geburt an sprechen konnte. Er, Senkatane.

Buntböcke

Mein Reisetagebuch - Abschnitt 4

Stationen	Sehenswürdigkeiten (inkl. gesammelter Geschichten)
24. Tag Drakensberge	Wanderung durch die wunderschöne Bergwelt Besichtigung San Zeichnungen Übernachtung: Cathedral Peak Hotel
25. Tag Drakensberge	Besichtigung Didima Rock Art Centre und Lodge Relaxen Übernachtung: Cathedral Peak Hotel
26. Tag Fahrt nach Bloemfontein	Golden Gate Highlands Park *Renier und die Donnerspitzen* Bummeln und Shoppen in den Galerien und Kunstläden von Clarens Übernachtung: Hobbit Boutique Hotel
27. Tag Bloemfontein	Stadtrundfahrt Shoppen im Einkaufscenter Anglo Boer War Museum and Women's Memorial Übernachtung: Hobbit Boutique Hotel
28. Tag Fahrt nach Graaf Reinet	Big Hole (Kimberley) Lange Etappe durch "Olive Schreiners Land" *Die Geschichte einer afrikanischen Farm* Valley of Desolation Übernachtung: Avondrust Guest House Graaf Reinet
29. Tag Graaf Reinet Nieu Bethesda	Stadtbesichtigung Owl-House und Besuch eines Kindergartens Besichtigung der einzigen Agave Destillerie außerhalb Mexikos Abstecher nach Alice und Hogsback *Die Schlange mit den sieben Köpfen* Übernachtung: Kwandwe Privat Game Reserve
30. Tag Kwandwe	Morgen-Safari Relaxen am Pool und Vogelbeobachtung Übernachtung: Kwandwe Privat Game Reserve
31. Tag Grahamstown	Vormittags: Stadtbesichtigung

4

Wo Märchen wahr werden ...

Abschnitt 4 – Free State und Eastern Cape

Wo Märchen wahr werden …

Reisebericht

Nach meinen beeindruckenden Erlebnissen im Kruger Nationalpark werden die Drakensberge zum zweiten großen Highlight meiner Reise. Hier bleibe ich zwei volle Tage, kann mich mal wieder ein wenig ausruhen und all die vielen Eindrücke, die ich in den vergangenen Tagen gesammelt habe, verarbeiten. Da das Wetter traumhaft schön ist – kein einziges Wölkchen zeigt sich am Himmel – beschließe ich, am nächsten Tag im Rahmen einer geführten Wanderung die Bergwelt zu erkunden. Vorbei an grünen Wiesen und einer faszinierenden Pflanzenwelt werde ich zu einer großen Felsnische geführt und bin sprachlos: Eine 900 Jahre alte Felszeichnung der San ziert die Felswand und liegt vor mir zum Greifen nahe. Auf dem Rückweg mache ich Rast an einem wunderschönen Wasserfall und genieße die beeindruckende Aussicht auf die umliegenden Drakensberge. Auch für mich, als begeisterter Wanderer, wird hier ein Märchen wahr – und so sehr ich mich schon auf diese Tage gefreut hatte, meine Erwartungen werden hier bei Weitem übertroffen.

Karoo National Park

Nach diesen erholsamen Tagen in den Drakensbergen und einem abschließenden Besuch des Didima Rock Art Centre mit seiner wunderschönen Ausstellung zu den Felsmalereien der San, führt mich meine Recherchereise weiter an der Grenze von Lesotho entlang. Ich durchquere den Golden Gate Highlands National Park mit seinen beeindruckenden Felsformationen und erreiche am Nachmittag das Künstlerdorf Clarens. Diesen niedlichen Ort sollte man sich nicht entgehen lassen. Zahlreiche Galerien, Kunstläden und Restaurants laden zum Verweilen ein – und so ist er auch bei vielen Südafrikanern ein beliebtes Ausflugsziel.

Mein nächstes Ziel ist Bloemfontein. Dort angekommen begebe ich mich sogleich auf die Spuren von J.R.R. Tolkien, der hier geboren wurde, und entscheide mich, im romantischen Hobbit Hotel zu übernachten. Das liebevoll eingerichtete Haus hat einen wunderschönen Garten und die Zimmer tragen die Namen der Helden aus Tolkiens Roman "Herr der Ringe". Ein "Muss" für alle Hobbit-Fans.

Geschichtlich interessant, aber weniger erfreulich ist es für mich, im Anglo Boer War Museum von den Konzentrationslagern zu erfahren. "Erfunden" hatte diese, die erstmals hier in Südafrika während des zweiten Burenkrieges zum Einsatz kamen, der britische Feldmarschall Kitchener. Um den Kampfgeist der Buren zu brechen, wurden dort auch deren Frauen und Kinder interniert – ein trauriges Kapitel der südafrikanischen Geschichte. 26.000 Frauen und Kinder sind damals gestorben und zu ihrem Andenken wurde das Women's Memorial vor dem Museum errichtet.

Am nächsten Tag mache ich einen Abstecher ins Northern Cape und erreiche das "Big Hole" in Kimberley. Dort tauche ich in das unterirdische Museum ab und lasse mich vom Anblick der vielen ausgestellten, berühmten Diamanten in den Bann ziehen (siehe auch Infokasten "Diamanten – Mythen und Legenden" im Kapitel 6).

Nun folgt eine lange Etappe in Richtung Süden durch "Olive Schreiners Land", die Gegend, in der ihre bekannte "Geschichte einer afrikanischen Farm" angesiedelt ist. Bevor ich Graaff-Reinet, das "Juwel der Karoo", erreiche, mache ich einen Abstecher ins Valley of Desolation und genieße erneut den Anblick beeindruckender Felsformationen und die faszinierende Aussicht über weite Teile der Karoo-Halbwüste. Der Weg nach Nieu Bethesda, wo ich das Owl-House der bekannten, aber bereits verstorbenen Künstlerin Helen Martin besichtige, führt an einer kleinen Agave Destillerie

Free State / Bloomfontain –
Eastern Cape / Hogsback

Auf den Spuren von Mittelerde

Betritt man das kleine Hobbit Hotel mit seinem idyllischen Garten in Bloemfontein, fühlt man sich unmittelbar in die Welt aus Tolkiens "Herr der Ringe" hineinversetzt. Liebevoll haben die Besitzer eine Atmosphäre geschaffen, in der romantische Zimmer zum Träumen einladen. Statt Nummern tragen diese die Namen von Frodo, Gandalf und ihren Freunden. Tatsächlich wurde J.R.R. Tolkien 1892 in Bloemfontein geboren und hat seine ersten Lebensjahre in Südafrika verbracht. Heute würdigt die Stadt ihren berühmten Sohn mit dem Tolkien Trail. Dieser Weg verfolgt das Leben von Tolkien und seiner Familie in der Stadt. Er führt am Friedhof vorbei, auf dem sein Vater begraben wurde, zu der Kirche, in der J.R.R. Tolkien getauft wurde und endet am Haus seiner Kindheit. Seine Ferien soll der junge Tolkien in dem kleinen Dorf Hogsback in der Nähe von Fort Beaufort inmitten der stillen Bergregion der Amatola Berge verbracht haben. Die nebligen, verwunschenen Urwälder um Hogsback könnten eine Inspiration für die mystischen Bilder gewesen sein, die er in seinen Büchern auf so anschauliche Weise beschrieben hat.

vorbei. Dort lasse ich mir zeigen, wie man hier in Südafrika den aus Mexiko bekannten Tequila herstellt.

Vorbei am Universitätsstädtchen Alice, Ausgangspunkt für die Karrieren vieler schwarzer Führer, darunter auch Nelson Mandela, geht es zum idyllischen Ort Hogsback, Rückzugsort prominenter Persönlichkeiten Südafrikas und ein Geheimtipp unter Naturliebhabern. Der Ursprung des Namens Hogsback wird heute mit der Form der markanten Berge begründet: Hogsback Mountains heißt übersetzt soviel wie "Schweinerücken-Berge". Eine felsige Steilkante prägt die drei in einer Linie liegenden Erhebungen. Die senkrechten Zerklüftungen und die leichte Krümmung der Horizontlinie lassen diese drei Berge wie die mit Borsten bewachsenen Rücken von Schweinen aussehen.

In der Dämmerung erreiche ich das Kwandwe Game Reserve – ursprünglich eine Straußenfarm und, wie man mir erzählt, sogar die älteste in Südafrika. Hier erwartet mich nach einer aufregenden Morgen-Safari ein Erholungstag mit Faulenzen am Pool und Ausblick auf die Wildnis. Am Abend genieße ich in der Boma, ursprünglich ein Gehege für Rinder, bei Lagerfeuer und unter freiem Himmel erneut die ausgezeichnete Küche Südafrikas. Ich verbringe die Nacht in der River Lodge von Kwandwe.

Alle Eindrücke und Annehmlichkeiten dieses Ortes zusammengezählt, lassen ihn zu einem meiner großen und empfehlenswerten Favoriten werden und ich freue mich schon heute auf meine nächsten Reisen nach Südafrika. Diese werden mich spätestens im September und im November 2009 wieder an diesen Ort führen. Denn der Aufenthalt im Kwandwe Game Reserve ist Bestandteil der Anschlussprogramme zu den von Gebeco (www.gebeco.de) angebotenen Gruppenreisen entlang der "Literarischen Route Südafrika", die ich begleiten werde.

Die letzte Station entlang dieses Abschnitts ist Grahamstown. Die Stadt beeindruckt mich durch ihre schmucken viktorianischen Häuser und ihre zahlreichen historischen Gebäude und Gedenkstätten. In den letzten Jahren hat sich Grahamstown zur Festival-Hauptstadt Südafrikas entwickelt. Derzeit werden hier alljährlich 15 Festivals zelebriert – besonders populär ist das National Arts Festival im Juli, ein Kulturspektakel, das jedes Jahr eine halbe Million Theater-, Musik- und Kunstfreunde aus allen Teilen des Landes anzieht.

Eastern Cape / Addo Elephant National Park
Mythos Elefant

„Wenn der letzte Elefant stirbt, wird die Erde verdorren", heißt es in einem uralten südafrikanischen Mythos. Als Bote der Wassergötter ist der Elefant Regenspender der Welt und somit Bewahrer des Lebens. Bei vielen Völkern Südafrikas ist er das bedeutendste Tier und daher werden Stammeshäuptlinge oft mit dem Ehrentitel "Großer Elefant" angesprochen. Auch die Krieger hatten sich die Tugenden der Elefanten zu Eigen gemacht: absolute Loyalität, Mut und vor allem mächtiger Beschützer seiner Familie. Denn ein Elefant verteidigt sein Kind bis zum letzten Atemzug. Und in der Tat: Der außergewöhnliche Familiensinn der grauen Riesen ist auch wissenschaftlich belegt. So bewahrheitet sich in Südafrika auch die Ansicht, dass die erstaunlichste aller Welten dort liegt, wo Elefant und Löwe, Berg und Wüste die großen Abenteuerpanoramen bieten – und der Addo Elephant National Park ist diesbezüglich sicherlich ein ganz besonderer Ort, um dem "Mythos Elefant" zu begegnen.

Touristische Informationen und Empfehlungen

Die Provinz "Free State"

Die im Herzen Südafrikas gelegene Provinz "Free State" umschließt im Südosten einen Teil Lesothos und fängt die Herzen ihrer Besucher mit ihrer landschaftlichen Schönheit und ihren gastfreundlichen Menschen ein. Free State ist fest in den Händen der Voortrekker-Nachkommen, konservativ und doch mit einem herben Charme. Vor allem auf den Farmen der Provinz kann man die grenzenlose Gastfreundschaft genießen.

Doch auch entlang der Flussufer des Orange und Vaal River liegen attraktive Ferienorte. Prachtvolle Sonnenblumenfelder strahlen der Sonne entgegen soweit das Auge reicht. Auf einigen Farmen besteht die Möglichkeit, faszinierende Felsmalereien der San zu sehen, vor allem in der Umgebung von Fouriesburg.

Free State ist ein ideales Ziel für Outdoor-Abenteurer. Wanderwege schlängeln sich durch üppige Täler und Schluchten, geschaffen durch die Kraft des Windes, des Wassers und des Feuers. Zahlreiche Bergbäche laden zum Forellenfischen ein und die Dämme von Vaal und Sterkfontein bieten alle möglichen Wassersportarten. Auch Reitfreunde, Wildtier- und Vogelfreunde kommen hier nicht zu kurz.

Die zahlreichen Wild- und Naturparks des Free State versprechen gestressten Städtern unvergessliche Naturerlebnisse. Der Golden Gate Highlands National Park und der benachbarte QwaQwa National Park sind berühmt für ihre dramatischen Kulissen mit riesigen, vom Wind geschaffenen Sandsteinformationen, bewohnt von Säugetieren wie dem Eland, Zebra, Wildebeest und Springbok sowie zahlreichen Raubvögeln.

Einblicke in die lokale Basotho-Kultur erhalten Sie im Basotho Cultural Village im QwaQwa National Park. Wildtiere streifen auch durch das Willem Pretorius Game Reserve, wo Sie zudem Wasserski fahren, surfen und auch Gleitschirm fliegen können.

Der Platberg bei Harrismith

Die Provinz "Eastern Cape"

Im Süden, zwischen Western Cape und KwaZulu-Natal liegt Eastern Cape, die zweitgrößte Provinz des Landes. Die reizvolle, abwechslungsreiche Landschaft ist von den großen Touristenströmen noch kaum berührt. Und dabei ist die Sonnenküste zwischen Port Elisabeth und East London ein Paradies für Wassersportler wie z. B. Surfer und Angler.

Port Elizabeth (auch "Friendly City" genannt) ist das Tor zum Eastern Cape und bietet Spaß für die ganze Familie. Zu ihren sehenswerten historischen Stätten zählt die Donkin Street, in deren Gegend britische Siedler 1820 ihr neues Zuhause errichteten. Westlich der Stadt liegt der üppige Tsitsikamma Forest, dessen Name soviel wie "Ort des unerschöpflichen Wassers" bedeutet. Entlang der schroffen Küste gibt es die größten einheimischen Wälder des Landes und den legendären Traumwanderweg "Otter Trail". Wagemutige testen an der Bloukrans-Brücke den höchsten Bungee Jump der Welt.

Im Osten lassen die Amatola Mountains die Herzen aller Outdoor-Freaks höher schlagen. Im Landesinneren liegt die trockene Steppe der Karoo mit ihren Wildtieren, als Kontrast zur üppig bewachsenen Küstenlinie am indischen Ozean, die auch als "Sunshine Coast" oder "Wild Coast" bekannt ist.

Im Osten der Provinz, die Heimat der Xhosa, befindet sich das Dorf Qunu, wo Nelson Mandela geboren wurde, und in Bisho das University College of Fort Hare, an dem er studierte. Die Vielfalt von Flora und Fauna scheint unerschöpflich, darunter die "Big Five" (Elefant, Löwe, Leopard, Nashorn und Büffel) – und all das in malariafreiem Gebiet. Zu den Naturschutzgebieten der Provinz gehören der Mountain Zebra National Park und der Addo Elephant National Park. Und die Küstengewässer erfreuen sich einer reichen Unterwasserwelt, darunter zahlreiche Delfine und Wale, die auf dem Weg von bzw. in die Antarktis an der Küste Südafrikas vorbeiziehen.

Mehr Informationen zu Südafrika und den Provinzen Free State und Eastern Cape in der Broschüre "Südafrika erleben" (siehe auch "Touristische Informationen").

Wunderschöne Landschaft in der Nähe von Umtata

Empfehlenswert

Golden Gate Highlands National Park

Massive, farbenprächtige Sandsteinformationen leuchten vor allem im Abendlicht goldgelb und gaben dem Park seinen Namen. Die zahlreichen Höhlen in den Sandsteinfelsen wurden einst von Buschmännern als Unterschlupf genutzt, wovon noch heute gut erhaltene Höhlenzeichnungen zeugen.

www.sanparks.org/parks/golden_gate

Anglo Boer War Museum and Women's Memorial (Bloemfontein)

Beeindruckende Zeugnisse der Kriegsgeschichte Südafrikas.

www.anglo-boer.co.za

Helen Martins "Owl-House" (Nieu Bethesda)

Die exzentrische Künstlerin verwandelte ihr Haus in eine Phantasiewelt mit wundersamen Wesen aus Beton und Glas.

www.owlhouse.co.za

Valley of Desolation

Beeindruckende Felsformationen und fantastische Ausblicke in die Ferne und in das Karoo Nature Reserve.

www.sanparks.org/parks/camdeboo/

National Arts Festival (Grahamstown)

Kulturspektakel, das jedes Jahr eine halbe Million Theater-, Musik- und Kunstfreunde aus allen Teilen des Landes anzieht.

www.nafest.co.za

Addo Elephant National Park

Das Reservat wurde 1931 zum Schutz der letzten elf überlebenden Elefanten der Region eingerichtet. Heute leben hier wieder über 400 Elefanten – und auch die "Big Five" sind anzutreffen.

www.sanparks.org/parks/addo

Übernachtung

Hobbit Boutique Hotel (Bloemfontein)

Schlafen in Räumen, die Frodo oder Gandalf heißen; wohnen wie im Märchen.

www.hobbit.co.za

Kwandwe Privat Game Reserve

Eines der südlichsten Reservate in Südafrika mit den "Big Five" und abwechslungsreicher Landschaft, die tief beeindruckt.

www.andbeyondafrica.com

Traumhafter Blick auf die Wild Coast vom Bashee Point aus

Eastern Cape / Heimat von Nelson Mandela

Die Schlange mit den sieben Köpfen

Ein Xhosa-Volksmärchen

Die nächste Geschichte führt uns in das Eastern Cape, die Heimat von Nelson Mandela. Unbeschreiblich schöne Eindrücke von den faszinierenden Landschaften habe ich von dort mitgebracht – wie z. B. vom Valley of Desolation, in dessen Nähe auch das berühmte Owl-House liegt, mit dem sich die Künstlerin Helen Martin ein Denkmal gesetzt hat.

Ein Abstecher führt mich in das Universitätsstädtchen Alice. Hier studierten viele Persönlichkeiten Südafrikas, darunter auch Nelson Mandela und einer seiner wichtigsten Mitstreiter Oliver Tambo, die dort ihre juristische Kenntnisse erwarben.

In seinem Buch "Der lange Weg zur Freiheit" berichtet Nelson Mandela wie folgt: „Nach dem Spielen kehrte ich dann zurück zum Kral meiner Mutter, die das Essen zubereitete. Während mein Vater Geschichten von historischen Schlachten und heldenhaften Xhosa-Kriegern erzählte, erfreute uns meine Mutter mit Le-

Xhosa-Frauen auf einem Feld bei Kei Road

genden, Mythen und Fabeln, die über zahllose Generationen weiter-
erzählt wurden. Es waren Geschichten, die meine kindliche Phantasie
anregten, und meistens enthielten sie irgendeine Moral."

Eine der Geschichten, die er sicherlich schon in jungen Jahren
von seiner Mutter gehört haben dürfte, und die er später in seine
Sammlung afrikanischer Lieblingsmärchen aufgenommen hat, ist das
in meiner Einführung schon erwähnte Xhosa-Volksmärchen von der
"Schlange mit den sieben Köpfen", das ich Ihnen nun erzählen werde.

Es war einmal eine Frau namens Manjuza, die hatte zwei besondere Begabungen. Sie besaß eine volle, kräftige Stimme und
machte die Menschen mit ihrem Gesang glücklich. Manjuza
jedoch tanzen zu sehen, war das Beste, was einem widerfahren
konnte, um fröhlich zu werden. Von nah und fern kamen die
Leute und baten Manjuza, bei wichtigen Festtagen doch für sie
zu tanzen. Ihren größten Ruf aber genoss sie als Hochzeitstän-
zerin. Eine Hochzeit ohne Manjuza, die zum richtigen Zeitpunkt
zu tanzen begann – nämlich wenn die Braut auftrat, angetan mit
ihren schönsten Kleidern, nach köstlichen Kräutern duftend und
mit einem Gesicht, strahlend wie die Morgensonne – eine solche
Hochzeit verdiente überhaupt nicht diesen Namen. Tatsächlich
war eine Hochzeit ohne Manjuza eine Hochzeit, die man nur
allzu schnell vergaß.

Manjuza lebte in Guleni, einem kleinen Dorf, in dem einfache, hart arbeitende Menschen wohnten. Obwohl es so klein
war, war es doch wohlbekannt wegen seiner tapferen Jäger. Ihr
Anführer war Mthiyane, ein geachteter Mann, der nur den Mund
aufmachte, wenn er etwas wirklich Wichtiges zu sagen hatte. Seit
seiner Jugend war er ein guter Jäger gewesen, und viele Mütter
hatten gehofft, er würde ihre Tochter heiraten. Doch als er sich für
Manjuza entschied, mussten alle zugeben, dass sie ein wunderba-
res Paar abgaben.

Im Lauf der Jahre bekamen sie drei Kinder, zwei Jungen und
ein Mädchen. Wenn Mthiyane mit seinen Jägern unterwegs war
– was manchmal viele Wochen dauern konnte – pflegte er still
unter dem sternenübersäten Himmel zu sitzen und sich vorzustellen, was Manjuza wohl zu Hause mit den Kindern machte. Oh,
wie sehnte er sich danach, das ruhige Atmen der Kinder zu hören,
wenn sie nach dem Abendessen allmählich einschliefen, während
ihre Mutter ihnen Wiegelieder sang!

Eines Morgens war Manjuza allein zu Haus. Sie braute gerade Bier, denn ihr Mann würde in zwei Tagen zurückkehren, und sie wollte, dass das Bier bis dahin fertig wäre. Während sie so arbeitete, hörte sie jemanden von draußen rufen. Eine alte Frau war gekommen, um sie zu bitten, auf der Hochzeit ihrer Enkelin zu tanzen. Doch das brachte Manjuza in eine missliche Lage: Sie hatte nämlich bereits eingewilligt, am selben Tag auf einer anderen Hochzeit zu tanzen.

Die alte Frau versuchte mit allen Mitteln Manjuza zu überreden, die andere Hochzeitsverabredung abzusagen, doch Manjuza hatte ihr Wort gegeben und dachte gar nicht daran, sich umstimmen zu lassen. Sie schlug der alten Frau vor, den Tag der Hochzeit zu verlegen, dann könnte sie auf beiden Hochzeiten tanzen und niemand wäre enttäuscht. Doch die alte Frau weigerte sich, den Hochzeitstag ihrer Enkelin aufzuschieben, und wurde sehr wütend. Im Weggehen drohte sie Manjuza gehässig, sie werde ihren Mann verfluchen. Auf seinem Heimweg werde Mthiyane etwas Schreckliches zustoßen und er werde sich in ein scheußliches Ungeheuer verwandeln.

Nachdem die alte Frau gegangen war, blieb Manjuza bekümmert sitzen. Das Herz tat ihr weh. Sie war eine freundliche Person, der das Tanzen immer große Freude bereitet hatte, denn sie liebte den Anblick der glücklich strahlenden Hochzeitsgäste.

An dem Abend, als Manjuza die Heimkehr ihres Mannes erwartete, waren die Kinder sehr aufgeregt. Noch lange, nachdem sie zu Abend gegessen hatten, blieben sie auf, um ihn zu erwarten. Es wurde spät. Sie warteten auf ein Klopfen an der Tür, doch es kam nicht. Sie warteten darauf, das Bellen der Hunde zu hören, die den Jägern entgegenliefen, doch alles blieb ruhig. Die Kinder fingen an zu gähnen und eines nach dem anderen schlief ein. Ihre Mutter blieb sitzen, sie konnte keinen Schlaf finden.

Kurz vor der Morgendämmerung kehrte Mthiyane heim. Wie merkwürdig er aussah! Seine Augen schimmerten grau und blitzten hin und her – wie die einer gereizten Schlange. Er hatte eine ganz lange Zunge bekommen, die ihm weit aus dem Mund hing. Er sagte kein einziges Wort, sondern gab nur seltsame Laute von sich.

Manjuza war sprachlos vor Entsetzen. Der Mund wurde ihr trocken, als sich ihr geliebter Mann vor ihren Augen in eine Schlange mit sieben Köpfen verwandelte. Sie musste sich schnell etwas überlegen. Schon begannen die Hähne zu krähen, und im Osten färbte sich der Himmel rötlich. Sie musste die Schlange irgendwo verstecken, ehe die Kinder aufwachten.

Schnell räumte sie eine der Hütten aus, die in der Erntezeit als Vorratslager dienten. In der Hütte gab es einen großen schwarzen Topf zur Aufbewahrung von Getreide. Sie leerte ihn und ließ die Schlange hineinkriechen. An einer Seite des Deckels brach sie ein Stück heraus, so dass das Tier ein Loch zum Atmen hatte. Nachdem sie jeden der sieben Köpfe vorsichtig gefüttert hatte, schloss sie die Tür hinter sich zu.

Als die Kinder aufwachten, fragten sie nach ihrem Vater. Manjuza sagte, er sei noch nicht gekommen, werde aber in wenigen Tagen wieder zu Hause sein. Als es Abend wurde legte sie die Kinder schlafen und ging heimlich nach draußen, um die Schlange zu füttern. Erst nachdem sie den Lagerraum verschlossen hatte und zu Bett gegangen war, ließ sie ihrem Kummer freien Lauf und weinte sich in den Schlaf.

In dieser Nacht hatte Manjuza einen Traum. Sie sah ihre Großmutter, und die verriet ihr, was sie tun müsse, um den Bann zu lösen – nämlich auf sieben Hochzeiten zu tanzen. Nach ihrem siebten Hochzeitsauftritt würde ihr Mann wieder denselben Körper haben wie vor dem Bannspruch. Doch dürfte sie niemanden etwas davon erzählen, nicht einmal ihren eigenen Kindern.

Manjuzas Kinder verstanden nicht, wieso ihr Vater nicht von seinem Jagdausflug heimgekehrt war. Und ebenso wenig verstanden sie, weshalb ihre Mutter jedes Mal wütend wurde, wenn sie fragten, warum sie jetzt immer eine der Hütten verschlossen halte oder warum sie so beunruhigt sei.

Tanzende Xhosa

Doch Manjuza bewahrte ihr Geheimnis und fütterte weiterhin die Schlange. Es machte sie sehr glücklich zu sehen, wie sehr die Kinder ihren Vater vermissten. Manchmal fragten sie sich, ob er vielleicht gestorben sei und ihre Mutter nur Angst habe, es ihnen zu sagen. Doch dann sahen sie gelegentlich, wie sie etwas Essen beiseite legte. Fragten sie sie nach dem Grund, antwortete sie, das sei für ihren Vater, falls er doch noch wiederkäme.

Wie gewöhnlich kamen Leute zu Manjuza, um sie zu bitten, auf ihren Hochzeiten zu tanzen und jedes Mal willigte sie freudig ein. Die erste Hochzeit ging vorbei, dann die zweite und die dritte... Natürlich zählte sie jede. Sie konnte an nichts anderes denken, als an Hochzeiten. Jedes Mal, wenn sie zum Tanzen ging, fütterte sie die Schlange, verschloss die Hütte und nahm den Schlüssel mit. Oft bettelten die Kinder, sie möge ihnen doch zeigen, was in dieser Hütte war, doch stets sagte sie „Nein". Sie überlegten sich sogar, ihr den Schlüssel zu stehen, aber Manjuza war auf der Hut.

Immer wieder wurde Manjuza eingeladen zu tanzen und jede Einladung brachte sie ihrer siebten Hochzeit näher. Als sie von ihrer sechsten zurückkam, war sie so glücklich, dass sie in einem fort lächeln musste. Ihr Gesicht war fröhlich, und ihre Augen strahlten wie die eines verliebten Mädchens. Sie bemerkte die verwirrten Gesichter der Kinder und dachte bei sich: „Auch sie werden bald wieder lächeln."

Als die Einladung zur siebten Hochzeit kam, war sie vor Freude ganz außer sich. Sie sang vor sich hin und lachte laut, bis ihre Nachbarn glaubten, sie habe sich in einen anderen Mann verliebt. Als sie Manjuza fragten, wer es denn wäre, lachte sie einfach nur.

Am Morgen der siebten Hochzeit wachte Manjuza früh auf. Nachdem sie den Kindern Frühstück gemacht hatte, kleidete sie sich mit besonderer Sorgfalt. Sie wollte so schön wie möglich aussehen. Inzwischen überlegten sich die Kinder wieder einmal, wie sie ihr den Schlüssel stehlen könnten. Sie versuchten es mit so vielen Tricks, an die Schlüssel zu kommen, dass Manjuza

Landschaft in der Nähe von Fouriesburg

richtig wütend war, als sie wegging. Die Angelegenheit lag ihr freilich viel zu sehr am Herzen, als dass sie sich eine Unachtsamkeit erlaubt hätte und so nahm sie den Schlüssel einfach mit.

Vor lauter Enttäuschung verzehrten die Kinder ihr Frühstück nur missmutig. Dann gingen sie zum Spielen nach draußen. Als sie am Nachmittag herumtollten und Fangen spielten, standen sie unversehens vor der Hütte, die sie nicht betreten durften. Der ältere Junge machte sich an der Tür zu schaffen, an der sie schon so oft vergeblich gerüttelt hatten. Sie war offen. Manjuza hatte zwar den Schlüssel eingesteckt, aber vergessen die Tür abzuschließen!

Vorsichtig betraten die Kinder die Hütte und schauten sich um. Da war nichts außer einem großen dreifüßigen Topf mit einem Deckel, der an einer Stelle zerbrochen war. Sie sahen sich fragend an: Es war ihnen unverständlich, wieso ihre Mutter einen Topf vor ihnen versteckt hatte. Der Älteste hob den schweren Deckel an, um zu sehen, was drinnen wäre. Da starrte ihn die riesige Schlange mit den sieben Köpfen an. Schreiend vor Entsetzen rannten die Kinder heraus.

Manjuzas Haus lag nicht weit vom Fluss entfernt, und die seltsame Schlange wand sich aus dem Topf heraus und glitt hinunter zum Flussufer. Dort lag sie in der Nachmittagssonne und betrachtete ihr Spiegelbild im Wasser.

Manjuzas Kinder rannten schnurstracks zu ihren Freunden, um ihnen von der seltsamen Schlange zu erzählen. Eine Schar von Jungen und Mädchen zog sofort los, um sie zu finden. Als sie zu der Stelle kamen, wo die Schlange lag, blieben sie mit offenem Mund stehen. Auch die sieben Köpfe schauten sie mit großem Interesse an. Einer der Köpfe sagte:

„Wo gigigi, da stehen sie."

„Was wollen sie?", frage der zweite Kopf.

„Sie starren uns an", bemerkte der Dritte.

„Ich glaube, sie wollen unsere Köpfe sehen", sagte der Vierte.

„Warum kommen sie nicht näher?" fragte der Fünfte.

„Ich denke, sie haben Angst, gebissen zu werden", sagte der Sechste.

„Und da, wo sie stehen, können sie da nicht gebissen werden?", fragte der Siebte.

Die Kinder machten kehrt und rannten weg, so schnell sie ihre Füße trugen. Sie liefen nach Hause und erzählten ihren Eltern von der Schlange mit den sieben Köpfen. Die Männer nahmen ihre Stöcke und gingen zum Fluss. Als sie dort ankamen, blieben sie wie vom Zauber gebannt stehen. Es fiel ihnen schon schwer genug, sich eine Schlange mit mehr als einem Kopf vorzustellen, aber als die dann auch noch zu sprechen anfing, verschlug es ihnen völlig die Sprache.

Natürlich wollten sie nicht zugeben, dass sie Angst hatten – das hätte sie vor ihren Frauen und Kindern nur blamiert. Einige Männer meinten, es sei nicht rechtens, die Schlange zu töten. Sie sagten: „Vielleicht wollen unsere Ahnen uns etwas mitteilen. Wir sollten wohl besser nach Hause gehen und die Angelegenheit in einer Dorfversammlung erörtern."

Die Frauen begriffen sofort, dass die Männer nur Ausflüchte machten, um ihre Angst zu verbergen. Die Schlange musste noch vor Sonnenuntergang tot sein, fanden sie, denn sie sorgten sich um die Sicherheit ihrer Kinder.

Die Männer sagten: „Auch wir sorgen uns um unsere Kinder, aber die Schlange da unten am Fluss ist keine normale Schlange!" Aber davon ließen die Frauen sich nicht beeindrucken. Sie taten sich zusammen und kochten ganze Töpfe voll Brei. In einer langen Reihe zogen Mütter, die Brei auf den Köpfen trugen, zum Fluss hinunter. Diesmal wurde die Schlange wütend und sprach sehr schnell.

„Wo gigigi, da kommen jetzt die Frauen!"

„Was wollen sie?"

„Sie kommen auf uns zu..."

„Diese Töpfe..."

Noch ehe die wütenden Köpfe weiterreden konnten, stürzten die Frauen vor und kippten den heißen Brei auf die Schlange. Dicke Brandblasen platzten auf ihrer Haut auf und sie stöhnte in Todesqualen. Die meisten Dorfbewohner kamen herbeigelaufen, um beim Töten der Schlange mitzumachen. Sie stimmten ein Lied an und freuten sich darüber, dass sie die Schlange mit vielen Händen getötet hatten.

Manjuza war auf dem Heimweg von der siebten Hochzeit, als sie die Frauen das neue Lied singen hörte. Entsetzen packte sie. Die Dorfbewohner hatten ihren Mann getötet! Sie spürte, wie ihr die Tränen in die Augen traten.

Was sollte sie tun? Obwohl der Gedanke ihr Angst machte, beschloss sie, zu den anderen zu gehen und in den Gesang mit einzustimmen und zu tanzen, bis sie sich überlegt hatte, was sie als nächstes tun würde. Es begann schon zu dunkeln, und die Leute würden ihr verweintes Gesicht nicht sehen.

Doch als sie näher kam und den Leuten über die Schulter blickte, sah sie, wie sich aus der von Blasen verquollenen grünen Haut der toten Schlange langsam ihr geliebter Mann erhob. Sein Gesicht war zerknittert, und er hatte die Augen halb geschlossen, als hätte er lange, lange geschlafen. Der Gesang verstummte. Alle waren sprachlos angesichts der unerklärlichen Rückkehr von Manjuzas Mann. Mthiyane blickte wie benommen auf die Dorfbewohner und bewegte sich langsam auf die Menge zu, um nach seiner Frau zu suchen.

Manjuza glaubt ihren Augen nicht zu trauen. Sie rannte vor und warf sich ihrem Mann an den Hals. Vor Erleichterung weinte und lachte sie zugleich. Mthiyane hielt seine Frau fest in den Armen. Er begriff nicht, was um ihn herum passierte. Dann kamen ihre Kinder vorgelaufen und die Familie war wieder vereint.

Die Sonne war untergegangen und mit dem Ende des Tages war auch das Ende des Zaubers gekommen. Manjuza begann zu singen und zu tanzen, schöner als sie je gesungen und getanzt hatte und das ganze Dorf freute sich mit ihr.

Eastern Cape / Wild Cost: Coffee Bay - Hole in the Wall

Ort des Klangs – Die Legende vom "Hole in the Wall"

Das berühmte "Hole in the Wall" soll einer romantischen Xhosa-Legende nach vom Gott des Meeres geschaffen worden sein, der in ein hübsches Xhosa-Mädchen verliebt war. Dieser beeindruckende Felsen wurde 1823 von dem britischen Vermessungsschiff Barracouta entdeckt, das die südafrikanische Küste vermessen hatte.

Es ist ein Fels, der aus dem Meer herausschaut, mit einem großen Loch in der Wand, durch das das Meer hindurchfließt. Die Xhosa nennen diesen Ort "esiKhaleni", was "Ort des Klanges" bedeutet. Der Klang der Wellen, die durch das Loch geschoben werden, gibt diesem legendenumwobenen Ort seinen Namen.

Von Coffee Bay bis zum "Hole in the Wall" geht man etwa 2 Stunden zu Fuß an der Küste entlang. Viele Schwimmer haben bereits versucht, durch das Loch zu schwimmen, doch der starke Wellengang macht dies unmöglich. Seinen Namen hat Coffee Bay im Übrigen von einem Frachtschiff, das Kaffee geladen und hier Schiffbruch erlitten hatte.

Sonnenuntergang an der Wild Coast

Die folgende Legende erzählt von einem Xhosa-Mädchen, das diesen Ort so sehr liebte. Ihren Name weiß heute niemand mehr, aber die Legende macht sie unsterblich.

Sie war groß, schlank und mit einer Haut, die genauso wie das Wasser auf dunklen, braunen Steinen glänzte. Eingewickelt in einen rostig braunen Umhang saß sie an den Klippen und schaute in die Lagune unter sich. Es war ein sicheres Gewässer, gefüllt mit dem Wasser des Flusses und vor der rauen See durch einen großen, gekrümmten Felsen geschützt. Wie eine Mauer stach dieser hervor, so wie die Mauern, die die Leute ihres Dorfes gebaut hatten, um ihre Häuser zu schützen. Nur waren diese aus Holz und der Felsen dort aus hartem, dunklem Stein. Sie hörte die Brandung ungeduldig gegen den Felsen schlagen. Bald würde die Flut kommen.

Ihr Volk waren Landleute. Sie fingen Fische im Fluss und schwammen in der Lagune, wo riesige Bäume mit ihren dunklen Blättern Schatten spendeten und das Wasser von der Erde getrennt wurde. Vor langer Zeit hatte ihr Volk beschlossen, dass das Meer grausam und gefährlich sei. Sie fürchteten die tosenden Wellen und die stechende Gischt – und wussten, dass das kalte Wasser über die Felsen schwappen und sie in die tiefe See reißen könnte.

„Wir gehen da nicht hin", sagten sie ihr immer wieder. „Hüte dich vor dem Seevolk. Sie sind im Salzwasser geboren und genauso grausam wie das Meer. Sie beneiden uns, weil wir die Regeln der Erde beherrschen und sonniges Weideland besitzen. Wenn Ebbe ist, dann lassen sie ihr Vieh oben auf den Klippen grasen. Wenn sie dich dort sehen, werden sie dich schnappen und mitnehmen. Also passe gut auf."

Doch sie liebte das Meer über alles. Jede Welle war anders. Jede kleinste Bewegung des ansteigenden Wassers zeigte ein einzigartiges Naturschauspiel. Eines Abends ging sie zu der Klippe mit dem Felsvorsprung. Plötzlich tauchte einer von den Seevolkwesen aus dem Wasser auf. Er war so groß wie sie, hatte seidenes Haar, das ihm wie Wellen von den Schultern fiel. Seine Augen waren meerblau und seine Knochen schimmerten unter der weißen Haut. Er bewegte sich fließend und er war sehr nett.

Er sprach mit ihr, sagte, wie sehr er ihre dunkle Haut bewundere. Sie fühlte sich wie in Trance. Oft habe er sie beobachtet und sie von weitem bewundert. Jetzt sei er gekommen, um sie zu heiraten und bei ihrem Vater um ihre Hand anzuhalten. Als sie ihrem Vater das erzählte, wurde dieser sehr wütend. „Wir handeln nicht mit dem Seevolk und verschachern unsere Töchter", rief er. „Wie willst du im Meer Söhne gebären, die im Alter für mich jagen gehen? Diese Heirat ist undenkbar. Nein, du wirst ihn nie wiedersehen. Erwähne ihn nie wieder!"

Aber sie tat es doch. Nachts schlich sie sich aus dem Haus, um ihren Meeresgeliebten zu treffen. „Mein Vater erlaubt es nicht, dass wir heiraten", erzählte sie ihm. Bekümmert schluchzte er auf und schüttelte den Kopf. Dann sagte er ihr, dass sie bei der nächsten Flut wiederkommen solle. Er wolle ihr beweisen, wie stark seine Liebe zu ihr sei. Doch müsse sie in sicherer Entfernung von dem Felsen stehen.

Als die Sonne langsam in das Meer eintauchte und kleiner wurde, stand sie am Felsen und wartete. Bildete sie sich das ein oder waren dort auf dem Felsen geschmeidige, schlanke Figuren? Was schleppten sie da? Es war groß, sperrig und nicht erkennbar. Sie vergaß die Warnung des Seemannes.

Sie war fasziniert, aufgeregt und plötzlich begann sie die Lagune entlang zu laufen. Hinter ihr schrieen die Dorfbewohner, sie solle zurückkommen. Denn sie hatten die Vorahnung gehabt, dass etwas Eigenartiges passieren würde. Und so waren sie ihr gefolgt.

Es war eine riesige, grüne Seeschlange mit einem gewaltigen Kopf, die das Seevolk transportierte. Unten an der Lagune angekommen, tauchten sie diese ins Wasser und ließen sie nicht in die Brandung schwimmen sondern gegen den harten Felsen. Was hatten sie vor? Die riesige Seeschlange schlug mit ihrem großen Kopf gegen die Wand. Weiße Gischt spritzte auf und Steinbrocken wirbelten durcheinander. Die Seeschlange bohrte ein Loch durch den Felsen, das die Lagune mit der offenen See verband. Ihr Vater, ihre Familie und das ganze Dorf beobachteten ehrfürchtig, wie das Loch immer größer wurde. Plötzlich schnellte ein riesiger Wasserstrahl durch das Loch und mit ihm jubelnd und singend Hunderte des Seevolks. An vorderster Front stand der Mann, der sie über alles liebte. Er ritt auf einer Welle direkt zu ihren Füßen, streckte seine Hände aus und sie folgte ihm. Dann, als die Welle sich wieder ins Meer zurückzog, segelte sie durch das Loch mit diesem Volk in das offene Meer zurück.

Die Dorfbewohner haben sie nie wieder gesehen. Sie suchten nach ihr, weinten und hofften. Später erzählte man sich, dass die Familie geträumt habe, ihre Tochter sei im Meer sehr glücklich geworden. Ihr Ehemann sei ein Seeprinz und sein Volk sehr nett gewesen. Aber die Dorfleute trauten diesen Traumbotschaften nicht. „Natürlich ist das Seevolk ein grausames Volk. Schau dir doch an, wie sie unser wundervolles Mädchen gestohlen haben und uns dafür noch nicht einmal Vieh angeboten haben."

So erzählen die Xhosa diese alte Legende. Und sie erzählen auch, dass man nachts, wenn Flut ist, das Seevolk auch heute noch auf den Wellen reiten hören kann, auf der Suche nach einer neuen Braut.

Die Küste vor Gansbaai (Western Cape)

Free State / Aasvoëlberg: Eye of Zastron

Renier und die Donnerspitzen

Eine Legende von Renier de Winnaar, dem besten Geschichtenerzähler von Free State

Am Ende der spektakulären Free State Highlands Route, die sich an der Grenze zu Lesotho entlang schlängelt, liegt in einem landwirtschaftlich wohlhabenden Gebiet die kleine Stadt Zastron – direkt am Fuße des Aasvoëlberg, dem so genannten "Geierberg", der höchsten Erhebung von Free State. Zahlreiche historische Denkmäler und großartige Beispiele der Sandsteinarchitektur zeugen von der Vergangenheit Zastrons.

Von 1781 bis 1883 lebte hier Renier de Winnaar, der der beste Geschichtenerzähler von Free State und ein großer Freund von Pfirsich-Brandy gewesen sein soll. Ohne ihn hätten wir z. B. nie erfahren, woher der Sandstein-Felsen sein 9 m breites Loch hat: das "Eye of Zastron". Denn zu seiner Zeit gab es dieses Loch noch nicht. Wie es entstanden sein soll, das hat er wie folgt erzählt: Eines Tages war er wie so oft Fischen, rauchte genüsslich seine Pfeife und erfreute sich seines Pfirsich-Brandys, während er am Ufer des Baches saß, der am Fuße des Berges vorbeifloss. Da kam der Teufel in Begleitung eines Pavians und eines Geiers und

"Donnerspitzen" über Free State

fragte ihn, ob er an seiner Pfeife ziehen dürfe. Renier hatte zufällig
sein altes Gewehr dabei. Er zeigte darauf und erzählte dem Teufel,
dass das seine neue Pfeife sei. Er lud das Gewehr, verwendete dabei
jedoch eine Mischung aus Tabak, Schwarzpulver und einigen kleinen
Steinen. Dem Teufel sagte er, dass er den Lauf in den Mund stecken
müsse und einen tiefen Zug nehmen soll – dann zeigte er ihm die
Stelle, wo er anzünden müsse. Als die Mischung explodierte, nahm
der Teufel einen tiefen Zug. „Was für ein gutes, starkes Zeug ist das,
das so einen guten Kick gibt", meinte der Teufel noch erfreut. Doch
dann gab es eine zweite Explosion und die riss dem Teufel den Kopf
ab. Der flog dabei so heftig gegen den Felsen, dass er ein großes Loch
hinterließ. Und des Teufels Rumpf stürzte hinterher, um seinen Kopf
wieder einzufangen.

Aber nicht nur mit dem Teufel hatte sich Renier angelegt. In
einer anderen, der nun folgenden Geschichte, waren es die Wolken,
mit denen er seine Scherze trieb.

Renier liebte es, beim Fischen seine Zeit zu verbringen: Die Angel
im Wasser, die Pfeife in der Hand und auf dem Rücken liegend,
eine Flasche mit Pfirsich-Brandy neben sich, beobachtete er die
vorbeiziehenden Wolken. Die Wolken kannten Renier gut, denn
er ging sehr häufig zum Fischen.

Tag für Tag hatten sie ihn beobachtet, wie er die Flüssigkeit
aus der dunklen Flasche trank und sie waren neugierig auf das
Getränk geworden. Was immer es auch war, es roch streng und
schien deshalb umso besser zu schmecken. „Hey Mann!" riefen
sie hinunter. „Was trinkst du da? Lass uns mal probieren." Renier
schaute zu den weißköpfigen Donnerspitzen hoch. „Nein, da ist
nicht genug für uns alle drin", rief er. „Ich trinke mein Getränk und
ihr trinkt euer Getränk." Lachte und leerte die Flasche in einem
Zug. Das machte die Donnerspitzen wütend. Natürlich hätten sie
etwas anderes trinken können, aber sie hatten erwartet, dass Renier mit ihnen teilen würde.

Das Fischen und der Pfirsich-Brandy hatten Renier schnell
müde gemacht. Er zog den Hut über das Gesicht und schlief ein.
Während Renier schlief, heckten die Wolken einen Plan aus. Wäre
er aufgewacht, so hätte er vielleicht das Grollen von rollenden
Fässern gehört, die über den Himmel geschoben wurden. Er hätte vielleicht auch die kleinen Funken und Blitze gesehen oder gar
das glucksende Lachen der Donnerspitzen gehört. Doch sein

Schlaf war tief und fest. Er bekam auch nicht mit, wie die Wolken ein ganzes Fass Wasser über ihn schütteten und erwachte erst, als ein stürmisches Gelächter im Himmel erschallte. „Probier das!" donnerte eine Stimme. Ein weiterer Wasserschwall stürzte den Himmel hinab, gefolgt von einem donnernden Lachen. Renier schnappte seine Angelrute, seine Pfeife und seinen Hut und rannte nach Hause. Doch konnte er dem Scherz der Donnerspitzen nicht entkommen. Klitschnass erreichte er sein Haus. Er reckte die Faust gen Himmel, während sich die Wolken vor Freude übereinander wälzten.

Doch wollte sich der alte Renier de Winnaar nicht so schnell von ein paar fluffigen Wolken geschlagen geben. Am nächsten Tag nahm er eine große Menge von seinem selbst angebauten Tabak und kletterte den Hang zu der Höhle hinab, in der der Staubteufel lebte. Es war ein boshafter Staubteufel, der es liebte, die Leute auszutricksen und für gehörig viel Staub und Wirbel auf den Feldern von Free State zu sorgen. „Guten Morgen Dusty!" rief Renier laut, als er die Höhle erreicht hatte. „Willst du heute ein bisschen Spaß haben?" Der Staubteufel schnellte in die Höhe, wirbelte ein paar Mal im Kreis, stotterte wie ein abgesoffener Motor und hätte Renier mit seinem aufgewirbelten Staub beinahe erstickt. „Beruhige dich doch!" sagte Renier. „Hier, ich habe dir eine ganze Pfeife mit meinem besten Tabak gebracht. Wenn du bei meinem Plan mitmachst, ist es deine." Der Duft des Tabaks war sehr verführerisch. Der Staubteufel rollte sich ordentlich auf und lauschte Reniers Idee. Je frecher und unanständiger Reniers Racheplan gegen die Donnerspitzen wurde, desto mehr fand er Gefallen an ihm. Seit Jahren schon verabscheute er die hochfliegenden Wolken. Sie hatten eine ziemlich unfreundliche Art, auf die Erde zu blicken. „Warte nur bis morgen", sagte Renier zum Staubteufel. „Ich werde morgen wieder Fischen gehen und zusammen werden wir es diesen Wolken schon zeigen."

Am nächsten Tag setzte sich Renier bei warmem Sonnenschein an den Fluss. Für lange Zeit blieb der Himmel blau und klar. Doch als er seine Flasche herumschwenkte und sich das Licht im Glas spiegelte, glaubte er, ein kleines aufgeregtes Wispern einer Wolke zu hören. Er blickte flüchtig zum Tal, wo der Staubteufel schon lauerte und zwinkerte ihm zu. Der Staubteufel wirbelte ein wenig Staub auf. Eine Rauchschwade streckte sich gen Himmel. Scheinbar uninteressiert segelte eine weißköpfige Wolke heran. Dann folgten zwei, drei, vier und schließlich die Donnerspitzen. Ein weit entferntes Grollen ertönte, so als würden ein paar Wasserfässer herangerollt. Renier nahm seinen Strohhut und schwenkte ihn in der Luft. Der Staubteufel schwang sich, den ganzen Staub und Schlamm vom Tal aufwirbelnd, in die Luft. Die großen, weißen Donnerspitzen wurden durcheinander gewirbelt und waren über und über mit Staub und Dreck bedeckt. Ihr Lachen erstickte in kleinen Hustern und die schwachen Versuche, viel Regen zu produzieren, scheiterten kläglich. Die wenigen Tropfen, die sie auf die Erde fallen ließen, waren voller Schlamm und Staubkörnchen. Die Wolken flüchteten und der Staubteufel jagte sie voller Freude bis zu den Maluti Bergen im weit entfernten Lesotho. Kein Lachen ertönte mehr vom Himmel, doch der Boden war über und über mit Staub und Schlamm bedeckt. Der alte Renier rollte auf dem Boden herum und lachte so lange, bis ihm die Tränen von den Wangen liefen und in kleinen schlammigen Pfützen landeten.

Die Geschichte hätte hier enden können. Doch die Donnerspitzen waren mächtig sauer. So sehr, dass sie wochenlang den fruchtbaren Feldern von Free State fernblieben. Die Sonne brannte vom wolkenlosen Himmel herab und kein einziger Regentropfen berührte die Erde.

Längst war Renier das Lachen vergangen. Seine Farm war ausgedörrt, das Vieh durstig und sein Lieblingsplatz zum Fischen glich einer schlammigen Kloake. Den anderen Leuten erging es nicht besser. Nun wurde es Zeit, die Wolken um Verzeihung zu bitten.

Am darauf folgenden Sonntag – Renier war gerade dabei, drei kleine, schwere Fässer durch das trockene Flussbett zu tragen – hörte er weit entfernt ein kleines Wispern. Der schwere Geruch, der aus den Fässer strömte, die mit delikatem Pfirsich-Brandy gefüllt waren, hing in der Luft. Renier spitzte die Ohren und lauschte. Hatte er etwa einen winzigen Donner vernommen? „Hört zu!" rief er. „Ihr habt gewonnen – und es tut mir leid. Wie wäre es mit einem Schluck, um eine neue alte Freundschaft zu begießen?" Die Donnerspitzen willigten ein und versammelten sich. Weiße Wolken senkten sich da, wo die drei kleinen Fässer standen, ganz nah zum Boden – und als die ersten Regentropfen zu Boden fielen, flossen Tränen der Dankbarkeit.

Doch Renier hatte es mit den Wolken wohl zu gut gemeint. Denn das, was sich in den Fässern befand, war zu stark für die Donnerspitzen. Drei ganze Tage feierten sie eine stürmische Party! Wirre Blitze schlugen wie im Rausch auf der Erde ein, der Donner grollte von einem Berg zum anderen und überall purzelte der Regen hilflos zu Boden. Aber zum ersten Mal in seinem Leben machte es Renier nichts aus, klatschnass zu werden, denn das Tal hatte den Regen nötiger denn je.

Als alles vorbei war, nahmen die Wolken wieder ihren gewohnten Lauf und zogen friedlich über Free State hinweg. Renier de Winnaar ging wieder zum Fischen und hatte nun eine neue Geschichte, die er jedem, der es wissen wollte, erzählen konnte. 102 Jahre ist er alt geworden – und auch wenn er viele Geschichten mit ins Grab genommen hat, so lebt er in einigen seinen Geschichten weiter, so wie in dieser, die man sich bis heute in Südafrika erzählt.

Northern Cape / Karoo

Die Geschichte
einer afrikanischen Farm

Der Name Karoo kommt von "kurú" (trocken) aus der Sprache der San, die einst hier jagten. Die Karoo ist eine Halbwüstenlandschaft und man unterscheidet sie in Kleine Karoo, Große Karoo und Obere Karoo. Mit einer Ausdehnung von 500.000 km² umfasst die Karoo fast ein Drittel des Territoriums Südafrikas. Umgeben von den Bergketten des Randgebirges regnen sich die feuchten Seewinde bereits an den Luv-Seiten der Berghänge ab, sodass das Land hinter den Bergen weitgehend trocken bleibt und daher überwiegend nur zur Schafzucht genutzt wird.

Das Juwel der Karoo ist Graaff-Reinet, inmitten des Karoo Nature Reserve gelegen. Die Stadt, die einem Freilichtmuseum gleicht, schmückt sich mit einer Vielzahl von wunderschönen Häusern im viktorianischen und kapholländischen Stil. Sie zählt zu den ältesten Städten Südafrikas und war 1836 Ausgangspunkt des "Großen Trecks".

Die Karoo

Nicht weit davon entfernt liegt der Ort Cradock, in dem man das Geburtshaus der berühmten südafrikanischen Schriftstellerin Olive Schreiner besichtigen kann. Weiter nördlich liegt die Stadt De Aar, zweitwichtigster Eisenbahnknotenpunkt Südafrikas. Hier lebte Olive Schreiner zwischen 1907 und 1913 – ihr Haus wurde mittlerweile zu einem Restaurant umfunktioniert.

So fühlt man sich bei einer Fahrt durch die Karoo, zumindest wenn man ihren Roman "Geschichte einer afrikanischen Farm" (The Story of an African Farm) kennt, in "Olive Schreiners Land" versetzt. Und in die Zeit, von der ihr Roman erzählt. Die Landschaft und das Leben der Menschen, die hier leben und arbeiten, sieht man dann mit ganz anderen Augen.

Der Roman spielt im Jahr 1850 in Südafrika auf einer Farm mitten in der Karoo. Die wesentlichen Protagonisten sind drei Kinder, die bei ihrer Tante Sannie – einer rauen, wenig herzlichen Burenfrau – aufwachsen: Waldo, der mit seinem deutschen Vater Otto in einem Schuppen auf der Farm lebt, und die Cousinen Em und Lyndall, die unterschiedlicher nicht sein könnten: Em, die schüchterne und bodenständige und Lyndall, die aufmüpfige und rebellische.

Während der gesamten Geschichte wird die Karoo mit ihrem spröden, fast rauen Charme eindrucksvoll beschrieben. Wesentlicher sind jedoch die verschiedenen Entwicklungen, Erfahrungen und Handlungen der Kinder, obwohl sie unter gleichen Bedingungen aufwachsen.

Der teilweise fast einfältig wirkende Waldo ist ein wahrhaftiger Ausdruck von Güte, Verletzlichkeit und einem Hauch von Gleichgültigkeit. Er hat wenig Ehrgeiz und lebt in Bescheidenheit. Sein Leben, geprägt von Leid und Ungerechtigkeit, erscheint für ihn trotzdem sehr lebenswert. Es scheint, als bezöge er seine gesamte Kraft und Energie aus der Schönheit der Natur, aus winzig kleinen Momenten der Stille und Besinnlichkeit. Er verlässt im Jugendalter die Farm und lebt von einfachen Jobs. Trotz seiner Erlebnisse kehrt er immer wieder dorthin zurück – ist doch das Kopje (= Hügel, auf dem die Farm sich befindet) seine Heimat. Zudem verbindet ihn eine geschwisterliche, tiefe Liebe zu Em und eine fast anerkennende Liebe gegenüber Lyndall.

Em kommt das Bild der traditionellen Frau im damaligen Südafrika zu: sich mit allen Umständen abfinden, keine großen Erwartungen stellen und die klassische Rolle der Frau erfüllen.

Doch auch sie wird bitter enttäuscht, als sie das Herz ihres Verlobten an Lyndall verliert. Die Liebe zu ihrer Cousine ist jedoch so groß, dass sie selbst diese Verletzung ihres Selbstwertgefühls zu verzeihen mag. Sie ist das einzige der drei Kinder, das auch später nie die Farm verlassen wird und selbst nach der erneuten Heirat ihrer Tante Sannie auf dem Hof bleibt.

Lyndall verkörpert – von Kind an – die emanzipierte, unerschrockene Frau, die trotz schwieriger Umstände beharrlich ihren Weg geht. Sie reift zu einer wunderschönen, jungen Frau, die alle in ihren Bann zieht – so auch den Verlobten von Em. Er ist ihr nach der ersten Begegnung fortan treu ergeben und kämpft um ihre Gunst und Liebe. Jedoch nimmt ihr Leben einen tragischen Verlauf und sie geht letztlich daran zu Grunde. Der sie vergötternde Gregory Rose schafft es, sie aufzuspüren und muss erkennen, dass sie dem Tode geweiht ist. Verkleidet als Krankenschwester pflegt er Lyndall hingebungsvoll bis zu ihrem Tod.

Eine tragische und insbesondere für die Kinder nachhaltige Begebenheit ereignet sich während der Kindheitstage auf der Farm. Ein Engländer kommt des Weges und erschleicht sich durch eine gemeine Intrige das Vertrauen von Tante Sannie – ist sie doch auf Grund ihres Besitztums zu der damaligen Zeit eine der begehrtesten Witwen weit und breit. Mit seinem Charme erlangt er auch die Gunst des Deutschen Otto. Dieser ist ein Idealist und hat einen starken Glauben, nicht nur an das Christentum sondern auch an die Menschen selbst. So bemerkt er nicht, dass der Engländer Bonaparte Blenkins ihm einen Diebstahl "unterjubelt". Erzürnt darüber, dass Otto sie um ihren Besitz bringen wollte, jagt Tante Sannie ihn von der Farm. In der Nacht vor seinem Fortgang – Waldo ist während dieser Zeit zum Erntetransport unterwegs – stirbt Otto. Man könnte fast meinen, er sei vor Kummer und Gram über diese Ungerechtigkeit gestorben. Als Waldo von seiner Tour zurückkehrt, erfährt er ohne jegliches Feingefühl vom Tod seines Vaters.

Von diesem Moment an beginnt für alle eine grausame Zeit. Bonaparte Blenkins nutzt das Vertrauen der Tante aus und lässt sich zum "Ordnungshüter" der Farm ernennen. Insbesondere Waldo ist ihm ein Dorn im Auge. So bezichtigt er eines Tages auch ihn des Diebstahls, obwohl sich der kleine Waldo tatsächlich auf den Dachboden geschlichen hatte, um dort eingelagerte Bücher zu lesen. Der Engländer übernimmt die Bestrafung des Jungen und prügelt ihn eines Nachts fast zu Tode. Waldo – blutverschmiert, mit rohem Fleisch am Rücken – klagt und jammert nicht und lässt all die Grausamkeit über sich ergehen. Em ist in großer Angst und handlungsunfähig. Die beherzte Lyndall bricht in den Schuppen, in dem Waldo eingeschlossen ist, ein und kümmert sich um ihn.

Die Wendung kommt, als sich Bonaparte der jungen Schwester von Tante Sannie nähert. Seine aufdringlichen Annäherungsversuche bleiben von der Tante nicht unbemerkt. Außer sich vor Eifersucht und Ärger jagt sie ihn noch am selben Tag davon. Bonaparte hat große Angst vor Sannie und macht sich schnell auf den Weg, bittet Waldo jedoch vor seinem Fortgang um einen kleinen Gefallen. In diesem kleinen Augenblick wird klar, von welcher Güte Waldo geprägt ist. Trotz der Grausamkeiten, die ihm der Engländer angetan hat, erweist er ihm diesen Gefallen.

Zusammenfassend beschreibt die "Geschichte einer afrikanische Farm" eine bewegende und zugleich traurige Geschichte – eingebettet in die Landschaft der Karoo. Der Roman enthält autobiografische Züge – die Figur des idealistischen Otto ist an Schreiners Vater angelehnt, ihre Mutter Rebecca trug den Namen Lyndall.

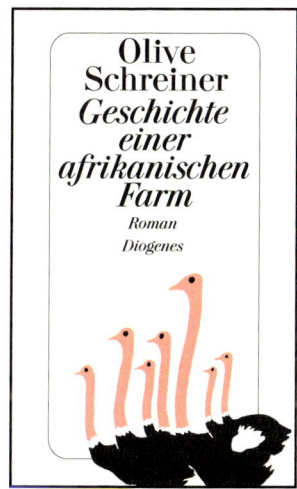

Literaturempfehlung

Zum Zeitpunkt des Erscheinens der "Geschichte einer afrikanischen Farm" gab es starke Vorurteile gegenüber weiblichen Schriftstellerinnen. So wurde Olive Schreiners Debüt in London unter dem Pseudonym Ralph Iron veröffentlicht. Erst in der Auflage von 1887 wurde die wahre Identität von Schreiner bekannt gegeben, worauf der Vorwurf eines "unweiblichen Stils" aufkam.

Der Roman war in der viktorianischen Gesellschaft eine Sensation, wurde als der größte Roman englischer Sprache bewertet und löste heftige Kontroversen aus. Zum einen faszinierten die realistischen Landschaftsschilderungen, der aufgeklärte Naturalismus und die unverkrampfte Rede über Sexualität, zum anderen irritierten die fortschrittlichen, bisweilen nihilistischen und agnostischen Auffassungen von Heirat und Religion. Schreiner gilt als Wegbereiterin für die Erzählerin Virginia Woolf und wird aufgrund ihrer Biografie oft mit der in London lebenden Schriftstellerin Doris Lessing aus Simbabwe verglichen.

Geschichte einer afrikanischen Farm
464 Seiten / Diogenes Verlag
ISBN 978-3-257-20885-6

Mein Reisetagebuch – Abschnitt 5

Stationen	Sehenswürdigkeiten (inkl gesammelter Geschichten)
31. Tag Grahamstown Port Elisabeth	Vormittags: Stadtbesichtigung Kurze Stadtbesichtigung Weiterfahrt entlang der Küste Tsitsikamma National Park Übernachtung: Hog Hollow Country Lodge
32. Tag Knysna Mossel Bay Oudtshoorn R62 Gansbaai	Kurze Stadtbesichtigung Shoppen und Verkostung von Austern Bartolomeu Diaz Museum Besuch der Showfarm Highgate "Mein erster Straußenritt" und ein köstliches Straußenfilet *Das Mädchen aus dem Straußenei* Kurzer Stop bei "Ronnies Sex Shop" Übernachtung: Grootbos Private Nature Reserve
33. Tag Grootbos	Natur-Safari und "Whale Watching" / Relaxen *Fynbos Feen Gedichte* Übernachtung: Grootbos Private Nature Reserve
34. Tag Grootbos	Ausflug zum Cape Agulhas / Relaxen Übernachtung: Grootbos Private Nature Reserve
35. Tag Kap-Weinregion	Besuch von einigen Weingütern u. a. Blaauwklippen und Nederburg Übernachtung: Arabella Western Cape & Spa
36. Tag Fahrt nach Kapstadt	Bettys Bay – putzige Pinguine Abstecher zum "Kap der Guten Hoffnung" *Der fliegende Holländer* Chapmans Peak Drive Abendessen auf Groot Constantia Estate Übernachtung: Cape Grace
37. Tag Kapstadt	Robben Island Kirstenbosch National Botanical Garden Victoria & Alfred Waterfront Übernachtung: Cape Grace
38. Tag Kapstadt	Besteigung des Tafelbergs *Van Hunks und der Teufel* Bummel durch die Innenstadt von Kapstadt Übernachtung: Cape Grace

5

Es war einmal –
da, wo alles begann …

Abschnitt 5 – Western Cape

Es war einmal – da, wo alles begann ...

Reisebericht

Ich verabschiede mich nun vom 4. Abschnitt der "Literarischen Route Südafrika" und erreiche bei Port Elisabeth die bei vielen Südafrikareisenden so beliebte Garden Route. 100 km folge ich der Küste durch den Tsitsikamma National Park. Der Park entlang der zerklüfteten Küste mit bizarren Klippen, einsamen Stränden und Schluchten ist ein Paradies für Wanderer. Wanderwege wie z. B. der 48 km lange Otter Trail oder der 72 km lange Tsitsikamma Trail führen durch eine weitgehend unberührte, intakte Naturlandschaft und der dichte Wald, der bis an die Küste reicht, ist einer der letzten Urwälder Südafrikas.

Nach einer angenehmen Nacht in der Hog Hollow Country Lodge ist Knysna meine erste Station am nächsten Morgen. Eingebettet zwischen Wäldern und Bergen liegt Knysna an einer großen Lagune, die von den "Knysna Heads" flankiert wird. Die "Perle der Garden Route" wurde schon mehrfach zum schönsten Urlaubsort Südafrikas gewählt und so ist die Stadt bei Einhei-

Cape Point aus der Luft

mischen wie auch bei Touristen gleichermaßen sehr beliebt. Hübsche Boutiquen und Souvenirläden verführen zum Shoppen und die vielen Restaurants an der Waterfront laden zum Verweilen ein. Feinschmecker sollten sich die Austern der Gegend nicht entgehen lassen, denn sie sollen zu den Besten der Welt gehören.

Nächste Station an diesem Tag ist Mossel Bay, wo vor 500 Jahren der erste Europäer, Bartolomeu Diaz, südafrikanischen Boden betreten hat (siehe Infokasten).

Am Nachmittag erreiche ich Oudtshoorn. Aus dieser Region kamen die Straußenfedern, die Ende des 19. Jahrhunderts bei Europäerinnen so beliebt waren und den "Federbaronen" großen Reichtum bescherten – prächtige Villen zeugen auch heute noch davon. Ein Besuch auf einer Straußenfarm ist hier ein Muss – meine

Wahl fällt auf die Showfarm Highgate. Dort werde ich sehr freundlich vom Inhaber begrüßt. Er gibt mir eine Einführung in die Straußenaufzucht inklusive Besichtigung der Brutschränke und der nur wenige Tage alten Straußenküken. Anschließend stärke ich mich bei einem leckeren Straußenfilet. Übrigens ein sehr gesundes Fleisch: Es schmeckt nach Rindfleisch, hat aber die positiven Eigenschaften von Geflügelfleisch. Der Höhepunkt meines Besuches ist

jedoch ein Straußenrennen. Zwei Angestellte der Farm schwingen sich auf zwei ausgewachsene Strauße, und als der Sieger ermittelt ist, fordern sie mich auf, es ihnen gleich zu tun. Ich steige mit einem etwas unbehaglichen Gefühl auf ein kleines Gerüst und setze mich vorsichtig auf den Strauß. Festhalten soll ich mich an den Schwungfedern der Flügel – also packe ich feste zu und denke mir

"das arme Tier", aber dem macht das überhaupt nichts. Und dann erlebe ich ein großes Abenteuer: meinen ersten Straußenritt – und das ohne Abwurf. Das "Lenken" ist übrigens ganz einfach: Mit der einen Hand an den Federn gut festhalten, und die andere Hand am Staußenhals: Hals nach rechts drücken– Strauß nach rechts, Hals nach links drücken – Strauß nach links, Hals loslassen – Strauß geradeaus. Funktioniert ganz wunderbar. Und nachdem ich mich mit ein paar Souvenirs eingedeckt habe – der Staubwedel aus Straußendaunen leistet bis heute wunderbare Dienste – geht es weiter auf der R62 in Richtung Gansbaai.

Auf der R62 komme ich an "Ronnies Sex Shop" vorbei – eigentlich nur ein kleines einsames Lokal an der Straße, auf dessen Wand ein Witzbold das Wort "Sex" hinzugefügt hat. Die Zahl der Gäste ist daraufhin – wen wundert es – sprunghaft gestiegen.

Western Cape / Mossel Bay: Bartolomeu Diaz Museum
Die Entdeckung Südafrikas / Der "Post Tree"

Auf der Suche nach dem Seeweg nach Indien hatten portugiesische Expeditionen seit der Zeit Heinrichs des Seefahrers Anfang des 15. Jahrhunderts die Westküste Afrikas erkundet. 1486 erteilte König Johann II. von Portugal Bartolomeu Diaz den streng geheim gehaltenen Auftrag, die Südspitze des Kontinents zu finden, sie zu umsegeln und wenn möglich bis Indien vorzustoßen.

Diaz stach im Sommer 1487 mit einer Flotte von drei Schiffen in See und erreichte Anfang 1488 die Lüderitzbucht im heutigen Namibia. Bei der Weiterfahrt wurden seine Karavellen von starken Nordwinden und Stürmen über das "Kap der Guten Hoffnung" hinaus nach Süden getrieben. Als er nach einigen Tagen auf Ostkurs keine Landberührung hatte und die Temperatur immer weiter fiel, drehte er nach Norden ab und stieß auf eine bewohnte Bucht, die er wegen der dort weidenden Rinderherden "Angra dos Vaqueiros" (Bucht der Kuhhirten) nannte. Heute geht man davon aus, dass damit die Mosselbai an der Küste des heutigen Südafrikas gemeint war.

Diaz segelte noch ein wenig weiter ostwärts, bis ihm bewusst wurde, dass er das Kap bereits umschifft haben musste. Erst auf dem Rückweg sichtete er dann schließlich das "Kap der Guten Hoffnung", das er "Cabo Tormentoso" (Sturmkap) nannte. Seinen heutigen Namen erhielt das Kap von König Johann, der damit die Hoffnung verband, die lange gesuchte Route nach Indien bald zu finden und es in "Kap der Guten Hoffnung" umbenannte.

Die Entdeckung dieses Seeweges blieb lange Jahre Staatsgeheimnis, denn damit sicherte sich Portugal das gewinnbringende Wissen um den Seeweg nach Indien und den damit verbundenen Gewürzhandel. Diaz, der noch einige Male bei Reisen nach Indien das Kap umschiffte, starb am 29. Mai 1500 bei einer Überfahrt von Südamerika nach Afrika, als sein Schiff in der Nähe des Kaps im Sturm unterging.

Auf den Spuren von Diaz können Südafrikareisende heute noch im Museumskomplex in Mossel Bay und dem dortigen originalgetreuen Nachbau der Diaz-Karavelle wandeln. Vor dem Museum steht der so genannte "Post Tree" – ein Baum, in den die Seefahrer auf dem Weg nach Indien ihre Post hängten. Von den Schiffen, die von Indien kommend zurück in die Heimat fuhren, wurden die Briefe dann nach Europa weitertransportiert.

Über traumhafte Passstraßen und entlang grandioser Canyons erreiche ich Gansbaai, wo ich mich im Grootbos Private Nature Reserve von der exzellenten Küche bezaubern und bei Touren in die einzigartige Fynbos-Pflanzenwelt einführen lasse. Und hier sehe ich auch meine ersten Wale, die an der Küste Südafrikas vorbeiziehen – ein faszinierendes Schauspiel, wenn sie aus dem Wasser auftauchen und ihre Fontänen blasen.

In Grootbos – einem der besten und vielfach ausgezeichneten Ressorts in Südafrika – verbringe ich einige wunderschöne Tage und mache von hier aus Ausflüge in die nähere Umgebung. Ich besichtige einige ausgewählte Weingüter (u. a. Nederburg und Blaauwklippen) in dieser landschaftlich äußerst reizvollen Kap Weinregion, koste hervorragende Weine und bestaune die wunderschönen Gutshäuser im kap-holländischen Stil. Ein weiterer Ausflug führt mich zum Cape Agulhas, dem südlichsten Punkt Südafrikas, an dem der indische und der atlantische Ozean aufeinander treffen.

Nach einem sehr angenehmen Erholungstag im Arabella Western Cape Hotel (Kleinmond) mit seinem zu Recht international ausgezeichneten Spa-Bereich geht es weiter Richtung Kapstadt. Auf dem Weg dorthin treffe ich in Bettys Bay auf die putzigen Pinguine, mache einen Abstecher zum "Kap der Guten Hoffnung", besichtige Groot Constantia Estate (das älteste Weingut Südafrikas) und erreiche Kapstadt über den Chapmans Peak Drive – die spektakulärste Küstenstraße Südafrikas.

Das Cape Grace, unmittelbar an der Victoria & Alfred Waterfront gelegen, ist mein Stützpunkt in Kapstadt. Von hier aus erkunde ich die Stadt, besuche Robben Island, besteige den Tafelberg und spaziere durch den am Fuße der "Twelve Apostles" gelegenen Kirstenbosch National Botanical Garden. Es ist der schönste Botanische Garten, den ich bisher gesehen habe, und nicht nur für Blumen- und Pflanzenliebhaber unbedingt empfehlenswert.

Nach diesen erlebnis- und abwechslungsreichen Tagen in Kapstadt lasse ich die Kap-Weinregion mit ihren zauberhaften Dörfern (wie z. B. Stellenbosch, Paarl und Franschhoek) hinter mir und mache mich auf den Weg nach Norden. Unterwegs mache ich einen Abstecher zu den idyllischen Fischerorten an der Westküste – einem Paradies für Surfer und Liebhaber ausgezeichneter Fischrestaurants. Den Vogelfreunden sei der West Coast National Park mit seinen über 250 Vogelarten empfohlen – er gilt als eines der bedeutendsten Vogelschutzgebiete der Welt.

Anmerkungen des Autors: Im Besonderen nach dem Verfassen dieses Reiseberichts wurde mir bewusst, dass er nur einen Bruchteil dessen einfangen kann, was ich Ihnen für Ihre Südafrikareise gerne noch empfehlen würde. Aus Platzgründen muss ich mich bei meinen Berichten und Erzählungen jedoch auf die wesentlichen Stationen meiner Reise beschränken. Und dieses Buch soll Ihnen ja auch nur einige Anhaltspunkte für Ihre Reiseplanung entlang der "Literarischen Route Südafrika" geben. Auf der Internetseite www.literarische-route-suedafrika.de finden Sie daher einige ausgewählte Reiseführer, die Ihnen naturgemäß viel detailliertere Information zu Südafrika geben können. Der umfangreichste dabei ist der Reiseführer vom "Reise Know-How Verlag", der auch mir gute Dienste erwiesen hat und sich besonders zur Planung individueller Reisen eignet.

Außerdem war selbst meine 7-wöchige Recherchereise viel zu kurz, um ausgiebig an allen Orten zu verweilen, an denen ich gerne länger geblieben wäre. Daher kann ich Ihnen guten Gewissens empfehlen, sollten Sie das Land mit all den beeindruckenden und faszinierenden Sehenswürdigkeiten intensiv entdecken wollen: Nehmen Sie sich für jeden Abschnitt mindestens 2 bis 3 Wochen Zeit und kommen Sie lieber mehrmals wieder. Aber das werden Sie wahrscheinlich sowieso tun, wenn Sie einmal hier gewesen sind. Und ich versichere Ihnen: damit wären Sie nicht die Ersten. Denn ich habe auf meiner Recherchereise viele Menschen getroffen, die so fasziniert waren, dass sie nach ihrem ersten Südafrika-Aufenthalt mehr als nur einmal wieder hierher zurückgekehrt sind.

Bo-Kaap, das ehemalig das Stadtviertel der Kap-Malayen in Kapstadt

Der mysteriöse Dr. M. Barry

Unterhalb des Lion's Head, ein markanter Berggipfel nahe der Bergkette "12 Apostel", liegt Camps Bay, einer der schönsten Orte der Kaphalbinsel. Dort befindet sich auch das Round House, das runde Haus, das im 19. Jahrhundert erbaut wurde und als Sommerresidenz des Gouverneurs Lord Charles Somerset diente. Heute ist das Round House ein kleines Restaurant, das für seine gute Küche bekannt ist (www.theroundhouserestaurant.com).

Und genau hier soll bis heute der Geist des mysteriösen Dr. Barry umhergehen, der hier oft zu Besuch beim Gouverneur und seinen Töchtern war. Er war ein kleiner Mann mit roten Haaren, bekannt für seine aufbrausende Art und seine hohe Stimme. Aber er war ein sehr guter Arzt und bei seinen Patienten sehr beliebt. Bekannt ist er auch daher, weil er den ersten erfolgreichen Kaiserschnitt in Afrika vorgenommen hat.

Viele Irritationen, die sein Verhalten zu Lebzeiten hervorgerufen hatte, klärten sich auf, als Dr. Barry 1865 starb. Denn erst da bemerkte man, dass Dr. Barry eine Frau war. Das "M." in ihrem Namen stand für "Miranda" und sie soll sogar ein Kind geboren haben, wie Schwangerschaftsstreifen verrieten. Man vermutet, dass sie sich als Mann ausgegeben hatte, da zu dieser Zeit in England, wo sie geboren wurde, nur Männer Medizin studieren durften.

In Kapstadt hatte sie zwar nur von 1817 bis 1828 gelebt, aber noch heute erzählt man den Kindern dort, dass der Geist von Dr. Barry sie hole, wenn sie abends zu lange draußen blieben. Man sagt, dass ihre arme Seele an diesem Ort umherwandert, weil sie einer großen Liebe nachtrauert, oder einem Kind – oder auch nur dem nie gelebten "ganz normalen Leben". Wer mehr über sie und ihr Leben erfahren will, dem sind die Bücher "The Secret Life of Dr. James Miranda Barry" (auf Englisch, ISBN 978-1594310904) und "James Miranda Barry" (auf Deutsch, ISBN 978-3827003201) empfohlen.

Western Cape / Kirstenbosch – Kap Weinregion

Wo alles begann – Die Wiege des Weinbaus in Südafrika

Die Kapregion (Cape Floral Region) ist geprägt durch atemberaubende und vielfältige Landschaftsbilder und ihre einzigartige Natur. Als dieser Region, die zu den pflanzenreichsten Gebieten der Welt zählt, im Jahr 2004 der UNESCO-Welterbestatus zuerkannt wurde, begründete man dies auch mit den einzigartigen Fortpflanzungsstrategien einiger der nur hier vorkommenden Pflanzen. Manche Gewächse blühen nur sehr selten und nur unter sehr extremen Bedingungen: Ihre Samen sprießen nur dann, wenn es gebrannt hat. Man vermutet im Boden der Kapregion Millionen schlummernder Samen, vielleicht sogar schon ausgestorben geglaubte Arten, die nach dem nächsten Feuer eine unglaubliche Blütenpracht hervorbringen werden. Auch der faszinierend schöne botanische Garten Kirstenbosch an den Hängen des Tafelbergs ist Teil der Welterbestätte.

Dass diese Gegend sehr fruchtbar ist, hatten auch schon die ersten Europäer bemerkt, die Südafrika entdeckt hatten. Aber erst als die Holländisch-Ostindische Handelskompanie die strategische Bedeutung des Kaps erkannte, schickte sie Jan van Riebeeck los, der am 6. April 1652 mit 82 Männern und 8 Frauen in der malerischen Bucht am Fuße des Tafelbergs landete. Sie hatten den Auftrag, einen Stützpunkt zu errichten, um die Schiffe auf ihren langen Reisen zwischen Europa und Asien mit frischen Lebensmitteln, vor allem mit Fleisch und Gemüse, zu versorgen. Zu ihrem Schutz bauten sie ein Fort, dem sie den Namen "Castle of Good Hope" gaben und das bis heute besichtigt werden kann.

Auch die Geschichte des Weinbaus beginnt mit der Ankunft von Jan van Riebeeck. Denn bei seiner Ankunft bemerkte er das mediterrane Klima und beschloss, Rebsorten aus Europa zu importieren. Er wusste, dass Wein auf langen Seereisen haltbarer als Süßwasser ist und sich ebenfalls positiv auf den Krankheitsverlauf von Skorbut auswirkt. 1655 pflanzte er die ersten Weinreben, und am 2. Februar 1659 wurde in Südafrika der erste Wein gekeltert. Jan van Riebeeck forderte die Bauern der Region um Kapstadt auf, Reben anzupflanzen. Aufgrund ihrer Unerfahrenheit müssen die Resultate in der Anfangsphase jedoch sehr bescheiden gewesen sein.

1679 wurde van Riebeeck durch Simon van der Stel ersetzt. Der war nicht nur Weinliebhaber, sondern hatte profunde Kenntnisse im Weinbau. Er legte auf seiner Farm das 750 ha große Weingut Groot Constantia an und gründete die Siedlung Stellenbosch.

Die Qualität der Weine verbesserte sich nachhaltig, als 1680 die ersten hugenottischen Einwanderer, die aus Frankreich fliehen mussten, das Kap mit einigen guten Rebstöcken im Gepäck erreichten.

In diese Zeit fällt auch die Gründung des Weinguts Blaauwklippen (1682) in Stellenbosch, das heute von dem deutschen Kellermeister Rolf Zeitvogel verwaltet wird und ausgezeichnete Weine produziert (www.blaauwklippen.de).

100 Jahre später (1791) gründete der deutsche Einwanderer Phillipus Wolvaart das Weingut Nederburg (siehe Abbildung vom Gutshaus), das heute zu den führenden Weingütern Südafrikas gehört und neben vielen anderen hervorragenden Weiß- und Rotweinen einen sehr leckeren Rosé produziert (www.nederburgwines.de).

Touristische Informationen und Empfehlungen

Die Provinz "Western Cape"

Umschlossen vom Indischen und Atlantischen Ozean, bietet diese Provinz mehr als 1.000 km schönste Strände, unglaubliche Naturkulissen und ganzjährig ein mildes Klima. Das Western Cape ist ein kulturelles Potpourri von Nachfahren der indigenen Khoikhoi, der stolzen Xhosa sowie der Menschen aus Europa und dem fernen Osten, die vor langer Zeit an diesem Kap Anker legten.

Diese magische Mischung der Kulturen kommt auch in den kulinarischen Köstlichkeiten, der Architektur und der Kunst des Kaps zum Ausdruck. Vor allem die Cape Muslims versprühen einen eigenen Zauber, der in ihrer unnachahmlichen Art der Musikunterhaltung greifbar wird.

Die viertgrößte Provinz Südafrikas ist mit einer unvergleichlichen botanischen Vielfalt gesegnet und wird bewunderungsvoll "The Fairest Cape" genannt. Zwischen August und Oktober verwandeln sich die trockeneren Gegenden der Provinz in ein wahres Blumenmeer.

Kapstadt, wohl behütet durch den Tafelberg, ist eine der schönsten Städte der Welt. Von hier aus können Sie die Weinregion mit ihren kapholländischen Weingütern erkunden und einige der edlen Tropfen verkosten.

Das Western Cape besticht durch seine wunderschönen Küstenlandschaften, seien es die idyllischen Fischerorte an der Westküste oder die Traumstrände entlang der berühmten Garden Route. Im Landesinneren liegt die Kleine Karoo mit ihren weiten Ebenen, malerischen Hügeln und großen Straußenfarmen.

Zwischen Juni und Dezember tauchen zahlreiche Wale vor der Küste des Western Capes auf und stellen eine weitere Attraktion neben der Frühlingsblüte dar.

Mehr Informationen zu Südafrika und der Provinz Western Cape in der Broschüre "Südafrika erleben" (siehe auch "Touristische Informationen").

Strand von St. James an der False Bay mit bunten Strandhäuschen

Bartolomeu Diaz Museum (Mossel Bay)

Das Museum dokumentiert die Geschichte der Entdeckung Südafrikas durch Diaz.

www.diasmuseum.co.za

Highgate Straußenfarm (Oudtshoorn)

Eine der ersten Straußenfarmen in Südafrika. Mutige wagen den Ritt auf einem Strauß.

www.highgate.co.za

Cango Caves

Die Tropfsteinhöhlen, tief unter den Swartbergen, zählen zu den schönsten der Welt.

www.cangocaves.co.za

Robben Island (Kapstadt)

Nationale Gedenkstätte und viel besuchtes Museum. An diesem Ort war Nelson Mandela 18 Jahre in Haft gewesen.

www.robben-island.org.za

Kirstenbosch Botanischer Garten (Kapstadt)

Ein wunderschöner Garten – ein Muss für alle Naturfreunde.

www.sanbi.org/frames/kirstfram.htm

Groot Constantia Estate (Constantia)

Die Geschichte des ältesten Weingutes reicht bis ins Jahr 1685 zurück. Das Anwesen ist eines der schönsten Zeugnisse kapholländischer Architektur.

www.grootconstantia.co.za / www.constantiavalley.com

Blaauwklippen Vineyards (Stellenbosch)

Eines der ältesten Weingüter Südafrikas mit ausgezeichneten Weinen und bester Küche.

www.blaauwklippen.de

Übernachtung

Hog Hollow Country Lodge (The Crags)

Kleines Versteck mit Blick auf Berge und Schluchten, bietet phantastische Landschaft und ein Spitzenteam.

www.hog-hollow.com

Grootbos Private Nature Reserve (Gansbaai)

Ein traumhafter Ort zum Entspannen und um die Fynbos-Pflanzenwelt kennen zu lernen.

www.grootbos.com

Arabella Western Cape Hotel & Spa (Kleinmond)

Das erstklassige Hotel mit international ausgezeichnetem Wellness-Zentrum lädt zum Entspannen und Golfspielen ein.

www.westerncapehotelandspa.co.za

Cape Grace (Viktoria & Alfred Waterfront, Kapstadt)

5-Sterne Hotel, unmittelbar an der Viktoria & Alfred Waterfront gelegen, mitten im Trubel Kapstadts mit wundervollem Blick auf den Tafelberg.

www.capegrace.com

Twelve Apostles Hotel & Spa (Camps Bay, Kapstadt)

Das exklusive 5-Sterne-Hotel "Twelve Apostles" liegt dort, wo Erde, Meer und Himmel aufeinander treffen, und wird vom majestätischen Tafelberg und den Zwölf-Apostel-Bergen flankiert.

www.12apostleshotel.com

Helmperlhuhn

Western Cape / Oudtshoorn: Straußenfarmen

Das Mädchen aus dem Straußenei

Wer nach Oudtshoorn fährt, kommt um den Besuch einer der Straußenfarmen nicht herum. Und es muss ja nicht immer gleich ein Straußenritt sein – auch die weniger gefährliche Besichtigung der Straußenzucht und der Genuss eines leckeren Straußenfilets geben Einblick in das einzigartige Produkt, dass die Farmer hier produzieren. Die Blütezeit der "Federbarone" ist zwar vorbei, aber ihre Villen in der Stadt zeugen noch immer von dem immensen Reichtum, den ihnen der Verkauf der Straußenfedern Anfang des 20. Jahrhunderts einbrachte.

Der Aufstieg der Federbarone begann um das Jahr 1865. Zu der Zeit herrschte in der Kleinen Karoo eine große und lang andauernde Dürre. Sehr viel Vieh starb und die Siedler hatten große Mühe zu überleben. Man bemerkte, dass die Strauße mit der Dürre ganz gut fertig wurden, und sie lieferten das dringend benötigte Fleisch, an dessen Geschmack die Einwohner von Oudtshoorn schnell Gefallen fanden. Außerdem konnten sie mit den schönen Federn der Tiere viel Geld dienen.

Der Overberg aus Richtung von Caledon gesehen

Die Zeit vor dem 1. Weltkrieg wurde dann zur wirtschaftlich bedeut-
samsten Periode von Oudtshoorn. Wie keine andere Stadt der Welt
profitierte Oudtshoorn von der in Europa aufkommenden Mode im
Charleston-Stil. 1913 waren Straußenfedern nach Gold, Diamanten
und Wolle, der größte Exportschlager dieser Zeit. Jedoch veränderte
sich die Lage durch den ersten Weltkrieg rasch. Und durch die neuen
und schnelleren Autos änderte sich auch die Hutmode. Denn nun
baute man Autos mit Verdeck und da waren die pompösen, mit
Straußenfedern besetzten Hüte der Damenwelt unpraktisch und so
verschwand diese Mode fast völlig.

Das Straußenei hat den Straußenbaronen großen Reichtum
beschert – ob es ihnen auch Glück gebracht hat, wie dem armen
Burschen in einem Volksmärchen der Tswana, bleibt fraglich. Wie
in meiner Einführung schon erwähnt, enden viele Geschichten der
südafrikanischen Erzähler mit einer sprichwörtlichen Weisheit. Und
die passende für die nun folgende Erzählung könnte lauten: "Wie
gewonnen, so zerronnen"

Seetetelane war ein armer Bursche. Er hatte kein Land, keine Kuh
und keine Frau. Er war so arm, dass seine Kleider aus den Fellen der
Feldmäuse gemacht waren, die er jagte und aß. Eines Tages, als er
wieder auf die kleinen Tiere Jagd machte, lag vor ihm plötzlich ein
großes Straußenei, so groß, wie er noch keines gesehen hatte.

„Was für ein Schatz!" rief Seetetelane erfreut. „Ich werde das
Ei unter das Strohdach meiner Hütte legen. Dort soll es liegen, bis
die stürmischen und regnerischen Tage kommen, an denen ich
zu Hause bleiben muss." Er trug das Straußenei vorsichtig in die
Hütte und versteckte es. Dann ging er wieder auf Mäusejagd.

Als er spät am Abend heimkam, war seine Hütte aufgeräumt, Brot gebacken und Bier gebraut. „Wie kann das sein!" rief
der überraschte Seetetelane. „Heute Morgen habe ich die Hütte
unaufgeräumt verlassen. Aber jetzt sieht es so aus, als hätte eine
Frau hier gearbeitet."

Aber der einfältige Seetetelane dachte nicht lange nach, aß
und trank und legte sich satt und zufrieden auf seine Schlafmatte.
So ging das einige Tage. Wenn Seetetelane die Hütte verließ, war
sie schmutzig; abends war sie aufgeräumt und Speise und Trank
waren bereitet.

Eines Morgens, als Seetetelane wieder auf Mäusejagd war,
kehrte er überraschend um, weil er seine Pfeife vergessen hatte.

Während er in seiner Hütte nach der Pfeife suchte, merkte er, wie sich das Straußenei öffnete und ein Mädchen heraus stieg. Das Mädchen erschrak, als es Seetetelane vor sich stehen sah. Weil das Mädchen nun entdeckt war und sich nicht verstecken konnte, sagte es: „Seetetelane, nun weißt du das Geheimnis. Aber ich verspreche dir, so lange bei dir zu bleiben, so lange du zu mir freundlich bist und mich gut behandelst. Wenn du aber tölpelhaft bist und eines Tages zu mir sagen solltest, ich sei nur die Tochter eines Straußeneies, dann wehe dir!"

Seetetelane versprach, gut zu sein, und sie lebten glücklich miteinander. Einmal fragte das Mädchen den zufriedenen Seetetelane, ob er nicht Sehnsucht nach anderen Menschen habe. Da antwortete er, dass er gerne einige Menschen um sich haben möchte. Das Mädchen nickte, nahm einen Stock und ging vor die Hütte, um dürres braunes Gras zu dreschen, und siehe, aus dem Gras kamen viele Leute hervor, junge und alte, sie waren begleitet von brüllenden Kühen und bellenden Hunden.

Seetetelane trat vor die Tür, um nachzuschauen, wer diesen Lärm machte und woher er kam. Kaum stand er vor seiner Hütte, liefen viele Menschen auf ihn zu, hoben ihre Speere und Knüppel und umringten ihn.

„Heil dir, großer Häuptling!" riefen sie fröhlich. „Heil und Segen!" schrieen die hüpfenden Kinder. Die Hunde bellten, die Schafe blöckten und die Rinder brüllten, und es war ein unbeschreiblicher Lärm und viel Freude ringsum.

Nun war Seetetelane sogar Häuptling geworden. Er trug nicht länger Kleider aus Mäusefellen, sondern hüllte sich in weiche Schakalfelle, und er schlief auf einer schönen bunten geflochtenen Matte. Seetetelane genoss das Leben, das er dem Mädchen aus dem Straußenei verdankte.

Eines Abends war Seetetelane angetrunken und voll von sinnlosem Übermut. Er lag auf seiner Matte und trank Bier. Und weil sein Becher schon wieder leer war, schrie er großmäulig und eitel, denn er fühlte sich als mächtiger Häuptling: „Bring mehr Bier, aber rasch, du Tochter eines Straußeneies!" Das Mädchen brachte das Bier und blickte lange vorwurfsvoll und mit traurigen Augen auf Seetetelane. „Seetetelane, hast du wirklich gesagt: Tochter eines Straußeneies?" fragte das Mädchen. Seetetelane wiederholte lallend, was er gesagt hatte und lachte, dann fiel er volltrunken auf die Matte zurück und sank in einen tiefen Schlaf.

Als Seetetelane am nächsten Morgen erwachte, rief er nach dem Mädchen, doch es war verschwunden. Ebenso verschwunden waren das weiche Schakalfell und die schöne Schlafmatte, das Bier und die Becher, die Menschen und die Rinder, und sogar die Hunde waren fort. Alles was Seetetelane fand, war der stinkende Mantel aus Mäusefellen und die einsame Stille, die nur vom Wimmern des kalten Windes gebrochen wurde, der durch die Fugen seiner kahlen Hütte blies.

Für den Rest seines Lebens suchte der törichte Seetetelane nach dem Mädchen und dem Straußenei, aber er fand beide nie mehr wieder.

Western Cape / Kapstadt: Kap der Guten Hoffnung

Der fliegende Holländer

Die wohl berühmteste und auch etwas romantische Version der "Sage vom flie-genden Holländer" ist die von Richard Wagner, die er als Oper inszeniert hat. Neben seiner Irrfahrt um das Kap ist es dem Kapitän in Wagners Oper alle sieben Jahre vergönnt, an Land zu gehen. Fände er dort eine Frau, die ihm treu bliebe, so wären er und seine Mannschaft erlöst.

Das "Kap der Guten Hoffnung" ist seit der Zeit, als die ersten Europäer das Kap umrundeten, für die Schifffahrt als gefährliche Gegend bekannt. Allein in der Tafelbucht fanden Taucher mehr als 300 Segelschiffsrümpfe. Vor allem von Okto-ber bis April wehen gefürchtete Winde am Kap und die alten Segelschiffe waren nicht in der Lage, gegen den Wind Raum zu gewinnen, was zu zermürbendem, teilweise wochenlangem Kreuzen führte. Dies war jedem Seemann wohlbekannt. Und wie bei jeder Sage, gibt es auch in dieser einen kleinen, aber wahren Kern.

Mystische Stimmung an der Wild Coast

In einer Chronik aus der damaligen Zeit wird von einer Meuterei auf einem von Vasco da Gamas Schiffen berichtet – auch er war einer der ersten Seefahrer, die das Kap umrundet hatten. Die Besatzung hatte nicht weitersegeln wollen. Vasco da Gama hatte daraufhin die Seekarten (die er von dem unbekannten Gebiet jedoch zu der Zeit noch gar nicht hatte besitzen können, denn die wurden erst viel später erstellt) über Bord geworfen, Steuermann und Schiffsmeister in Ketten legen lassen und ausgerufen, er brauche weder Schiffsmeister noch Steuermann. Gott sei von nun an der Steuermann.

Vielleicht liegt hier der wahre Kern der Sage. Und ich bin sicher: Wenn Sie das nächste Mal in Wagners Oper gehen, dann werden Sie an Ihre nächste Reise nach Kapstadt denken müssen. Aber keine Sorge: Heutzutage kommen Sie sicher im Hafen an – am Flughafen von Kapstadt. Und wenn die See vor Kapstadt auch immer mal wieder sehr stürmisch ist, so gilt die Stadt doch heute als eine der Schönsten der Welt.

Kapitän Hendrik van der Decken stand voller Stolz am Heck der "Flying Dutchman". Seine raue Erscheinung ähnelte einem Löwen: Die gelbbraune Mähne quoll wild unter seinem Hut hervor und seine Augen hatten den kalten, wilden Blick des Königs der Tiere. Kein anderer Kapitän der holländischen Handelsflotte konnte eine Ladung so schnell liefern wie er, egal bei welchem Wetter. Wäre es auch der größte Sturm: Kapitän van der Decken hatte sein Boot im Griff. Draußen könnte der stärkste Orkan toben, doch er würde das Schiff durch Wind und Wellen jagen. So erreichten seine Ladungen die Märkte schnell und er erzielte die besten Preise – in Amsterdam, in Ostindien und an der Table Bay. Seine Crew trieb er erbarmungslos an, doch entlohnte er sie ebenso großzügig.

Dieses Mal wollte Kapitän van der Decken seine Ladung in Kapstadt anbieten. Feinste Gewürze aus Batavia, Seide aus Cathay, Bretter aus Satinholz und Massen von Elfenbein.

Das Schiff war von eher ungewöhnlichem Design: Es war schwer gebaut und am Bug gerundet, damit es leichter durch das Wasser gleiten konnte. Schwere quadratische Segel umspannten jeden einzelnen der drei Maste und acht Messingkanonen waren in den Rumpf eingebaut.

Schon viele Male hatte sich die "Flying Dutchman" mit voll gesetzten Segeln den Weg um das Kap erkämpft und nun sah der Kapitän den Tafelberg vor sich. Zuviel Zeit hatte er bereits auf

diesem Törn verloren und er wollte schnell in den Hafen einfahren. Dass der Tafelberg von dunklen Wolken umschlossen war, störte ihn nicht, denn der Kapitän war nur dann glücklich, wenn er sein Schicksal herausfordern und Wind und Wetter trotzen konnte. So fuhren sie direkt in einen Sturm hinein. Van der Decken lachte. Adamastor, der stürmische Riese, war schon immer sein Feind und Herausforderer gewesen.

Die Wellen wurden immer größer und auch die Bucht wirkte sehr bedrohlich. Unermüdlich kämpfte sich die "Flying Dutchman" durch die Wellen. Plötzlich schrie Kapitän van der Decken: „Schließt die Luken! Wir segeln!" „Aber es braut sich ein Sturm auf!" sagte einer der Crew. „Morgen ist Ostern", sagte ein anderer. „Ach, lasst Ostern doch in der Kirche. Wir segeln. Egal, ob Sturm ist oder nicht!" So kletterten die Matrosen auf die schwankenden Maste und setzten die Segel, wie ihr Kapitän es befohlen hatte.

Das Schiff tauchte mehrmals mit dem Vorderdeck in die stürmische See ein. Van der Decken beschlich ein ungutes Gefühl, denn einen solchen Sturm hatte auch er noch nie erlebt. Doch war dies noch mehr ein Grund, das Schicksal herauszufordern. Ein Segel riss mit einem lauten "Krack" und einzelne Stofffetzen wirbelten durch den Wind. Wasser überflutete das Deck. Über Stunden und Tage versuchten der Kapitän und seine Crew das Kap zu umrunden, aber der Wind und die Wellen warfen sie immer wieder zurück.

Seine Crew bat ihn schließlich, dem Sturm zu entfliehen, um ihr Leben zu retten. Ein Matrose kniete vor ihm nieder und bettelte um Gnade. Aber Van der Decken packte ihn und schleuderte ihn fluchend in den Ozean. Dann seilte er sich selbst ans Ruder, damit er nicht über Bord gespült würde und steuerte die "Flying Dutchman" wieder in den Sturm hinein. „Niemals gebe ich auf!" schrie er. „Kein Mann, kein Sturm, kein Riese oder Gott selbst wird mich aufhalten! Ich werde das Kap umrunden und wenn ich bis zum jüngsten Tag segeln werde!"

Plötzlich flaute der Wind ab. Ein weißer Lichtstrahl erhellte das Deck. Ein Geist erschien und versetzte die Männer in Angst und Schrecken. War das der Sturmriese Adamastor? War es Gott selbst? Auch der Kapitän fürchtete sich für einen Moment. Er griff zur Pistole und feuerte auf die geisterhafte Gestalt. Eine lächerliche Handlung. Dann brach der Vordermast und schleuderte auf das Deck. Eine Stimme ertönte: „Du hast dein eigenes Schicksal herausgefordert. Du sollst in dieser See bis zum jüngsten Tag segeln." Blitze schlugen ein, die Segel flatterten, das Schiff glühte blutrot. Seine Männer lagen um ihn herum, allesamt tot. Ihr Fleisch war verbrannt und nur ihre weißen Knochen blieben liegen.

Seitdem segelt die "Flying Dutchman" und ihr Kapitän in Adamastors stürmischer See und versuchen unermüdlich, das Kap zu umrunden. Doch bisher ohne Erfolg. Viele Seefahrer wollen das Geisterschiff gesehen haben. Ein rotes Glühen sei das erste Zeichen, sagen sie. Alsdann käme der Umriss eines Dreimasters mit gesetzten Segeln. Manche sagen, sie hätten die Ankerkette rasseln gehört und ein Ruderboot sei zu Wasser gelassen worden. „Briefe für unsere Familien in Amsterdam!" schreie eine Stimme. Doch sobald man versuche, diese Geisterbotschaften in Empfang zu nehmen, passiere ein Desaster.

Der berühmteste Mann, der dieses Phänomen mit eigenen Augen gesehen hatte, hieß George – später Prince of Wales und dann King George V. Er schrieb in sein Tagebuch: „11. Juli 1881. Um 4.00 Uhr morgens kreuzte die Flying Dutchman unseren Weg. Sie erschien als erstes als seltsam rotes Licht, dann glühte das ganze Schiff und je näher sie kam, desto deutlicher zeichneten sich die Maste und Segel ab. Doch als wir bis auf 200 m herangekommen waren, war das Schiff plötzlich verschwunden. Die See war so leer wie ihr Horizont."

Später am Morgen fiel der Matrose, der das Phantomschiff als Erster gesichtet hatte mit einem lauten Schrei vom Mast und war auf der Stelle tot. Es schien, als hätte die "Flying Dutchmann" ein neues Mitglied für ihre Geistercrew rekrutiert. 1939 schworen Hunderte von Leuten, die sich am Strand von False Bay aufhielten, sie hätten ein altmodisches Schiff in Richtung Muizenberg segeln sehen. Es war verwirrend, denn dieser Tag war praktisch windstill. Das Schiff sei der Brandung von Strandfontein gefährlich nahe gekommen und plötzlich wieder verschwunden. Viele Menschen waren davon überzeugt, dass sie die "Flying Dutchman" gesehen hatten.

Achten Sie darauf, wenn Sie das Kap besuchen. Wer weiß, welches Schiff Sie sehen werden?

Geheimnisvolle Strandfunde bei einem Morgenspaziergang

Western Cape / Gansbaai: Grootbos Private Nature Reserve

Fynbos Feen Gedichte

Blumen sind Symbol der Freude, Liebe und Freundschaft und ein Weg, seine Gefühle auch ohne Worte zum Ausdruck zu bringen. Auch in unseren Blumenläden finden Sie die herrlichsten Blütenpflanzen, die ihre Wurzeln 10.000 km weit entfernt am Kap des schwarzen Kontinents haben – in Südafrika.

Botanisch gesehen sind die prächtigen Berge, die grün schimmernden Täler und die verschlungenen Küstenstreifen des südwestlichsten Zipfels Afrikas eine Welt für sich. Auf dem gesamten Erdball findet man nur sechs verschiedene Pflanzenreiche und klar zu unterscheidende botanische Regionen. Im Allgemeinen erstrecken sich diese Pflanzenreiche über kontinentale Landmassen wie Nordamerika oder Australien. Doch dass das nur 90.000 km² große Kap-Pflanzenreich Südafrikas, das gerade einmal die Größe Portugals besitzt, eine eigene Erwähnung bekommt, ist bemerkenswert. Und umso erstaunlicher ist es, dass es bei Weitem auch das biologisch artenreichste Pflanzenreich ist, das mehr als dreimal so viele einzigartige Spezies hervorbringt wie sein größter Konkurrent – der südamerikanische Regenwald.

Wunderschöne Calla

Fynbos (sprich: Feijnboss, der feinblättrige Busch) heißt die Ve-
getationszone, die mit ihrer Pracht an Naturfarben und -formen
Wissenschaftler auf der ganzen Welt zu den leuchtenden Züch-
tungen animierte, die wir heute als Blumenstrauß verschenken
und die diese Region so besonders gemacht hat. Fynbos-Pflanzen
charakterisieren sich durch winzige, harte, lederartige Blätter und
strahlende, weit differenzierte Blütenarten. Die Pflanzen wachsen
in trockenen, nährstoffarmen Böden und werden in die folgenden
drei Hauptkategorien unterteilt: Proteen, Erikas und Restionaceen
(Seilgräser). Innerhalb dieser Arten gibt es eine enorme Bandbrei-
te mit mehr als 9.880 einzelnen Spezies.

Einige dieser Fynbos-Arten, wie zum Beispiel Geranien, Gla-
diolen, Iris oder Fresien wurden immer beliebter in Gärten und
Blumenläden auf der ganzen Welt, wobei die meisten Gewächse
eher bescheiden sind. Nur wenige fallen von Natur aus so eindrucksvoll ins Auge, wie die Königsprotea – die Nationalblume Südafrikas.

Inzwischen bestehen die Pflanzen des Kap-Pflanzenreiches
zu 70% aus endemischen Arten, was bedeutet, dass es sie in der Natur
praktisch nirgendwo anders gibt. Die gesamte Ausbreitung einiger
Arten beträgt weltweit teilweise weniger als einen halben Hektar.

Fynbos charakterisiert sich auch durch seine Robustheit, da
diese Vegetationsform außergewöhnliche Wege findet, um in
dem trockenen, sandigen Boden zu überleben und sich weiter

zu verbreiten. Die Pflanzen sind angewiesen auf regelmäßige
Unterholzfeuer oder die Dienste bestimmter Insektenarten, wie
Ameisen oder Motten, um überhaupt keimen zu können. Weil
die Pflanzen in einem so trockenen Klima wachsen, tendiert der
Fynbos dazu, seine Energien besonders langsam und im Einklang
mit den limitierten Bodenschätzen zu verbrauchen. Unglückli-
cherweise machen gerade diese Charaktereigenschaften den Fynbos sehr anfällig für die Verdrängung durch schneller wachsende

Pflanzenarten, die aufgrund landwirtschaftlicher Bestrebungen
oder natürlicher Verbreitung in diese Gegend eingeführt wurden.
Ein großer, wenn nicht sogar der größte Teil, des ursprünglichen
südafrikanischen Fynbos ging in den letzen vier Jahrhunderten
durch die wachsende Zivilisation verloren. Die übrigen Bestän-
de werden durch den kontinuierlichen Übergriff von fremden

Spezies, von hochkultivierten Weinreben bis hin zu schnell
wachsenden Bäumen wie Eukalyptus und Kiefern, bedroht. Diese
eingeschleppten Pflanzen stören nicht nur den komplizierten

233

Kreislauf der lokalen Flora und Fauna, sondern verhindern auch deren weitere Verbreitung und trocknen die Landschaft zunehmend aus.

Besonders die Naturreservate in dieser Region tragen dazu bei, dass der Fynbos nicht gänzlich verdrängt wird, wobei eines besondere Erwähnung verdient: das private Naturreservat "Grootbos" in der Nähe von Hermanus (www.grootbos.com). Die 5-Sterne Lodge, die zu den Besten Südafrikas zählt, hat eindrucksvoll unter Beweis gestellt, dass es möglich ist, Natur und 5-Sterne Luxus verschmelzen zu lassen. Auf einem Gelände von 1.700 Hektar befindet sich ein kleines Paradies, in dem man die einzigartige Fynbos-Vegetation, die über Jahre hinweg wieder in ihren Urzustand zurückversetzt wurde, zu Fuß, per Pferd oder per Geländewagen erkunden kann. Einen zusätzlichen Höhepunkt während eines Aufenthaltes in dem Grootbos Naturreservat stellt zwischen Juni und Dezember die Beobachtung der Glattwale dar, die in dieser Zeit zum Kalben in die Walker Bay kommen.

Das empfindliche Ökosystem wird heute von vielen Seiten bedroht. Es ist der Initiative einzelner Menschen zu verdanken, dass diese wundersame Vegetation den Überlebenskampf aufgenommen hat und das phantastische Land am Kap zu einem botanischen Wunder werden lässt – auch das ist ein Grund für eine Reise nach Südafrika.

Die Schönheit vieler Pflanzen am Kap ist wie Poesie – und wie könnte man diese besser einfangen, als in bezaubernden Gedichten. Antje Krog und Fiona Moodie haben diese Schönheit in ihrem Buch "Fynbos Fairies" ("Fynbos Feen") eingefangen – in wunderschönen Gedichten und mit bezaubernden Illustrationen. Da diese Gedichte an Kraft verlören, würde man sie übersetzen, werden sie hier im Original in englischer Sprache erzählt.

Frühlingsblumen an der Hondeklipbaai

Die Sugarbush Fee

Lying outside on her tummy
she sleeps without a blink

While moonlight on a Sugarbush
glints silvery in pink.

Protecting her tiny body
her winglets hug her tight

As something in the undergrowth
scritch-scratches in the night.

Die Arum Lily Fee

Lend an ear to the Arum Lily,
hear its silence, if that's not silly,

Touch your cheek to the lily flower,
it's always cool, despite the hour,

Dip your nose in the lily funnel,
breathe the depths of the deepest tunnel,

Tap lightly at its yellow tip,
to let, through your hand a fairy slip.

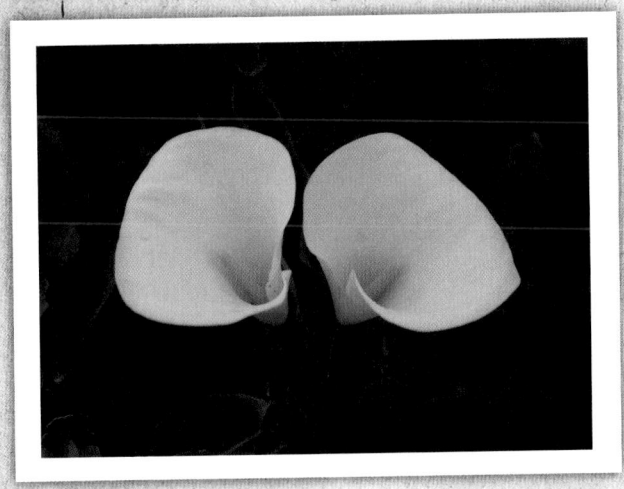

Die Milkwood Fee

If you look carefully
you'll see them asleep
in the branches
of the Milkwood tree.

Back to back, snug in a cleft,
stretched on a leaf
they sleep but don't fall
from the Milkwood tree.

And if you look harder
you'll glimpse the moon
as it blooms and it bleeds
in the Milkwood tree.

How it swells, how it shifts
from the earth as it lifts
as the fairies awake
in the Milkwood tree.

See their wings how they shake,
see how lightly they land
on the moon-white sand
under the Milkwood tree.

Die Pincushion Pixie Fee

See how the pins of the Pin
pixie sheen
as she works on a dress for
the Fynbos Queen.

She sprays the Queen's
wings with honeybush tea
and perfumes her cloak with
chincherinchee.

Then the Pin pixie steals the best silver leaves
from the branches and twigs of the silverleaf trees

And she stitches a frock that will shimmer and sing,
a glittering garment to please the King.

This morning the pixie picked her thumb and it bled
and droplets of blood stained the Queen's dress red.

But lucky the Queen - who's haughty and vain -
didn't notice the blots or her seamstress's pain.

The pixie, embarrassed, gripped her sore thumb
till the bleeding stopped and the thumb went numb.

Literaturempfehlung

Jede Fynbos-Pflanze ist das Zuhause einer ganz einzigartigen Fee. Antje Krog stellt 16 von diesen in liebevoll
geschriebenen Gedichten vor. Der Dichter Gus Fergu-
sen hat das Original aus dem Afrikaans in das Englische
übersetzt. Fiona Moodie hat das Buch mit umwerfen-
den Illustrationen ausgestattet.

Fynbos Fairies
Umuzi, Random House Struik, Kapstadt/Südafrika
ISBN 978-1-4152-0022-3

Western Cape / Kapstadt: Tafelberg

Van Hunks und der Teufel

Ein kap-holländisches Märchen

Mystisch erhebt sich der 1067 m hohe Tafelberg über Kapstadt. Sein flacher Gipfel ist fast 3 km lang und liefert eine atemberaubende 360° Aussicht auf Kapstadt und seine Umgebung. Für sportliche Besucher gibt es ca. 350 unterschiedliche Wanderwege zum Gipfel hinauf, für alle anderen die Gondel, die 1929 zum ersten Mal in Betrieb genommen wurde und heute jährlich über 600.000 Menschen zum Gipfel hinaufbringt.

Im Osten des Tafelberges befindet sich die Spitze des Teufels, auch Devil's Peak genannt. Schon seit ewigen Zeiten legt sich an vielen Tagen im Jahr eine Wolke über den ganzen Tafelberg – auch "Tischdecke des Tafelberges" genannt. Viele erklären dieses Phänomen mit den Ereignissen aus dem Märchen, es gibt jedoch auch eine einfache meteorologische Erklärung: Feuchtigkeitsbeladene Luft prallt gegen den Tafelberg und steigt auf. Bei einer Höhe von ungefähr 900 Metern erreichen die Wolken die kälteren Schichten der Luft und werden nach unten gedrückt – sie "rollen" über den Berg und "fallen" über der Stadt hinunter.

Die Bergkette "Die zwölf Apostel" im Nebel

Es gibt verschiedene Versionen des sehr bekannten Märchens, wie der Berg zu seinem Namen kam. Diese hier stammt aus den frühen Jahren, als das "Kap der Guten Hoffnung" noch eine holländische Kolonie war und ist dem Buch "Nelson Mandela – Meine afrikanischen Lieblingsmärchen" entnommen.

In den alten Tagen, als sich nur wenige Häuser im Schatten des Tafelbergs zusammendrängten, ging einmal ein großes Segelschiff in der Tafelbucht vor Anker. Schon bald wimmelte es am Kai von Menschen: Fischverkäufer, Obsthändler, Bauern und wohlhabende Bürger in ihren besten Kleidern; sogar der Mann, der in der Festung das Signalhorn spielte, war da. Alle waren sie neugierig, denn wenn ein großes Schiff einlief, dann sorgte das jedes Mal für Aufsehen und neuen Gesprächsstoff.

Kaum war das Fallreep heruntergelassen, kamen die Passagiere vom Schiff geströmt. Sie taumelten und wankten ein wenig, denn nach all den Wochen auf hoher See waren sie nicht mehr an festen Boden gewöhnt. Enttäuscht darüber, dass es diesmal nichts wirklich Interessantes an Bord gab, wollten sich die Schaulustigen im Hafen schon wieder auf den Heimweg machen, als ein großer Mann mit breiter, muskulöser Brust an Deck erschien. Ein Murmeln ging durch die Menge: „Oh, das ist Van Hunks!", rief jemand.

„Ja, aber schau ihn dir nur an!", sagte ein anderer. „Als wir ihn das letzte Mal sahen, war er nur ein ganz einfacher Matrose. Und jetzt? Schau dir nur die teuren Kleider an, die er trägt! Dies schöne Wams aus Atlas! Wer hätte das gedacht?" Van Hunks trat zur Seite, während die Träger sein Gepäck auf den Kai schleppten: drei gewaltige Koffer und eine kleine Holzkiste, die er ständig in Reichweite hatte. Keinen Moment lang ließ er diese Kiste aus den Augen. Der kräftige Seemann drückte sich den Hut fest in die Stirn und schritt durch die gaffende Menge, ohne nach rechts oder links zu schauen.

„An den Gerüchten muss etwas dran sein", sagte jemand in der Menge. „Er ist Pirat geworden. Was sollte denn sonst in der Kiste sein, wenn nicht erbeutete Schätze?"

Mit den Trägern im Schlepptau verschwand Van Hunks in der Menge auf der Promenade. Doch ohne sich weiter aufzuhalten, eilte er raschen Schrittes schnurstracks zum Windberg weiter. Eines der Häuser, die sich an den Hang des Berges schmiegten, gehörte ihm. Von jenem Tag an zeigte sich Van Hunks nur selten

in den Straßen von Kapstadt – und nie wieder wurde er in der Nähe des Hafens gesehen. Die Leute sagten, er habe Angst, dass eines Tages jemand auf einem Schiff eintreffen könnte, den er draußen auf der blauen weiten See ausgeraubt hatte. Wieder anderer behaupteten, er fürchte, seine alten Zechkumpane würden versuchen, sich Geld von ihm zu leihen oder ihn wieder in die schmuddeligen Tavernen zu locken, in denen er einst verkehrt hatte.

In Wirklichkeit stiegt Van Hunks tagtäglich auf den Windberg hinauf, denn von dort oben hatte er einen hervorragenden Blick auf die Bucht und den Hafen. Stundenlang stand er mit seinem Messingfernrohr da und starrte in die Weite. Dann legte er das Fernrohr weg, nahm sich seine Tabakpfeife mit dem großen Kopf und dem geschwungenen Stiel und blies gemächlich weiße Rauchschwaden in die Luft. Die Zeit verging und allmählich vergaßen die Leute den Seemann, der an Land zurückgekehrt war. Eines Tages saß Van Hunks wie üblich hoch oben auf dem Windberg und vertrieb sich die Zeit mit seinem Fernrohr und seiner Pfeife. Plötzlich merkte er, dass jemand hinter ihm stand. Wie ein Wirbelwind fuhr Van Hunks herum. Da sah er einen Mann mit einem schwarzen Spitzhut und einem kleinen schwarzen Kinnbart stehen. Er kam ihm irgendwie bekannt vor – vielleicht war es einer seiner Zechgenossen aus jenen fernen Tagen, als er noch viel in den Hafenkneipen herumzusitzen pflegte. Ein Schreck fuhr Van Hunks durch die Glieder. Doch als der Mann ihm ein überaus höfliches „Guten Tag, Mijnheer Van Hunks" entbot, beruhigte er sich wieder und begann zu plaudern. Er fragte den Fremden nicht einmal nach seinem Namen. Es war so lange her, dass Van Hunks jemanden zum Unterhalten gehabt hatte, dass er gar nicht mehr aufhören konnte zu reden. Der Fremde stand da und hörte ihm mit zusammengekniffenen Augen zu. Als die Dämmerung hereinbrach, wünschte er ihm eine gute Nacht und verschwand in der Dunkelheit, ohne dass Van Hunks bemerkt hätte, in welche Richtung er gegangen war.

Ein paar Tage später war Van Hunks wieder oben auf dem Windberg, als der Mann mit dem schwarzen Spitzhut und dem schwarzen Bärtchen unversehens hinter seinem Rücken sagt: „Und wie geht es Ihnen heute, Mijnheer Van Hunks?"

„Danke, sehr gut", entgegnete Van Hunks, und wieder begann er pausenlos zu reden, doch diesmal verlegte er sich aufs Prahlen – wie viele Meere er durchfahren, wie viele Schätze er erworben und wie viele Fässer Rum er mit nach Hause gebracht hätte. Der Fremde lauschte aufmerksam. Er sagte kein einziges Wort; nur gelegentlich nickte er mit dem Kopf, und in der Abenddämmerung verschwand er wieder ebenso lautlos, wie er gekommen war.

Es war ein besonders heißer Tag, als Van Hunks das nächste Mal wieder oben auf dem Windberg saß. Er war so träge, dass er nicht einmal durch sein

Fernrohr schaute, sondern einfach nur raucht. „Mijnheer Van Hunks", sagte die inzwischen vertraute Stimme des Fremden plötzlich neben ihm, „darf ich eine Pfeife mit Ihnen rauchen?"

Van Hunks runzelte die Stirn ob dieser Frage, denn eigentlich rauchte er lieber allein. Er hatte einen besonderen Pfeifentabak, der ungewöhnlich stark und berauschend war, und am ganzen Kap konnte er die besten Rauchkringel blasen. „Wenn Sie wollen", sagte er widerstrebend. Der Fremde stopfte seine Pfeife – eine überaus hübsche, schlanke Pfeife aus weißem Ton – und steckte sie sich an. Das Aroma des Tabaks war erstaunlich angenehm. Doch schon bald bemerkte Van Hunks, dass der Fremde von einer Rauchwolke eingehüllt wurde, die sehr viel größer war als die, die aus seiner Pfeife kam, und deshalb begann er tiefer zu inhalieren und den Rauch kräftiger auszustoßen. Der Fremde tat es ihm gleich. Van Hunks ließ die Brust anschwellen, immer und immer mehr. Dann begann er wie ein Besessener seine Pfeife zu stopfen; glücklicherweise hatte er ausgerechnet an diesem Morgen seinen größten Tabakbeutel eingepackt. Der Fremde folgte seinem Beispiel, allerdings konnte Van Hunks nicht erkennen, woher er seinen Tabak nahm. Er wusste nur, dass sie – Pfeife um Pfeife – miteinander um die Wette rauchten, und die große weiße Wolke, die sie einhüllte, wurde dicker und dicker. „Tauschen wir die Pfeifen", schlug Van Hunks schließlich vor.

Der Fremde hielt inne, seinen Augen wurden schmäler. „Einverstanden", sagte er nach einer Weile und hielt Van Hunks seine weiße Tonpfeife hin. Van Hunks stopfte den großen Kopf seiner eigenen Pfeife bis an den Rand, ehe er sie seinem Rivalen gab. Er zündete sich die Pfeife des Fremden an und inhalierte tief. Doch nichts geschah – er konnte der Pfeife nicht den geringsten Rauch entlocken. Wütend fuhr er den Fremden an: „Das ist Betrug!"

Sonnenuntergang über der Hout Bay

Doch der Fremde war unfähig, auch nur einen Ton herauszubringen. Er hatte zu stark an Van Hunks' Pfeife gezogen. Er wurde ganz bleich im Gesicht, dann grün. „Was ist los?", fragte Van Hunks und strich sich nervös über sein Wams. Aber der Mann vermochte kein Wort zu sagen. Sein Gesicht war jetzt purpurrot angelaufen, und seine kleinen, schmalen Augen waren groß und rund geworden. Er wollte husten, aber er brachte nicht einmal einen Schluck-auf zustande. „Warten Sie – ich helfe Ihnen", sagte Van Hunks und versetzte ihm einen kräftigen Schlag auf dem Rücken. Doch das einzige, was der Schlag bewirkte, war, dass dem Mann sein schwarzer Spitzhut vom Kopf flog. Van Hunks gerann das Blut in den Adern. Aus der dichten, schwarzen Mähne ragten dem Fremden zwei kleine spitze Hörner hervor!

„Du Teufel", schrie Van Hunks. „Du Satanskerl! Nimm deine Pfeife zurück. Dich werde ich was lehren!" Der Teufel nahm seine weiße Tonpfeife zurück, Van Hunks seine geschwungene Pfeife mit dem großen Kopf. Und dann legten sie erst richtig los! Van Hunks blieb es noch immer unerklärlich, woher der Rauch aus der Teufelspfeife kam, aber bald war der ganze Wind-berg in Schwaden eingehüllt. Nach und nach breitete sich der Rauch aus und bedeckte auch den Tafelberg, doch weder Van Hunks noch der Teufel wollten sich geschlagen geben. Tag für Tag saßen sie da und rauchten oben auf dem Berg, hoch über der Stadt. Jahr um Jahr zog sich der Wettstreit hin. Im Volksmund hieß der Windberg bald nur noch Teufelsspitze. Aus den weni-gen Häusern an seinem Hang wurde im Laufe der Zeit eine kleine Stadt. Die einzige Verschnaufpause, die sich die beiden Rivalen gönnten, war im Winter, wenn es zu kalt war, um dort oben zu sitzen. Dann kehrte der Teufel in sein Zuhause zurück, wo es so heiß war, dass ein Teufel seine rechte Freude daran hatte. Doch niemand wusste zu sagen, wo Van Hunks überwinterte, denn seit jenem ersten warmen Sommertag – damals, als das Kap noch holländisch war – hatte ihn nie wieder jemand näher zu Gesicht bekommen.

Doch wenn die weißen Wolken an einem windigen Tag von der Teufels-spitze aus niederwandern und sich über den Tafelberg legen, dann schauen die Menschen auch heute noch zum Berg hinauf und sagen zueinander: „Ah ja, jetzt schmauchen Van Hunks und der Teufel sich wieder einen Sturm zu-sammen".

Die Viktoria & Alfred Waterfront bei Sonnenuntergang

Mein Reisetagebuch – Abschnitt 6

Stationen	Sehenswürdigkeiten (inkl gesammelter Geschichten)
39. Tag Fahrt nach Norden	Abstecher zu den kleinen Fischerorten Cederberge Abstecher nach Wupperthal Übernachtung: Clanwilliam Lodge (Clanwilliam)
40. Tag Fahrt nach Springbok	Abstecher zum Namaqua National Park *Natiki* Übernachtung: Annie's Cottage Guest House
41. Tag Fahrt in Richtung Kalahari	Abstecher zu den Augrabies Falls Übernachtung: !Xaus Lodge (Kgalagadi Transfrontier Park)
42. Tag Kgalagadi Transfrontier Park	Ausflug in die Kalahari *Mythen und Legenden der San* Weiterfahrt nach Upington Unterkunft: La Bohème Guesthouse (Upington)
43. Tag Weiterfahrt nach Kuruman	Besichtigung von Kuruman und Umgebung Wonderwerk-Höhlen Übernachtung: Amaziah Guesthouse (Kuruman)
44. Tag Weiterfahrt nach Mafikeng	Besichtigung von Mafikeng und Museum Übernachtung: Protea Hotel Mafikeng
45. Tag Weiterfahrt nach Madikwe	Madikwe Game Reserve Spätnachmittag: Safari Übernachtung: Jaci's Safari Lodges
46. Tag Madikwe Game Reserve Sun City	Frühmorgens: Meine letzte Safari auf dieser Reise Weiterfahrt nach Sun City Übernachtung: The Cascades (Sun International)
47./48. Tag Sun City	Erholungstag *Weisheiten der Tswana* Übernachtung: Palace of the Lost City
49. Tag Johannesburg	Fahrt nach Johannesburg über Rustenburg Ein letztes südafrikanisches Abendessen im Moyo Abschiedsparty im Carfax Übernachtung: Southern Sun, Sandton
50. Tag	Rückflug nach Deutschland

6

... und sie lebten glücklich
und zufrieden

Abschnitt 6 – Northern Cape und North West

... und sie lebten glücklich und zufrieden

Reisebericht

Die Cederberge (Cederberg Wilderness Area) sind der Anfang des letzten Abschnitts der "Literarischen Route Südafrika" und meiner Recherchereise. Diese etwa 100 km lange Gebirgskette mit Erhebungen von bis zu 2.000 m ist sehr reizvoll und die verwitterten Sandsteinformationen geben in der Abendsonne, wie ich sie an diesem Tag erlebe, eine malerische Kulisse ab.

Northern Cape / Kimberley: Big Hole
Diamanten – Mythen und Legenden

Ein altes südafrikanisches Märchen erzählt davon, wie die Diamanten auf die Erde kamen: Zu der Zeit, als die Götter die Erde erschufen, flogen sie über das heutige Gebiet Südafrikas und streuten aus einem Korb die schönsten und funkelndsten Diamanten auf die Erde. Dort, wo sich heute die Stadt Kimberley befindet, waren sie jedoch unachtsam und blieben mit den Henkeln ihrer Körbe an einigen Bäumen hängen. So geschah es, dass an dieser Stelle zahllose Diamanten in der Erde versanken. Dort blieben sie so lange unentdeckt, bis 1866 der 15-jährige Farmerjunge Erasmus Jacobs im Flusslauf des Orange River in der Nähe von Hopetown einen dieser schönen glitzernden Steine wiederfand: einen 21-karätigen Diamanten, der als "Eureka" in die Geschichte einging. Dieser Diamantenfund löste in Südafrika, ebenso wie die Goldfunde bei Johannesburg, eine "Goldgräberstimmung" aus, Mythen und Legenden entstanden und für einige, die ihr Glück in Südafrika suchten, wurden Märchen wahr, denn sie wurden in kurzer Zeit "steinreich".

Wer die Landkarte Südafrikas studiert, wird des Öfteren auf deutsche Städtenamen stoßen. Und tatsächlich waren es immer unsere deutschen Vorfahren, die diese Städte oder Orte gegründet haben, wie z. B. auch das kleine "Wupperthal" am Fuße der Cederberge. Der Ort, der im Jahr 1830 von dem deutschen Missionar Johann Gottlieb Leipold gegründet wurde, dürfte vor allem aber auch für die Teetrinker unter Ihnen von Interesse sein. Denn hier im Gebiet der Cederberge – und auch nur hier – wird der Rooibos angebaut, den immer mehr Teetrinker aufgrund seines feinen Geschmacks und seiner gesundheitsfördernden Eigenschaften weltweit zu schätzen wissen.

Bei Springbok erreiche ich den Namaqua National Park. Nachdem mir erzählt wurde, dass hier im August/September die Wüste blüht, beschließe ich, bald wiederzukommen. Wie von magischer Hand ausgerollt, soll sich dann entlang der kurvigen Straßen im Namaqua National Park ein riesiger Blumenteppich entfalten, leuchtend in allen Farben des Regenbogens. Vögel, Schmetterlinge und langrüsselige Fliegen schweben von einer Blüte zur nächsten, scheinbar berauscht von deren Fülle und Mannigfaltigkeit und nach jeder Biegung der Straße bietet sich ein neues, unvergessliches Bild: Täler mit Frühlingsblumen soweit das Auge reicht.

Die nächste Etappe führt mich zu den Augrabies Falls. Es ist ein wunderschönes Naturschauspiel, wenn der Orange River mit seinen tosenden Wassermassen ohrenbetäubend in die Tiefe fällt. Die donnernden Wassermassen ließen die Khoi vermuten, dass böse Geister am Werke waren, und so gaben sie dem Wasserfall den Namen "Ankoerebis" (Ort des großen Lärms), aus dem später Augrabies wurde. Mächtig und entfesselt schießt das Wasser anschließend durch eine 18 km lange und bis zu 240 m tiefe Schlucht. Malerische Namen wie "Mondfels", "Ararat" und "Echo Corner" beschreiben den Charakter dieser Felslandschaft. Ein Besuch im Augrabies National Park lohnt aber nicht nur wegen der Wasserfälle, sondern auch wegen der interessanten Flora mit ihren zahllosen bizarren Köcherbäumen und den Klippspringern (einer süßen, kleinen Antilopenart).

Mein nächstes Etappenziel ist die erste im Kgalagadi Transfrontier Park eröffnete Luxuslodge. Der Park ist Pflichtprogramm bei Reisen in den Norden Südafrikas, auch wenn man eine lange, staubige Anfahrt auf sich nehmen muss. 1999 wurde der Kalahari Park mit dem angrenzenden Gemsbok National Park in Botswana

North West / Mafeking
**Die ersten Pfadfinder
waren Südafrikaner**

Die Geschichte und die "Erfindung" des Pfadfindertums beruhen auf den persönlichen Erlebnissen von Baron Baden-Powell (* 1857 in London, † 1941 in Kenia). Von entscheidender Bedeutung war ein Ereignis während des 2. Burenkrieges im Jahr 1899. Baden-Powells Aufgabe war die Ausbildung von Kundschafterteams in der Stadt Mafikeng. Als 700 britische Soldaten in der Stadt von 9.000 schwerbewaffneten Buren umzingelt wurden, entschied er sich zum ersten Mal, Jugendliche als Boten und Spione einzusetzen. Sie sollten selbstverantwortlich handeln und aus Fehlern lernen. „Ein Mann der noch keine Fehler begangen hat, hat noch nie etwas getan", war seine Devise. Tatsächlich konnte Mafikeng durch geschickte Täuschungsmanöver gehalten und nach 217 Kriegstagen befreit werden. Baden-Powell wurde zum Kriegshelden und die Idee zu seiner ersten Jugendpfadfindertruppe reifte. Erst 1907 fand er jedoch die Zeit, die Idee umzusetzen: Im Juli 1907 veranstaltete er mit 22 Jungen aller sozialen Schichten in England das erste Zeltlager. Er teilte die Jugendlichen in sogenannte Patrouillen ein und schrieb die Pfadfindergesetze nach dem Grundsatz "Learning by doing". 1908 wurden sie in dem Buch "Scouting for Boys" veröffentlicht, das als eines der bedeutendsten pädagogischen Werke des 20. Jahrhunderts gilt.

zusammengelegt und Kgalagadi Transfrontier Park genannt. Das riesige Wildreservat – es umfasst eine Fläche von rund 38.000 km² – gibt Einblick in die faszinierende Landschaft der Kalahari mit ihren orangeroten Dünenketten und der speziell an diese Trockensavanne angepassten Tierwelt. Berühmt ist der Park für die größten Antilopenherden des Landes sowie den gut angepassten Kalahari-Löwen mit seiner unverwechselbaren schwarzen Mähne.

Die nächste Station meiner Reise ist Kuruman. David Livingstone ist von hier aus zu vielen seiner Reisen ins innere Afrikas aufgebrochen (siehe Infokasten). Und auch für mich wird der Ort Ausgangspunkt für Erkundungen in die Umgebung, wie z. B. in die Wonderwerk-Höhlen. Deren 140 m langer, horizontaler Schacht bot den Menschen schon zu Urzeiten eine sichere Unterkunft. Archäologische Funde wie Steinwerkzeuge und Spuren von Feuerstellen können 800.000 Jahre zurückdatiert werden. An den Wänden sind abstrakte Malereien und Tierdarstellungen sowie rund 10.000 Jahre alte Steingravierungen zu sehen. Ihre Bedeutung als eine der ältesten archäologischen Stätten im südlichen Afrika verdankt die Gegend um Kuruman übrigens ihren enormen Wasserreserven. Mitten in der Stadt befindet sich "The Eye", wie die Einheimischen es nennen: eine natürliche Quelle, die täglich rund 20 Millionen Liter kristallklares Wasser an die Oberfläche befördert und damit auch den Kuruman River speist. Rund um diesen ergiebigsten Springbrunnen der südlichen Hemisphäre wurde ein Park angelegt, ein angenehmer Erholungsort in dieser Oasenstadt.

Auch einen Ausflug zur Moffat-Missionsstation am nördlichen Stadtrand sollten sich die an Religion interessierten Reisenden bei einem Besuch von Kuruman nicht entgehen lassen. Sie wurde 1816 von der protestantischen Londoner Missionsgesellschaft gegründet und vier Jahre später von dem Schotten Robert Moffat übernommen, der bis 1870 dort wirkte. Er übersetzte und vervielfältigte die Bibel in die Sprache der Tswana, der er erstmals eine Schriftform gab. Diese Übersetzung gilt bis heute als die älteste Bibel Afrikas. In Mafikeng, der Hauptstadt der Provinz North-West, begebe ich mich auf die Spuren von Lord Robert Baden-Powell dem "Erfinder" des Pfadfindertums (siehe Infokasten). Und im Madikwe Game Reserve lasse ich mich ein letztes Mal auf dieser Reise von der faszinierenden Tierwelt Südafrikas in den Bann ziehen. Meine faszinierende Recherchereise nähert sich nun dem Ende – und so verbringe ich noch ein paar erholsame, aber auch sehr unterhaltsame Tage in Sun City (siehe auch "Weisheiten der Tswana").

Northern Cape / Kuruman – Limpopo / Ana Trees
Auf den Spuren von Livingstone

David Livingstone (* 1813 in Schottland, † 1873 in Sambia) interessierte sich schon in seiner Kindheit für Reiseberichte und wissenschaftliche Texte. Daher beschloss er, Missionar zu werden. 1841 ging er nach Afrika, um dem Sklavenhandel entgegenzuwirken und die Einwohner für die Baumwollkultur und den Landbau zu gewinnen. Viele seiner Reisen ins Innere Afrikas begann er in Kuruman, der "Oase der Kalahari", wo er 1845 auch heiratete. Livingstone gründete mehrere Missionarsgesellschaften auf dem Gebiet der heutigen Republik Südafrika. Berühmt wurde er durch die Entdeckung der Viktoriafälle, die er nach der englischen Königin benannte. Bei seinen Reisen dorthin hatten er und seine Expeditionsmannschaft unter einer mächtigen Baumgruppe in der Nähe von Mokopane Rast gemacht. Auf meinem Weg hoch in den Norden nach Limpopo bin ich den Spuren Livingstones, dessen Berichte mich schon in meiner Kindheit fasziniert haben, gefolgt und habe es ihm bei den so genannten "Ana Trees", die heute eine kleine Gedenkstätte zu Ehren Livingstones sind, gleich gemacht (siehe Abschnitt 2).

Am Tag vor meiner Rückreise nach Deutschland genieße ich in Johannesburg noch einmal die vorzügliche Küche des Landes und tauche abends im Carfax bei einer der hippesten Partys der Stadt ein letztes Mal in den lebensfrohen Rhythmus dieses Landes ein. Hier schließt sich der Kreis. Und in diesen sieben

Gauteng / Johannesburg: Soccer-City-Stadion
ZAKUMI – Das Maskottchen der FIFA Fussball-Weltmeisterschaft 2010™

„Zakumi ist ein stets vergnügter, selbstbewusster, abenteuerlustiger, spontaner und auch ziemlich gerissener Zeitgenosse. Er ist immer für eine kleine Show-Einlage gut und folgt seinen Instinkten und seiner Intuition. Manchmal übertreibt er es allerdings ein klein wenig. Er ist immer zu Späßen aufgelegt und zieht gerne die Menschen um ihn herum auf, ist dabei aber niemals gemein. Im Gegenteil: Er ist warmherzig und liebevoll und will so viele Freunde wie möglich haben. Und natürlich trägt Zakumi immer einen Fußball mit sich herum, immer bereit, mit den Menschen, denen er begegnet, eine Runde zu spielen." So wird der grüne Leopard, das offizielle Maskottchen der FIFA Fussball-Weltmeisterschaft 2010™ vom Organisationskomitee charakterisiert. Der Name "Zakumi" setzt sich übrigens aus dem Kürzel "ZA" für Südafrika und dem Wort "kumi" zusammen, das in mehreren afrikanischen Sprachen "10" bedeutet. Erfinder des Maskottchens ist der Kapstädter Designer und Computerspielentwickler Andries Odendaal. „Zakumi ist ein stolzer Südafrikaner und daher ein idealer Botschafter für die erste FIFA Fussball-Weltmeisterschaft 2010™ in Afrika. Er ist jung, kraftvoll, clever und ehrgeizig, ein echtes Vorbild für Jung und Alt, nicht nur in unserem Land", beschreibt ihn der Generaldirektor des lokalen Organisationskomitees. Sein Geburtsjahr haben die FIFA Fussball-Weltmeisterschaft 2010™-Macher dabei nicht ohne Grund und ganz bewusst so festgelegt: 1994 war das offizielle Ende der Apartheid und damit die Geburt des neuen Südafrikas. Auch das Geburtsdatum, der 16. Juni, ist kein Zufall. Es soll an den ersten Tag des Soweto-Aufstands von 1976 erinnern, als bei Protesten gegen das Apartheidsystem mehrere hundert Menschen getötet wurden. Spätestens ab dem 11. Juni 2010, wenn das Eröffnungsspiel im Stadion der Soccer-City in Johannesburg stattfindet und sich weltweit wieder hunderte Millionen Menschen vom Fußballfieber anstecken lassen, werden wir Zakumi wiedersehen.

Wochen meiner Rechercherreise hat sich mir der Slogan "Alles ist möglich", mit dem Südafrika für sich wirbt, sehr eindrucksvoll erschlossen.

Einige Regeln beachtend habe ich mich während meines gesamten Aufenthaltes sehr sicher gefühlt und freue mich schon, bald wieder hier zu sein. Und wenn Sie wollen, begleiten Sie mich doch auf einer meiner nächsten Reisen nach Südafrika, wenn es dann die "Mythen und Legenden Südafrikas" zu entdecken gilt. Wie z. B. im Rahmen der "Besonderen Reise" von Gebeco (Informationen zu den Gruppenreiseangeboten unter www.gebeco.de). Aber natürlich können Sie dieses Buch oder die Internetseite zur "Literarischen Route Südafrika" auch als Anregung für Ihre ganz individuelle Entdeckungsreise nutzen.

Wie auch immer Sie sich entscheiden: Die liebenswürdigen und offenen Menschen sowie die traumhaften und unvergleichlichen Landschaften Südafrikas werden sicherlich auch Sie begeistern und verzaubern. Und all das, gepaart mit der spannenden Geschichte des Landes und seinen vielfältigen Kulturen mit ihren Mythen, Volksmärchen, Legenden und Geschichten macht ihn letztendlich aus: den "Mythos Südafrika".

Ein Regenbogen über dem Northern Cape

Touristische Informationen und Empfehlungen

Die Provinz "Northern Cape"

Die größte Provinz Südafrikas nimmt fast 30% der Landfläche ein. Lebensader des nördlichen Kaps ist der Orange River, der die grünen Felder und üppigen Weinberge mit dem nötigen Lebenssaft versorgt. Die Provinz ist bekannt für ihre San-Felsmalereien, Offroad-Safaris, naturbelassene Wildschutzgebiete und Diamantenfunde. Eindrucksvoll ist das "Big Hole" in Kimberley, einer der größten von Menschenhand geschaffenen Krater der Welt.

Eine der spannendsten Entwicklungen der letzten Jahre ist die Errichtung des Kgalagadi ("Land des Durstes") Transfrontier Parks im Norden der Provinz. In dem Peace Park wurden Südafrikas Kalahari Gemsbok National Park und Botswanas Gemsbok National Park ungeachtet nationaler Grenzen zusammengefasst. Der neue Park beheimatet die größten Antilopenherden des Landes, darunter die majestätischen Rapier-Horned-Gemsböcke, Springböcke sowie die Kalahari-Löwen. Andere Höhepunkte des Northern Capes sind der Augrabies Falls National Park und das Namaqualand, eine trockene Region, die sich jedes Jahr im August, nach den Regenfällen des Frühlings, in einen großen Teppich voller bunter Wildblumen verwandelt.

Mehr Informationen zu Südafrika und den Provinzen Northern Cape und North West in der Broschüre "Südafrika erleben" (siehe auch "Touristische Informationen").

Köcherbaum mit langem Schatten im Sonnenuntergang

Die Provinz "North West"

Die North West Province, auch "Platin Provinz" genannt (in Rustenburg befindet sich die größte Platinmine der Welt), ist ein lebendiger Kulturmix des 20. Jahrhunderts, mit einer dramatischen Vergangenheit und umgeben von der Mystik des antiken Afrikas. Fern von der Routine und dem Großstadtstress, bietet die North West Province Ausflugsmöglichkeiten in das wahre Afrika, bei denen die Besucher auf den Spuren vorzeitlicher Kulturen und deren Siedlungen wandeln können.

Die Natur hat diese Provinz aber auch mit einer atemberaubenden landschaftlichen Schönheit, gelb leuchtenden Maisfeldern, goldenen Sonnenblumen und dem weiten afrikanischen Bushveld beschenkt.

Der niemals enden wollende Sonnenschein macht die North West Province zu einem idealen Ort für Outdoor-Aktivitäten, Wassersport, ein paar Runden auf dem Golfplatz oder Wildtierbeobachtungen in den Game Parks.

Zwei bedeutende malariafreie Wildparks, das Madikwe Game Reserve und der Pilanesberg National Park, liegen in dieser Provinz. Letzterer ist direkter Nachbar von Sun City, dem beliebten Erholungs-, Unterhaltungs- und Glücksspielparadies. Madikwe, ein Wildpark von mehr als 75.000 ha Fläche, beheimatet die "Big Five" sowie die zweitgrößte Population an Elefanten in Südafrika.

Der Olifants-Nek Stausee in der Nähe von Rustenburg

Empfehlenswert

Namaqualand

Hauptattraktion des Namaqualandes ist die Ende August/Anfang September stattfindende Wüstenblüte. Dann entfaltet sich hier binnen weniger Tage aus dem scheinbar leblosen Wüstenboden eine millionenfache Blütenpracht und überzieht weite Teile des Namaqualandes.

Augrabies Falls Nature Park

Die Schlucht bei den Augrabies Falls ist 240 m tief und 18 km lang. Der Orange River stürzt hier 190 m in die Tiefe.

www.sanparks.org/parks/augrabies

Kgalagadi Transfrontier Park

Der Kgalagadi Transfrontier Park im äußersten Norden Südafrikas gehört, trotz der langen Anfahrt über staubige Zufahrtsstraßen, zu den touristischen Geheimtipps Südafrikas.

www.sanparks.org/parks/kgalagadi

Witsand Nature Reserve

Weiße Sanddünen, umgeben vom kupferroten Sand der Kalahari, Akazienbäumen, Dornbüschen und Graslandschaft gaben dem Schutzgebiet seinen Namen. Ein ungewöhnliches Phänomen hat sie bekannt gemacht: Bei großer Hitze "stöhnen" die Dünen, wenn Menschen oder der Wind sie stören. Daher werden sie auch "Roaring Sands of the Kalahari" (Brüllender Sand) genannt.

www.witsandkalahari.co.za

Freilichtmuseum "Big Hole" (Kimberley)

Im Diamantenmuseum mit liebevoll restaurierten Gebäuden, direkt am "Big Hole", wo Südafrikas wertvollste Diamanten gefunden wurden, wird man in die Zeit des Diamantenrausches zurückversetzt und kann eine beeindruckende Sammlung dieser Edelsteine bestaunen.

www.thebighole.co.za

Madikwe Game Reserve

Der an der nördlichen Grenze Südafrikas gelegene Park wurde 1991 zum Tierreservat erklärt. Die Wiederansiedlung der Tiere wurde zur größten Umsiedlung der Welt. Heute leben wieder mehr als 12.000 Tiere dort, darunter Elefanten, Nashörner, Büffel, Löwen, Geparden, Giraffen, Zebras und viele Antilopenarten.

www.madikwe-game-reserve.co.za

Clanwilliam Lodge (Clanwilliam)

Eine wunderschöne Wellness-Oase in der Halbwüste mit 32 luxuriösen Zimmern und großem Pool.

www.clanwilliamlodge.co.za

!Xaus Lodge (Kgalagadi Transfrontier Park)

Das Besondere dieser Lodge mit ihren zwölf luxuriösen Reetdachhütten sind die Buschwanderungen mit Jägern der San, die die Gäste in die Kunst des Spurenlesens in der Wüste einführen und ihnen Überlebenstechniken zeigen.

www.xauslodge.co.za

La Boheme Guesthouse (Upington)

Eine Oase entspannter, exquisiter Lebensart. Hier verbindet sich die Schönheit der Kalahari mit afrikanischem Ambiente und den exotischen Inspirationen eines Bohèmiens.

www.labohem.com

Jaci's Safari Lodges (Madikwe Game Reserve)

Die luxuriöse Lodge wurde an einem idyllischen Platz unter dem Dach von Tamboti-Baumkronen am Ufer des Marico-Flusses errichtet. Kinder sind in dieser Lodge herzlich willkommen und für sie gibt es ein eigenes Safariprogramm.

www.madikwe.com

Sun City

Bis zum Ende der Apartheid gehörte Sun City zum ehemaligen Homeland Bophuthatswana, in dem Glücksspiel toleriert wurde (im übrigen Südafrika war es verboten) und war daher eine "Enklave der Sünde" im Apartheidstaat. Traumhafte Hotels und der Zauber

Afrikas vermischen sich hier zu einem einmaligen Ambiente und garantieren ihnen einen unvergesslichen Aufenthalt. Der "Palace of the Lost City" gilt übrigens als eines der besten Hotels der Welt – inoffiziell wird er mit 6 Sternen kategorisiert. Insgesamt 5 Hotels und ein Freizeitpark gehören zum Resort: Palace of The Lost City, The Cascades, Sun City Hotel, Sun City, Cabanas und der Vacation Club.

www.suninternational.de

Northern Cape / Namaqualand

Das Märchen vom Aschenputtel auf Südafrikanisch

Diese Geschichte aus dem Namaqualand mit ihren Anklängen an das europäische Aschenputtel-Motiv ist aus Nelson Mandelas "Meine afrikanischen Lieblingsmärchen" übernommen und wird hier von Glaudien Kotzé nacherzählt. 1921 auf einer Farm im Namaqualand zur Welt gekommen, hörte sie als Heranwachsende die Geschichten der Nama von einer ihr über alles geliebten Nama-Erzählerin.

Als Deutscher fragt man sich natürlich sofort, wie es sein kann, dass das Aschenputtel-Motiv aus der Sammlung der Märchen der Brüder Grimm in einem südafrikanischen Volksmärchen auftaucht. Dies erschließt sich jedoch, wenn man sich mit der Geschichte der Menschen beschäftigt, die hier im Namaqualand leben. Es sind die Nama, ein in Namibia und Südafrika beheimateter Volksstamm, die zu der Volksgruppe der Khoikhoi zählt. In Südafrika hatten die Nama im Verlauf des 17. und 18. Jahrhunderts vielfältigen Kontakt mit den

Frühlingsblumen im Namaqualand

Buren und anderen europäischen Siedlern und Missionaren. Vor
allem die auf dem Gebiet des heutigen Staates Namibia (der nur ca.
100 km nördlich vom Namaqualand liegt) lebenden Nama hatten
engen Kontakt mit der deutschen Kultur, denn von 1884 bis 1915
war Namibia deutsche Kolonie, bekannt als Deutsch-Südwestafrika.
Während dieser Zeit nahmen die Nama größtenteils das Christen-
tum an und erlernten als Haus- und Farmangestellte der Europäer
Lesen und Schreiben.

Da die "Kinder- und Hausmärchen" der Brüder Grimm – erst-
mals veröffentlicht im Jahr 1812 und nach der Lutherbibel das welt-
weit am meisten verbreitete Buch in deutscher Sprache – sicherlich
auch im Gepäck der ins südliche Afrika auswandernden Deutschen
gewesen ist, werden auch die Nama großen Gefallen an diesem
Märchen gehabt haben. Sie haben es ihren Kindern dann in der nun
folgenden Version erzählt.

Die Abendsonne der Kalahari geht hinter den Dornenbäumen
unter. Die Jäger kehren aus dem Feld zurück. Im Kraal reden die
Menschen und lachen. Die beiden Schwestern von Natiki und
ihre Mutter reiben sich den Körper mit Fett ein. Sie machen sich
schön, denn heute Nacht ist Vollmondtanz. Natikis Herz brennt
darauf, auch zu dem großen Tanz zu gehen, doch als sie ihre Mutter fragt, ob sie mitkommen könne, sagt ihre Mutter nur: „Geh und
hol Holz und mach ein großes Feuer, das die wilden Tier fernhält."
Von ihrer Mutter und ihren beiden Schwestern wird Natiki sehr,
sehr schlecht behandelt. Sie sind eifersüchtig auf sie, denn sie ist
schöner als ihre beiden älteren Schwestern. Und sie fürchten, ein
junger Jäger könnte beim Tanz an ihr Gefallen finden.

So geht Natiki hinaus ins Feld. Als sie mit den Ziegen in den
Kraal zurückkehrt, sind ihre Mutter und ihre Schwestern schon
auf dem Weg zum Tanz. Sie legt eine Handvoll Stacheln vom Stachelschwein, die sie unterwegs gesammelt hat, auf die Mauer der
Kochstelle. Sie zerkleinert das Brennholz. Sie schichtet es auf und
entzündet das Feuer.

Dann reibt sie sich den Körper mit Fett ein, bis ihre Haut wie
poliertes Kupfer glänzt. Sie bürstet sich das Haar mit einem Dor-
nenzweig und reibt sich eine gelbe Mixtur aus zerriebener Borke
und Fett ins Gesicht. Den Hals schmückt sie sich mit Perlen aus
Straußeneierschalen. Sie windet sich Perlenketten ins Haar und
bindet sich getrocknete Springbockohren, gefüllt mit Samen, an

die Beine. Zum Schluss verstaut sie die Stacheln vom Stachelschwein in ihrem kleinen Lederbeutel.

Der Mond steht schon hoch am Himmel, als sie sich auf den Weg macht. Hier und da steckt sie beim Gehen einen Stachel in den Boden. Als sie oben auf der Anhöhe steht und das große Feuer des Tanzes sieht, wird sie zunächst etwas aufgeregt. Was werden ihre Mutter und ihre Schwestern sagen? Doch dann steigt ihr der Duft des gerösteten Fleischs in die Nase, ihre Füße hüpfen hin und her, und die Springbockohren an ihren Knöcheln tanzen und rasseln.

Als sie ans Feuer herantritt, stellt sie sich zunächst auf die eine Seite. Dann erblickt sie ihre Mutter und ihre Schwestern. Doch die fragen sich ebenso wie die anderen Frauen, welche Fremde da so allein zum Fest gekommen ist. Natiki stellt sich zu den Frauen, die singen und in die Hände klatschen. Sie fällt in ihren Gesang mit ein. Sie klatscht in die Hände und die Füße werden ihr ganz leicht. Ein junger Jäger lächelt sie an, als sie an ihm vorbeitanzt. Sein Blick bleibt an ihr hängen. Als es spät wird, beginnen Natikis Schwestern zu gähnen – und mit ihren weit aufgerissenen Mündern sehen sie noch hässlicher aus. Natikis Mutter ergreift die Gelegenheit und sagt zu ihren beiden ältesten Töchtern: „Nehmt euch noch etwas Fleisch, und dann gehen wir nach Hause." Und damit sind sie fort. Natiki singt und klatscht noch sehr, sehr lange mit den anderen Frauen. Als sie alle erschöpft sind, kommt der junge Jäger auf sie zu. „Ich werde mit dir gehen", sagt er. Während sie den Stachelschweinstacheln auf dem Weg zur Hütte ihrer Mutter folgen, erzählt Natiki ihm alles über ihre beiden Schwestern und ihre Mutter, die sie so schlecht behandeln. Und wie wütend ihre Mutter werde, wenn sie merke, dass Natiki auch zum Tanz gegangen ist. Da sagt der Jäger: „Ich werde dich fortnehmen von ihnen. Ich werde darüber selbst mit deiner Mutter reden."

Die Mutter und die Schwestern hören die Stimmen von Ferne näher kommen. „Das muss sie sein, die mit einem der Jäger heimkommt", sagt die jüngere Schwester. „Nein, wer würde mit der schon gehen wollen?", fragt die älteste Schwester, die sehr eifersüchtig auf Natiki ist. Natiki taucht mit dem jungen Jäger in der roten Glut des Feuers auf. Sie sieht wirklich schön aus. „Du böses Kind, was fällt dir überhaupt ein?", schimpft ihre Mutter los. Als der junge Jäger sieht, dass Natiki zu zittern beginnt, stellt er sich direkt vor ihre Mutter. „Ich nehme Natiki noch heute Nacht mit, für immer", sagt er. „Und ich werde dafür sorgen, dass ihre Töpfe nie leer sind."

„Du wirst schon sehen, wie unnütz sie ist!", schreit ihre Mutter und springt auf, um Natiki und den Jäger zu trennen. Doch Natiki ist zu schnell für sie. Mit einem Sprung stellt sie sich hinter den Jäger. Nun kann ihre Mutter nichts mehr machen. So geht Natiki mit dem Jäger zu seinen eigenen Leuten in weiter, weiter Ferne. Jeden Nachmittag, wenn ihre Mutter und ihre Schwestern nach Hause kommen, erschöpft von der schweren Last Holz auf ihrem Rücken, murren die beiden Schwestern: „Natiki, Natiki, eines Tages kriegen wir dich doch zurück." Doch Natiki ist froh und glücklich. Sie kümmert sich liebevoll um ihren Mann und ihre Kinder. Und es ist genau so, wie der Jäger gesagt hat: Sie hat immer Fleisch im Topf.

Wilde Blumen im Nieuwoudtville Nature Reserve

Northern Cape / Kgalagadi Transfrontier Park

Mythen und Legenden der San

Die San (Buschmänner), die ihre traditionellen Lebensweisen in den letzten 20.000 Jahren nur wenig verändert haben, waren vermutlich die ersten Menschen im südlichen Afrika. Man schätzt, dass heute nur noch ca. 5.000 Menschen ihrer Volksgruppe in Südafrika leben.

Früher standen den einzelnen Sippen der San riesige Gebiete zur Verfügung und sie wanderten durch große Teile Südafrikas, wie das die zahlreichen Fundstellen ihrer Felsmalereien noch heute belegen. Heute leben die San überwiegend in der Kalahari. Einige gehen dort noch heute ihrer traditionellen Lebensweise nach, andere haben Arbeit in der Tourismuswirtschaft gefunden, wie z. B. auf der !Xaus Lodge im Kgalagadi Transfrontier Park. Dort geben sie uns als Touristen die Möglichkeit, mehr über ihre Traditionen und ihr ursprüngliches Leben als Jäger und Sammler zu erfahren.

Da die San keine Hirten wie die Khoikhoi sondern Jäger waren, richtete sich ihr Leben nach den Tieren: wanderten die Tiere, wanderten sie hinterher. Wenn

Erdmännchen im Kgalagadi Transfrontier Park

sie Tiere töteten, dann nur um ihren Hunger zu stillen. Und da sie
große Ehrfurcht vor der Natur hatten und mit ihr im Einklang lebten,
entschuldigten sie sich bei den Göttern und den Tieren, wenn ihre
Jagd erfolgreich war.

Die San lebten fast ständig im Freien, auch nachts. Diese enge
Verbundenheit zur Natur, den Tieren, der Sonne, dem Mond und den
Sternen spiegelt sich auch sehr eindrucksvoll in ihren Mythen wieder.
Einen weit verbreiteten Schöpfungsmythos der San ("Als die Sonne
noch ein Mann war") habe ich Ihnen bereits im ersten Kapitel
erzählt. Auf den nun folgenden Seiten erzähle ich Ihnen einige
weitere Geschichten der San, die auch heute noch als die besten
Erzähler Südafrikas gelten.

Die Legende von Cagn und dem ersten Eland

Zahlreiche Felsmalereien der San mit den Abbildungen der
Elen-Antilope (Eland) veranschaulichen ihre tief religiöse Weltan-
schauung. Denn in ihrer Mythologie wusste nur das Eland von der
Präsenz des höchsten Wesens: Cagn. Wo immer die Tiere auch
waren, so der Glaube, war ihr Gott Cagn auch nicht weit entfernt.
Eine Legende erklärt die Bedeutung des Elands.

Cagns Frau Coti benutzte eines Tages ohne Erlaubnis seinen
Faustkeil, um einen Grabstock herzustellen. Der Faustkeil war
ruiniert. Cagn schimpfte sie aus und sagte, das Böse würde über
sie kommen. Einige Zeit später wurde Coti schwanger und gebar
ein Elandkalb. Cagn war verwirrt und streute Canna (eine Pflanze,
die nur in Südafrika vorkommt und als Schmerzmittel sowie für
rituelle Zwecke genutzt wird) auf das Geschöpf und wollte wissen,
was für ein Tier das sei. Als es gefragt wurde, ob es ein Eland sei,
bejahte das Kalb die Frage. Daraufhin brachte Cagn das Tier an
einen sicheren Ort. Dort wurde es jedoch von Cagns ältestem
Sohn Gewi, der von der Bedeutung des Tieres nichts wusste,
gefunden und getötet. Wütend befahl Cagn seinem Sohn seine
Tat wieder gut zu machen.

Das Blut des jungen Tieres wurde in einem Topf aufgekocht
und über das ganze Land zerstäubt, wo es sich in Schlangen und

Kuhantilopen verwandelte. Unzufrieden darüber verlangte Cagn, dass noch mehr Blut aufgekocht und vergossen werden solle. Dieses Mal entstanden Elandbullen, dann Kühe, und je mehr Blut vergossen wurde, desto mehr Elande entstanden.

Dann forderte Cagn seinen Sohn Gewi auf, eines der Tiere als Buße für sein Vergehen zu töten. Aber er war unfähig auch nur eines der Tiere zu töten. Cagn selbst erlegte daraufhin drei von ihnen und nachdem er seinen Segen gegeben hatte, erlegte sein jüngerer Sohn Cogaz zwei weitere und auch Gewi tötete ein Eland.

Das Fleisch wurde unter den Menschen verteilt und gegessen. Aber Cagn verfügte, dass von da an die Jagd nach Elanden eine schwierige Aufgabe sein würde. Seit dieser Zeit sind die Elande in der Mythologie der San die Tiere, die Cagn am nächsten stehen und die die einzige irdische Verbindung zu ihrem Schöpfer sind.

Die Nacht und die Finsternis und ihre drei Töchter

Die Buschmänner glauben, dass alles aus der Finsternis geboren ist: Es war zuerst Abend und dann Morgen. Der Buschmann, der diese Geschichte erzählt hat, hat stets die Worte //Ga: und //Gagen seiner eigenen Sprache für Nacht und Finsternis gebraucht. Den Mantis (Gottesanbeterin) hat er in seiner Sprache /Kaggen genannt. Die Zeichen "/" und ":" stehen dabei übrigens für die in der Sprache der San vorkommenden Klick- und Schnalzlaute.

Im Anfang war Zwielicht über der Erde – wie an einem düsteren Unwettertag. Es war kalt, denn in der Vorzeit haben Sonne, Mond und Sterne noch nicht geschienen. Der alte //Ga:, die Nacht, und seine alte Frau //Gagen, die Finsternis, wohnten in einer Felsenhöhle. Sie hatten keine Söhne, aber drei Töchter.

Als die drei Mädchen herangewachsen waren, nahm ihre Mutter kleine Schildkröten, holte das Fleisch aus ihnen heraus und bohrte Löcher in die Spitzen der Panzer. Dann warf sie Steinchen hinein, sodass sie rasselten, wenn die Panzer geschüttelt wurden. Sie reihte die kleinen Schildkrötenpanzer auf ein Riemchen aus Pavianhaut auf und hängte das Band um den Hals ihrer ältesten Tochter. Sie verbot ihrer Tochter, das Halsband je abzulegen, sonst ginge die Nahrung in ihrer Umgebung zur Neige.

Dann nahm die Mutter kleine Flaschenkürbisse, höhlte sie aus, warf Beerensamen hinein, reihte die Kalebassen auf eine Schnur aus Baumrinde auf und hängte das Band um den Hals ihrer zweiten Tochter. Auch dieser gebot sie, niemals das Halsband abzunehmen, sonst würde auch in ihrer Gegend die Feldkost verschwinden.

Zuletzt nahm die Mutter die Ohren von Springböcken, zog ihnen das äußere, haarige Fell ab, nahm den inneren weißen Knorpel der Ohren und machte aus ihnen kleine Bläschen. Dann warf sie Sand hinein, um die Säckchen schön trocken werden zu lassen. Als die Säckchen trocken waren, warf sie die harten Körner, die sich in Springbockaugen befinden, hinein, um sie rasseln zu lassen. Sie reihte die Bläschen auf eine Schnur aus Springbocksehnen auf und hängte das Band um den Hals ihrer jüngsten Tochter mit dem Gebot, es nie von ihrem Hals herunterzuholen.

Da riefen Vater und Mutter ihre drei Töchter zu sich, um sie vor den Menschen tanzen zu lassen. Die Menschen sollten sehen, wie herrlich die Mädchen tanzen konnten und hören, wie prachtvoll ihre Halsbänder rasselten, während sie tanzten.

Viele Menschen kamen von weit her, um die prächtigen Tänze der Mädchen zu sehen und wunderten sich sehr. Aber die jungen Männer scheuten sich vor den drei Mädchen, weil sie sie für Zauberinnen hielten. Darüber grämten sich die drei aber nicht, denn sie waren mit ihrem Leben zufrieden.

Das Insekt, das wir Mantis, und die Buschmänner /Kaggen nennen, und das wie eine lange, dünne Heuschrecke aussieht, die ihre dicken Vorderfüße wie zum Gebet faltet - nun, dieser Mantis saß auf einem Busch und schaute den ganzen Tag lang zu, wie die drei jungen Mädchen tanzten. Um besser sehen und hören zu können, verwandelte er sich in einen großen Wildbock, kam näher, und beäugte neugierig die Tänzer.

Da nahm der alte Vater der Mädchen seinen Bogen und seinen Köcher mit Pfeilen und pirschte sich an den Wildbock heran. Er verschoss Pfeil auf

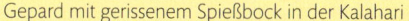

Gepard mit gerissenem Spießbock in der Kalahari

Pfeil, jedes Mal aber vorbei. Da schlich er sich noch näher, zielte noch einmal genau und endlich traf er den Bock. Dieser lief noch ein Stückchen weg und brach dann tot zusammen - oder besser gesagt: Er stellte sich tot.

Daraufhin kamen Vater und Mutter mit ihren Töchtern heran, um den Bock zu schlachten. Nachdem sie ihn ausgeweidet hatten, zerteilte der Vater den Bock in vier Traglasten. Er selbst nahm ein Hinterviertel und das Fell. Seine Frau trug das andere Hinterviertel und die Innereien. Die älteste Tochter übernahm ein Vorderviertel, die zweite Tochter das andere Vorderviertel, und die jüngste Tochter trug den Kopf mit dem Rückgrat daran.

Plötzlich fing der Kopf an, mit der jüngsten Tochter zu sprechen und fragte, warum sie ihn denn so schrecklich zugerichtet hätten. Der Kopf blinzelte mit seinen Augen und stöhnte vor Schmerzen.

Die jüngste Tochter rief aus: „Vater, der Kopf des Bockes lebt noch - hör, wie er mit mir spricht und hör, wie er stöhnt!" Die andern Träger taten das als Unsinn ab und störten sich nicht am Gerede des Mädchens.

Wieder rief die jüngste Tochter: „Vater, es ist wirklich wahr, der Kopf des Bockes lebt noch, hör, wie er sprich und stöhnt – schau, er blinzelt mit seinen Augen." Auch auf diese Worte des Mädchens gab niemand Acht. Die Träger gingen weiter.

Aber die jüngste Tochter rief zum dritten Mal: „Vater, ich werfe jetzt den Kopf des Bockes bestimmt weg: Hör, wie er spricht und stöhnt, und schau, wie er mit den Augen blinzelt."

Endlich blieben die Träger stehen, um zu schauen, was los war. Während sie da standen, drehten sich die vier Viertel des Bockes auf ihren Köpfen

Die Plejaden

herum. Vor Schreck warfen sie ihre Lasten ab und zwar auf Büsche, um das Fleisch nicht mit Sand zu beschmutzen. Aber die Fleischstücke bewegten sich auf den Büschen und legten sich bequemer zurecht, weil die Dornen und scharfen Spitzen der Zweige sie stachen. Da erschraken die Töchter und ihre Eltern noch mehr und wichen zurück.

Plötzlich sprang das linke Hinterviertel des Bockes auf, lief zu seinem Platz hinten am Rückgrat und heftete sich da fest. Das andere Hinterteil tat dasselbe und heftete sich rechts fest. Dann sprangen die Vorderviertel auf, liefen zu ihren Plätzen vorne am Rückgrat und fügten sich an. Zuletzt krochen die Eingeweide in den ausgeschlachteten Bock, der Bock sprang zu seinem Fell und das Fell faltete sich um ihn, genau wie zuvor: Der Bock stand vollkommen wiederhergestellt da und betrachtete seine Träger. Dann galoppierte er ein Stück weg und verwandelte sich in den Mantis zurück.

Der alte Vater und seine Familie erkannten, dass /Kaggen sie gründlich getäuscht hatte. Aber damit war es noch längst nicht getan. Nach einigen Tagen verwandelte der Mantis drei seiner Söhne in junge Männer und schickte sie zu den drei Mädchen. Die jungen Männer gefielen den Mädchen und jeder von ihnen nahm sich eines der Mädchen zur Frau.

Die drei Paare bauten sich Hütten aus Büschen und wohnten in ihnen. Solange die drei Töchter ihre Halsbänder trugen, gab es Wild und Feldkost im Überfluss, genau wie ihre Mutter es vorhergesagt hatte.

Viele andere Buschmänner kamen, um bei den drei Paaren zu wohnen. Sie jagten Wild und sammelten Feldkost und so wurde der Ort, wo sie wohnten, ein Wohnort der Freude. Ohne Zwist lebten sie in Frieden zusammen, denn Nahrung und alles Nötige gab es in Fülle. Auch an Spaß hat es niemals gefehlt - was mehr will man haben?

Der Mond ist der Schuh des Mantis

Das Ende der folgenden Erzählung greift ein Motiv aus der Geschichte "Als die Sonne noch ein Mann war" (siehe Kapitel 1) auf, wird hier jedoch anders erzählt und in eine andere Rahmenhandlung eingebettet.

Der Mantis hatte sich ein Paar vortreffliche Schuhe gemacht, womit er höchst zufrieden war. Doch einer der Schuhe – der rechte – war hart und drückte ihn schmerzhaft am Fuß. So trug er seiner Tochter, dem Hammerkopf, auf, den Schuh zum Einweichen ins Wasser zu legen.

Hierüber war die Wasserschlange äußerst empört, weil der Mantis es wagte, seinen schmutzigen Schuh ins Wasser zu legen. Deshalb ließ sie das Wasser nachts stark abkühlen, bis der ganze Teich am nächsten Morgen steinhart gefroren war. Da steckte der Schuh in einem Stück Eis.

An diesem Morgen schickte der Mantis seine Tochter, den Hammerkopf, aus, den Schuh zu holen. Sie ging zum Wasser und brachte den Schuh in einem Eisblock zurück. Der Mantis ärgerte sich so sehr über das Eis, dass er den Schuh wegwarf – hoch in die Luft. Der Hammerkopf, der den Windvogel gut kennt, rief: „Windvogel, Windvogel, trage den Schuh hoch, hoch, hoch in die Luft, damit wir auch nachts Licht haben können!" Da kam ein Wirbelwind, der den Schuh hoch in die Luft trug, wo er ihn ließ. So wurde der Schuh im Eisblock der Mond.

Der Mond, umhüllt von schimmerndem Eis, begann nachts zu scheinen. Da sahen die Menschen des alten Geschlechts zum ersten Mal den Mond. Sie bedeckten ihre Gesichter mit ihren Händen und verehrten und priesen den Mond. Seitdem hatten sie Licht in der Nacht und brauchten nicht mehr im Dunkeln zu irren. Nun konnten sie nachts Stachelschweine jagen und das Wild beim Wasser erlegen.

Diese Sache hatte der Sonne überhaupt nicht gefallen, denn sie wollte als einzige am Himmel scheinen. Sie suchte Streit mit dem Mond. Die Sonne ist heiß, denn sie ist der Kopf des Feuermannes und Tänzers. Der Mond ist kalt, denn er ist gefrorenes Wasser. Also strahlte die Sonne große Hitze aus, um das Eis des Mondes zu schmelzen. Das Eis schmolz, schmolz, und schmolz, bis vom Schuh des Mantis nur noch die Sohle zurückblieb.

Der Schuh des Mantis

Da jammerten alle Menschen, dass der Mond nun tot sei. Die Große Wasserschlange, die den Quellen das Wasser zuführt, hörte dieses Gejammer. Sie ließ im Mond eine Quelle entspringen, die ständig Wasser in den Schuh laufen ließ, so dass das Wasser Eis werden konnte. Das Wasser im Schuh nahm stetig zu, bis er wieder gefüllt war; das Wasser wurde zu Eis und der Mond schien von neuem mit voller Kraft.

Die Sonne schoss wiederum ihre heißen Pfeile auf den Mond, so dass der Mond abermals schrumpfte. Das geschmolzene Eis wurde zu Nachttau oder Mondwasser, und die Stückchen Eis wurden zu Schnee und zu Reif, der nachts auf die Erde fällt.

Als die Buschmänner den neuen Mond sahen, bedeckten sie wieder ihre Gesichter mit ihren Händen und riefen: „Oh Mond, wir hatten gedacht, du seist vollkommen tot; aber nun sehen wir, dass du wieder lebendig zu uns zurückgekehrt bist. Nun wissen wir, dass die Sonne dich nicht umbringen kann. Du stirbst, wirst aber immer wieder lebendig. Lass auch uns so sein, wie du bist, so dass, wenn wir altern, wir wieder jung werden und nicht sterben."

Der Mond antwortete: „Ihr werdet alt werden, aber jedes Mal auch wieder jung. Deshalb werdet ihr nie sterben. Ihr werdet, wenn ihr alt seid, nur schlafen und nach kurzer Zeit werdet ihr aus diesem Schlaf verjüngt wieder erwachen. Von neuem werdet ihr jagen, von neuem werdet ihr essen und trinken und eure Frauen und Kinder werden wieder bei euch sein; denn auch sie werden nicht sterben."

So sind die Menschen der Vorzeit niemals gestorben. Aber wie ist der Tod dann entstanden?

Eines Abends, als der Mond vergnüglich leuchtete, hörte er einen jungen Mann untröstlich weinen. Er fragte ihn, warum er so betrübt sei. Der junge Mann antwortete: „Meine Mutter ist tot und ich werde sie nie wieder sehen." Mit tiefem Mitgefühl sagte der Mond: „Tröste dich, mein Sohn. Deine Mutter kommt wieder lebendig zu dir zurück. Sie ist nicht tot, sondern sie schläft nur ein Weilchen." Der Junge zankte und erwiderte: „Meine Mutter ist wirklich tot, der Wind ist aus ihrer Nase gewichen und das Feuer aus ihrem Leib; sie ist steif und kalt und atmet nicht mehr."

Der Mond tröstete ihn noch einmal und sagte: „Schaue mich an: Jeder Mond stirbt, doch nach kurzer Zeit wird er wieder lebendig; so geht es auch mit den Menschen: Sie schlafen nur ein Weilchen und wachen dann wieder auf."

Aber da zankte der Junge erst recht mit dem Mond, worüber der Mond sich sehr ärgerte. Er schlug dem Jungen mit der Faust auf den Mund, dass die Oberlippe sich spaltete. So verwandelte sich der junge Mann auf der Stelle in einen Hasen, der nachts und im Mondschein auf Grasflächen bucklig herumspringt. Da sagte der Mond: „Um deines Willen werde ich die Menschen verfluchen.

Fortan sollen sie sterben und nicht mehr zum Leben zurückkehren. Aber wenn sie nicht mit mir streiten und mich nicht als Lügner beschimpfen wie du, dann werde ich mich eines Tages wieder der Menschen erbarmen und sie aus ihren Gräbern erwecken." So ist der Tod durch das Zanken des Hasen auf die Erde gekommen.

Die Sterne sind glühende Kohlen und Asche

Der Mond ist aus dem rechten Schuh des Mantis entstanden. An seiner Stelle machte sich der Mantis wieder einen anderen Schuh. Jedoch, dem Mond hat es gar nicht gefallen, dass Mantis seine Gefährten, die Schuhe, so trat, wenn er mit ihnen lief. Deshalb ließ der Mond dauernd Mondwasser fallen, sodass die Schuhe ständig nass waren und Mantis sie nicht anziehen konnte.

Da rief der Mantis seine andere Tochter, die später die Eule geworden ist, und er befahl ihr, die nassen Schuhe neben das Feuer zu legen, um sie zu trocknen.

Damit war die Sonne wiederum höchst unzufrieden, nämlich dass Mantis es wagte, seine schmutzigen Schuhe neben das Feuer zu legen. Sie ließ das Feuer heftig aufflammen, um die Schuhe zu verbrennen. Als der Mantis seine Schuhe holen ließ, waren sie verbrannt, weswegen er die Eule nicht wenig schalt.

Die Eule hatte sich selbst darüber geärgert und sie nahm aus dem Feuer die glühenden Kohlen, warf sie hoch in die Luft und rief aus: „Da, glühende Kohlen, werdet zu Sternen, damit wir nachts Licht haben, wenn Mond und Sonne nicht scheinen!" Und zur glühenden Asche sagte sie: „Da, Asche, werde zur Milchstraße, um den Sternen leuchten zu helfen. Gib Licht, damit die Menschen nachts sehen können und nicht zu Hause sitzen zu brauchen."

Da kam wieder ein starker Wirbelwind und trug die Kohlen und die Asche hoch über die Wolken: Die schimmernden Kohlen wurden zu funkelnden Sternen und die glühende Asche wurde zur Milchstraße, die über der Erde steht wie ein leuchtender Bogen. Nun gab es genug Licht, um nachts umherzugehen.

Als die Sonne am folgenden Tag hinter den Bergen hervorkam, sah sie die Eule sitzen und fragte: „Wer hat den Himmel voll glühende Kohlen und Asche geworfen?" Die Eule antwortete: „Ich, denn es ist nachts so dunkel, dass niemand sieht, wo er läuft."

Darauf sagte die Sonne: „Weißt du, welch großes Unheil du angerichtet hast? Nun werden die Menschen sich nachts herumtreiben, um Böses zu tun. Ich habe die Nächte mit Absicht so dunkel gemacht, damit die Menschen ihre

Hände nicht vor Augen sehen können und sie zu Hause bleiben müssen und schlafen. Der Tag ist doch lang genug zum Jagen, Erzählen und Feiern, aber nun wirst du sehen, dass du Untaten Tür und Tor geöffnet hast. Ich werde alles versuchen, den Mond vom Himmel zu treiben, damit es nachts keinen Mondschein mehr gibt, und tagsüber werde ich vor mir die Sterne wegfegen. Und du, meine Schwester? Fortan sollst du nur nachts bei Sternenlicht fliegen, denn wenn ich dich bei Tage erblicke, werde ich dich, so wie die Schuhe, zu Asche verbrennen. Wer dich auch sieht, wird dich für deine dumme Handlung verspotten. Da, geh mir aus den Augen und bewohne die Nacht! Du wirst sehen, dass die Sterne dir traurig wenig Licht spenden werden – gerade genug für Übeltäter, um Böses zu tun. Die Sterne sind zu gering, um euch Wärme zu geben; deshalb werdet ihr nachts vor Kälte zittern und beben."

Da flog die Eule weg, um sich zu verstecken, denn wenn sie bei Tage herumfliegt, wird sie verspottet.

Und nun sitzt sie und denkt darüber nach, was sie getan hat. Ob es recht oder verkehrt war. Wo sie sitzt, ruft sie aus: „Ho, hoa," was in der Buschmannsprache "hochwerfen" bedeutet. Damit fragt sie sich, ob sie Unrecht getan hat, die Kohlen und Asche in den Himmel geworfen zu haben.

Die Sonne blendet tagsüber die Eule, die Eule hat deshalb seit diesem Tag ihren Bruder, die Sonne, nicht wiedergesehen. Sie freut sich nun an der Milchstraße und an den Sternen, die sie selbst erschaffen hat.

Und so ist es gekommen, wie die Sonne vorhergesagt hat, denn seit dieser Zeit treiben sich Löwe, Leopard, Schakal und Hyäne wieder nachts zum Rauben und Morden herum. Seitdem vermehren sich die Übeltäter, denn nun haben sie nachts genug Licht für ihr Treiben, können aber von anderen nicht rechtzeitig ausgemacht werden.

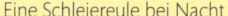

Eine Schleiereule bei Nacht

North West / Sun City

Weisheiten der Tswana

Im ehemaligen Homeland Bophuthatswanaland, das bis 1977 nur aus endloser Savanne bestand, wurde zur Zeit der Apartheid das aufregendste Ressort der Welt aus dem Boden gestampft. Zu einer Zeit, in der im calvinistischen Südafrika Glücksspiele und Nacktrevuen verboten waren, hatte Sol Kerzner, ein millionenschwerer Hotelmagnat aus Johannesburg, den richtigen Riecher. Der findige Geschäftsmann machte aus der Sehnsucht der Buren, der eigenen Prüderie zu entfliehen, eine sprudelnde Geldquelle und ließ in einem Tal am südlichen Rand der Pilanesberge eine Fantasiewelt errichten.

Sun City ein faszinierender Vergnügungs- und Freizeitkomplex 150 km nördlich von Johannesburg gilt als das "Las Vegas" Südafrikas. Größter Touristenmagnet von Sun City ist Lost City, eine künstliche "versunkene Stadt", die an untergegangene afrikanische Kulturen erinnern soll, mit in Stein gehauenen Figuren und anderen Attraktionen.

Nomaden mit einer Schaf- und Ziegenherde im Northern Cape

Bis zum Ende der Apartheid im Jahr 1994 gehörte die Stadt zum damaligen Homeland Bophuthatswana, gegründet für alle Tswana sprechenden Volksgruppen. Da Glückspiel von der Regierung Bophuthatswanas geduldet wurde – auch das mögen viele Südafrikaner als weise Entscheidung empfunden haben, denn im restlichen Südafrika der Apartheid war Glückspiel untersagt – entwickelte sich Sun City zu einem recht freizügigen Ort, an dem noch viel mehr möglich war, was im Rest des Landes verboten war.

Wie bereits in der Einführung zu diesem Buch erwähnt, suchten die alten Geschichtenerzähler der südafrikanischen Völker, wenn sich die Menschen mit der Bitte um Rat an sie wandten, nach einem Volksmärchen oder einer kurzen Erzählung, die in einer Spruchweisheit gipfelte. Daher schließt dieses Buch mit drei kurzen Weisheiten der Tswana.

Das Urteil des Häuptlings

Zwei Frauen kamen einmal zur gleichen Zeit nieder. Als die eine von ihnen sich des Nachts einmal im Schlaf umdrehte, legte sie sich auf ihr Kind und erstickte es. Sie erhob sich, nahm den toten Körper, legte ihn neben die andere schlafende Mutter und stahl ihr das lebende Kind. Als die bestohlene Mutter aufstand, merkte sie, dass das tote Kind nicht ihres war. Also stritten sich die Frauen um das lebendige Kind.

Sie brachten ihren Streit vor den Häuptling, und jede wiederholte andauernd: „Das lebendige Kind ist meines, das tote ist deines." Als der Häuptling sie angehört hatte, sprach er: „Frauen, euer Fall ist schwierig. Bringt mir ein großes Messer, wir werden das lebendige Kind in zwei Hälften schneiden, und jede Frau soll eine Hälfte bekommen." Die eine Frau war einverstanden, die andere aber lehnte das ab.

Als das Messer gebracht wurde, riss es die Frau, die abgelehnt hatte an sich und flehte: „Nein, Häuptling, töte das Kind nicht. Dann gib es lieber dieser Frau da!" Da sprach der Häuptling: „Jetzt erkenne ich, dass es ganz bestimmt dein Kind ist. Du hältst das Messer fest, die andere aber ist willens, das Kind töten zu lassen. Nimm dein Kind und geh."

Seit jenem Urteil gibt es das Sprichwort: „Diejenige ist die Mutter des Kindes, die das Messer an der Schneide festhält."

Die Lehren des alten Mannes

Ein alter Mann, dessen Tage zu Ende gingen, rief seine sieben Söhne zusammen, um ihnen seine letzten Lehren mitzuteilen.

Als alle beisammen waren, ermahnte er sie, sich niemals im Leben zu trennen. Vom Ältesten forderte er: „Bring mir ein Bund aus sieben Stöcken." Als der damit wiederkam, hieß ihn der Alte, es zu zerbrechen, ohne es auseinander zunehmen. Aber die Stöcke waren für ihn zu stark. Da sagte der alte Mann: „Jetzt binde es auf und zerbrich die Stöcke einen nach dem anderen." Der Sohn tat das, und die Stöcke zerbrachen.

Und bevor der Alte für immer seine Augen schloss, verabschiedete er sich von seinen Söhnen mit den Worten: „Meine Kinder, wenn ihr zusammen lebt und arbeitet, vereint wie dieses Bund Stöcke, vermag euch nichts auf der Welt Schaden zuzufügen. Trennt ihr euch aber, werdet ihr zerbrochen werden, wie diese Stöcke."

 **Wende dein Gesicht der Sonne zu, dann fallen die Schatten hinter dich.**

Mit dieser letzten südafrikanischen Weisheit enden die Erzählungen südafrikanischer Mythen, Volksmärchen, Legenden und Geschichten. Und wenn Sie einmal "die Schatten hinter sich fallen lassen wollen", und sei es nur, um dem trüben grauen Alltag im winterlichen Deutschland hinter sich zu lassen, dann erinnern Sie sich doch an diese Weisheit und reisen Sie nach Südafrika. Hier können Sie Ihr Gesicht der Sonne zuwenden – denn mit mindestens 250 Sonnentagen pro Jahr ist Südafrika eines der Länder mit dem meisten Sonnenschein (in Deutschland sind es nur ca. 150 Tage).

Damit verabschiede ich mich und sage:

"Hamba kahle" – Auf Wiedersehen in Südafrika.

Wasservögel vor der untergehenden Sonne, Spioenkop Game Reserve

Touristische Informationen

Touristische Informationen

Südafrika
auf einen Blick

Geografie

Die Republik Südafrika umfasst den südlichen Teil des afrikanischen Kontinents zwischen 22° und 35° südlicher Breite und 17° bis 33° östlicher Länge.
Mit einer Gesamtfläche von etwa 1.220.000 km ist das Land dreieinhalbmal
so groß wie Deutschland. Im Norden grenzt Südafrika an Namibia, Botswana
und Simbabwe, im Nordosten an Mozambique und Swaziland. Wie eine
Enklave auf südafrikanischem Gebiet liegt das eigenständige Königreich Lesotho. Ungefähr 3.000 km Küste verlaufen entlang des Indischen Ozeans im
Osten und Süden und des Atlantischen Ozeans im Westen.

Menschen

Die multiethnische Südafrikanische Nation zählt ca. 47,9 Mio. Menschen. Sie
setzt sich aus 79 % schwarzen und 10 % weißen Afrikanern, 9 % Coloureds
und 4 % Asiaten zusammen. Die Afrikaner gliedern sich in diverse Ethnien. Die
größten Gruppen sind Zulu, Xhosa und Sotho, dazu kommen Tswana, Tsonga,
Venda, Ndebele, Swasi und Pedi. Als Coloureds bezeichnet man die Nachkommen aus Verbindungen holländischer Siedler mit den Ureinwohnern
am Kap (Khoikhoi) sowie mit Malaien, die im 18. Jahrhundert nach Südafrika
verschleppt worden waren.

Sprache

Viele Südafrikaner sind mehrsprachig. Sie sprechen entweder Englisch oder
Afrikaans und eine der Bantusprachen. Afrikaans entwickelte sich aus den
Dialekten der niederländischen Einwanderer des 17. Jahrhunderts und wird
heute von etwa 90 % der Coloureds und von über 50 % der Weißen gesprochen. Neun Bantusprachen, Afrikaans und Englisch sind offizielle Sprachen in
der Republik Südafrika.

Politik

Südafrika ist eine Präsidialdemokratie mit föderativen Elementen. Die Legislative besteht aus dem Parlament mit ca. 400 Abgeordneten und dem Nationalrat der Provinzen mit 90 Delegierten. Präsident und zugleich Regierungschef ist seit dem 25. September 2008 Kgalema Petrus Motlanthe, der Thabo Mbeki und Nelson Mandela im Amt nachgefolgt ist. Er ist Mitglied des ANC (African National Congress), der bedeutendsten Organisation und größten Partei des Landes. Die Neuwahl des Präsidenten erfolgt im Frühjahr 2009.

Städte

Über die Hälfte der Südafrikaner lebt in Städten mit mehr als 50.000 Einwohnern, die meisten davon in den großen Ballungszentren. Entsprechend dünn besiedelt ist ein sehr großer Teil des Landes. Die Bevölkerungsdichte liegt bei 39,2 Einwohnern/km². Hauptstadt des Landes ist Pretoria (1 Mio.). Dort tagt das Parlament während des Südsommers. Im Winter ziehen die Parlamentarier nach Kapstadt um (3 Mio.). Das zentral gelegene Bloemfontein (235.000) beherbergt die oberste Gerichtsinstanz. Weitere Großstädte sind Johannesburg (2 Mio.) sowie das sich südwestlich anschließende Soweto (geschätzt bis zu 4 Mio.), Durban (800.000) und Port Elizabeth (850.000).

Wirtschaft

Südafrika besitzt einen einzigartigen Reichtum an Bodenschätzen: In mehr als 900 Bergwerken fördern und produzieren ca. 440.000 Menschen Gold (über 40 % der weltweiten Reserven), Platin (über 80 % der weltweiten Reserven), Chrom und Vanadium, des Weiteren Diamanten, Steinkohle, Eisenerz, Mangan, Nickel, Uran und Phosphat. Bergbau und Industrie erwirtschaften zusammen fast 40 % des Bruttoinlandprodukts. Die übermäßig starke Abhängigkeit der Wirtschaft von den Rohstoffexporten, insbesondere vom Goldexport, ist in den letzten Jahren deutlich zurückgegangen. Immer wichtiger wird der Tourismus, da er viele neue Arbeitsplätze, im Besonderen auch für Frauen schafft.

Religion

Im Land existiert Religionsfreiheit. Da keine Kirchensteuer erhoben wird, finanzieren sich die Gemeinden meist aus Mitgliederbeiträgen. Etwa 80 % der Menschen sind Christen, verteilt auf ca. 4.000 unabhängige Black Independent Churches (u. a. Anglikaner, Methodisten, Lutheraner). Außerdem gibt es ca. 120.000 Juden, 500.000 Hindus und ca. 1 Mio. Muslime.

Touristische Informationen

Reiseinformationen

Anreise

Die internationalen Flughäfen Südafrikas werden regelmäßig nonstop von Linien- und Charterfluggesellschaften angeflogen. South African Airways (SAA) fliegt zum Beispiel täglich nonstop von Frankfurt nach Johannesburg. Der Flug dauert rund zehn Stunden. Und das erfreuliche daran: Wegen der fehlenden Zeitverschiebung droht kein Jetlag.

Camping

In Südafrika gibt es über 700 Campingplätze. Sie befinden sich oft in traumhafter Lage direkt am Strand oder mitten im Nationalpark. Viele der meist ausgesprochen gepflegten Plätze sind sogar mit Schwimmbädern, Sporteinrichtungen und Restaurants ausgestattet.

Aktuelle Reiseangebote

www.tierischsuedafrika.de
Auf dieser Internetseite finden Sie löwenstarke Angebote zu gazellenschlanken Preisen. Wildlife-Fans und Traumstrand-Sucher, kulinarische Entdecker und Kultur-Abenteurer flüchten raus aus dem deutschen Wintergrau, rein in den Farbenrausch Südafrikas.

Einreise

Zur Einreise nach Südafrika genügt für deutsche Staatsbürger der Reisepass, sofern er noch mindestens 30 Tage über das Reiseende hinaus gültig ist und über zwei freie Seiten verfügt (www.suedafrika.org).

Führerschein

Urlauber, die sich in Südafrika ans Steuer setzen möchten, benötigen einen internationalen Führerschein.

Gesundheit

Für Reisende aus Europa sind keinerlei Impfungen vorgeschrieben. Einige Landesteile (Kruger Nationalpark, nördliches Limpopo und die nordöstliche Küstenebene KwaZulu-Natals) sind jedoch Malaria-Gebiet. Lassen Sie sich vor einer Reise in diese Regionen von Ihrem Hausarzt und/oder einem Tropenmediziner beraten (www.crm.de oder www.fit-for-travel.de).

Reisen im Land

Pauschal in Bus oder Minivan, lässig am Steuer eines Cabrios oder Off-Road mit dem Allrad-Jeep – Südafrika bietet Reisearten für jeden Geschmack. Die Bedingungen für Autofahrer sind bestens (Linksverkehr!). Immer beliebter werden Touren im Wohnmobil, die für besonders intensive (und preiswerte) Reiseerlebnisse stehen.

Reisezeit

Südafrika kann ganzjährig bereist werden. Da das Land auf der Südhalbkugel liegt, sind die Jahreszeiten entgegengesetzt zu denen in Europa. Die heißesten Monate sind Dezember und Januar, während es im Juni und Juli recht kühl werden kann, vor allem nachts. Die Übergangsjahreszeiten Frühjahr und Herbst sind mit gemäßigten Temperaturen ideal für Wanderer und Reisende, die viele Landesteile besuchen wollen. Juni und September sind die besten Monate für Tierbeobachtungen im Norden und Osten Südafrikas.

Auskunft/Informationen

Infos aus erster Hand erhält man über das Call Center von South African Tourism. Die deutschsprachigen Mitarbeiter direkt in Johannesburg sind über die kostenfreie Telefonnummer 0800 118 9 118 erreichbar. Über sie kann auch eine Landkarte, ein Reiseführer sowie eine Informationsbroschüre bestellt werden.

Die Südafrika Community

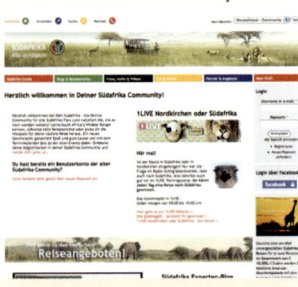

www.dein-suedafrika.de
Hier treffen sich Freunde.
South African Tourism lässt die südafrikanischen Geschichten und Erlebnisse lebendig werden. Südafrika-Fans teffen sich in der Südafrika Community, um dort ihre eigenen Südafrika-Erfahrungen und Erlebnisse auszutauschen. Das ständig wechselnde Themenangebot gibt Neuentdeckern und Wiederkommern Anregungen für die nächste Reise, Urlaubstipps aus erster Hand und bietet mit Gewinnspielen viele Möglichkeiten Prämien zu erhalten. Einfach einloggen, Punkte sammeln und gewinnen.

Sicherheit

Wie in vielen Ländern der Welt sollte man auch in Südafrika einige Hinweise beachten, um sicher durch das Land zu reisen. Stellen Sie Wertsachen nicht offen zur Schau, lassen Sie am Geldautomaten Vorsicht walten und meiden Sie, insbesondere bei Dunkelheit, einsame Gegenden. Abends und nachts ist es am besten, ein Taxi zu benutzen und dieses vom Hotel aus zu bestellen.

Unterkunft

Campingplätze, Luxus-Lodges in Nationalparks und in privaten Game Reserves, charmante Boutique-Hotels, Bed & Breakfast-Gästehäuser, Fünf-Sterne-Paläste und traumhafte Strandhotels – Südafrika bietet Unterkünfte für jeden Geschmack. Ein Erlebnis für sich sind Übernachtungen im Busch. Spätestens, wenn beim Zähneputzen die Geräusche der afrikanischen Nacht zu hören sind, wird jedem klar, wie nah man der Natur in Südafrika stets ist.

Währung

Ein südafrikanischer Rand (ZAR) wird unterteilt in 100 Cents. Bargeldtausch ist in Banken und Wechselbüros landesweit möglich. Ebenso das Abheben am Geldautomaten mit EC-Karte, sofern beide das Maestro-Zeichen tragen. Kreditkartenzahlungen sind weit verbreitet und werden mit Ausnahme von Tankstellen häufig akzeptiert.

Websites

www.southafrica.net
www.tierischsuedafrika.de
www.dein-suedafrika.de

Wasser

Das Leitungswasser ist in der Regel sauber und bedenkenlos trinkbar. Südafrika gehört zu den fünf Ländern weltweit, die das beste Trinkwasser bieten!

Zeit

Im europäischen Sommer besteht Zeitgleichheit, während der Winterzeit ist Südafrika eine Stunde voraus.

Klima in Johannesburg

	J	F	M	A	M	J	J	A	S	O	N	D
Sonnenstunden	10	9	9	9	9	8	9	10	10	10	10	11
Tagestemperaturen	26°	26°	25°	24°	22°	20°	19°	21°	24°	26°	26°	26°
Nachttemperaturen	16°	15°	14°	12°	8°	7°	7°	7°	11°	14°	16°	17°
Regentage	10	9	8	6	4	1	1	1	4	9	12	11

Klima in Kapstadt

	J	F	M	A	M	J	J	A	S	O	N	D
Sonnenstunden	11	10	9	7	6	6	6	7	8	9	10	11
Tagestemperaturen	27°	26°	25°	22°	19°	19°	18°	19°	19°	22°	24°	26°
Nachttemperaturen	17°	17°	15°	13°	11°	9°	8°	8°	9°	11°	14°	16°
Regentage	1	2	3	5	9	10	11	10	8	5	2	1

bobotie

SOUTH AFRICAN LOUNGE & DINING ROOM

Marsilstein 9-13

Tel: 0221.205 4478

50676 Köln

www.bobotie.de